Next 教科書シリーズ

比較憲法

東 裕・玉蟲 由樹 編

弘文堂

はじめに

　比較憲法は、憲法学の研究方法の1つであるとともに、それ自体「比較憲法学」として独立の学問分野を形成している。

　憲法学においては、憲法解釈学が中心的な位置を占めるが、それがすべてではない。憲法史や憲法思想の研究もあれば、憲法社会学や憲法政策学、そして比較憲法学もある。

　比較憲法を学ぶ意義は、諸外国の憲法規定や憲法理論を知り、わが国の憲法解釈に活かすことにあるが、それに劣らず重要なことがある。それは日本国憲法をより深く理解することにある。

　日本国憲法の基本原理（国民主権・基本的人権の尊重・平和主義）も、日本国憲法固有のものではなく、欧米諸国の近代憲法史の中で形成されてきた原理を継受したものである。そのことは、日本国憲法を時間的・空間的広がりの中に位置付けたときに初めてわかるもので、同時に日本国憲法の特徴も客観的に把握できるのである。

　日本国憲法という憲法典の中に閉じこもっていたのでは見えないものが、諸外国の憲法との比較を通して初めて見えてくる。その意味で、比較憲法は日本国憲法をより深く理解するために、また憲法とはいかなる法であるのかを知るのに不可欠な方法であり、学問なのである。

　それゆえ、大学生をはじめ、憲法を学ぶすべての人に比較憲法を学んでもらいたい。憲法を通して世界の国々の多様なあり方を知り、一方でそこにある共通の原理・原則にも気付いてほしい。そうして比較の視点に立って日本国憲法を眺めたとき、新たな視界が開けてくるものである。

　本書がその一助となれば幸いである。

　最後に、本書の出版にあたって、原稿が遅れがちな執筆者を激励して完成へと導いてくれた弘文堂編集部の世古宏氏に、心よりお礼申し上げる。

2019年2月

執筆者を代表して　東　裕・玉蟲由樹

目　次　Next 教科書シリーズ『比較憲法』

はじめに…iii

第 1 章　比較憲法とは何か…1

1. 比較憲法の必要と効用…2
    - A. 比較憲法の必要…2
    - B. 比較憲法の効用…3
2. 比較憲法学の意義と方法…4
    - A. 比較憲法の意義…4
    - B. 比較憲法の方法…5
3. 比較憲法の対象…6
4. 比較憲法のさらなる研究のために…7
    - A. 主要国の憲法集…7
    - B. 第三世界諸国の憲法集…9
    - ［コラム］世界の各地域に目を向けた比較憲法学を…10

第 2 章　日本の憲法学と比較憲法…11

1. 日本における比較憲法学の始まり…12
    - A.「憲法」という言葉…12
    - B. 憲法制定勅語における比較憲法の位置付け…12
2. 大日本帝国憲法と比較憲法学…13
    - A. 憲法制定のモデル…13
    - B. 学問としての「国法学」…13
3. 日本国憲法と比較憲法学…14
    - A. 日本国憲法制定の比較憲法学へのインパクト…14
    - B. 近代立憲主義モデルに基づく比較へ…15
4. 日本の憲法学における比較憲法学の意義…15
    - A. 大日本帝国憲法期の憲法学と比較憲法学…16
    - B. 日本国憲法期の憲法学と比較憲法学…17
5. これからの日本にとっての比較憲法学…18
    - ［コラム］法律学校と外国法研究…20

第3章　現代憲法の特質…21

1　近代憲法の成立…22

　　A. 近代憲法成立前史…22
　　B. 近代憲法の特質…22

2　憲法の概念…23

　　A. 固有の意味の憲法…23
　　B. 形式的意味の憲法…23
　　C. 近代的意味の憲法…24

3　近代憲法から現代憲法へ——現代憲法の特徴…24

　　A. 現代憲法の特徴——基本的人権…25
　　B. 現代憲法の特徴——統治機構…25
　　C. 社会国家…26

4　現代憲法における立憲主義と民主主義…26

　　A. 立憲主義の意味…26
　　B. 日本における立憲主義…27
　　C. 立憲主義と民主主義…27

5　現代憲法と国家…28

　　［コラム］「憲法」をどう教えるか？…29

第4章　各国憲法の概観（1）イギリス…31

1　イギリス憲法の展開…32

　　A. 絶対君主制から立憲君主制へ…32
　　B. 近代立憲民主制の形成…32
　　C. 戦後とヨーロッパ化の潮流…33
　　D. 憲法の現代化と流動化…33

2　イギリス憲法の特徴…34

　　A. 先駆的憲法としての独自性…34
　　B. 憲法の法源と構成…34
　　C. 憲法の基本原理…35

3　イギリスの統治機構…36

　　A. 国王…37
　　B. 議会…37
　　C. 政府…39
　　D. 裁判所…39

4　イギリスの人権保障…40

　　A. 伝統的人権保障とその限界…40
　　B. 1998年人権法の影響…40

第5章　各国憲法の概観（2）アメリカ…41

1　アメリカ憲法の歴史…42

2　アメリカ憲法の統治機構…44

 A. 連邦議会…44
 B. 大統領…45
 C. 裁判所…46

3　アメリカの人権保障…47

 A. 宗教の自由と政教分離…47
 B. 平等原則…48
 C. 表現の自由…49
 D. 実体的デュー・プロセスの権利…50

第6章　各国憲法の概観（3）フランス…51

1　フランス憲法の歴史…52

 A. フランス革命から第四共和制まで…52
 B. 第五共和制の成立…52

2　第五共和制憲法の特徴…53

 A. 共和国と国民主権…53
 B. 大統領権限を中心とする行政権優位の体制…53
 C. 議会権限の制限…53
 D. 人権規定の不存在…54

3　第五共和制憲法の統治機構…54

 A. 大統領…54
 B. 政府…55
 C. 国会…56
 D. 国会と政府の関係…56
 E. 憲法院…57
 F. 裁判制度…58
 G. 地方公共団体・海外公共団体…58

4　第五共和制憲法の人権保障…59

 A. 人権保障の法源…59
 B. 人および市民の権利宣言…59
 C. 第四共和制憲法の前文…60
 D. 環境憲章…60
 ［コラム］憲法の実験室フランスとわが国の憲法観の違いは？…60

目次 vii

第7章　各国憲法の概観（4）ドイツ…61

1　ドイツ憲法の歴史…62

A.「3月前期」まで…62
B. フランクフルト憲法…62
C. プロイセン憲法とビスマルク憲法…63
D. ワイマール憲法…63
E. 東西ドイツの分裂と再統一…64

2　ドイツ憲法の特徴…65

3　ドイツの統治機構…66

A. 連邦議会…66
[コラム] 小選挙区比例代表併用制と超過議席…66
B. 連邦参議院…67
C. 連邦政府…67
D. 連邦大統領…68
E. 連邦最高裁判所…68
F. 連邦憲法裁判所…69

4　ドイツの人権保障…69

第8章　各国憲法の概観（5）スペイン…71

1　スペイン憲法の歴史…72

A. 押しつけ憲法と自主憲法…72
B. 19世紀の憲政史…72
C. 第二共和制から内戦を経てフランコ独裁へ…73
D. 民主化と現行憲法の制定…73

2　スペイン憲法の特徴…74

3　スペインの統治機構…74

A. 国王…74
B. 国会…75
C. 内閣…75
D. 司法権…76
E. 憲法裁判所…77
F. 自治州制度…77

4　スペインの人権保障…78

A. スペイン人・外国人…78
B. 基本的権利・公的自由…78
C. 市民の権利・義務…78
D. 社会政策・経済政策の指導原則…79
E. オンブズマン制度…79
F. 権利・自由の停止…80
[コラム] カタルーニャ独立問題と憲法…80

第9章　各国憲法の概観（6）韓国…81

1. 韓国憲法の歴史…82

    A. 概観…82
    B. 憲法制定の経緯…82
    C. 改憲の歴史…82

2. 韓国憲法の特徴…86

    A. 憲法前文に見る韓国憲法の特徴…86
    B. 自由民主主義の理念と「分断体制」の現実…86

3. 韓国の統治機構…87

    A. 立法…87
    B. 行政…88
    C. 司法…88

4. 韓国の人権保障…88

    A. 人間としての尊厳と価値…88
    B. 自由権…89
    C. 社会権…89
    D. 参政権と請求権的基本権…89
    E. 国民の義務…90
    F. 基本権の制限…90
    ［コラム］憲法案作成者・兪鎮午…90

第10章　各国憲法の概観（7）ロシア…91

1. ロシア憲法の歴史…92

    A. ロシア帝国国家基本法…92
    B. ソヴィエト憲法…92

2. ロシア憲法の特徴…93

3. ロシアの統治機構…93

    A. 連邦構成主体…93
    B. 立法権…94
    C. 執行権…96
    D. 裁判権…97
    E. 地方自治…98
    F. 改正規定…98

4. ロシアの人権保障…99

    A. 人権保障…99
    B. 非常事態…99
    C. 憲法上の義務…100
    ［コラム］クリミアとセヴァストポリ…100

第 11 章　民主制…101

1　国民主権…102
A. 主権概念の成立と君主主権…102
B. 国民主権と人民主権…102
C. 仮定の民意から実測による民意へ…103
D. 主権の制限…103

2　議会制度…104
A. 権力分立と議会…104
B. 議会と行政府の関係…104
C. 一院制と二院制…104
D. 多数決型民主主義と協調型民主主義…105

3　選挙制度…106
A. 選挙の基本原則…106
B. 選挙区…106
C. 代表制…107
D. 投票方式…107

4　直接民主制…108
A. 直接民主制の類型…108
B. 国民投票…108
C. 国民発案…109
D. 住民総会…109
［コラム］EU からのイギリス脱退：ブレグジット…110

第 12 章　権力分立…111

1　権力分立の意義と目的…112
A. モンテスキューの基本構想…112
B. 権力分立の諸要素…113

2　権力分立の類型…114
A. 厳格な権力分立…114
B. 緩やかな権力分立…114
［コラム］現代国家における権力分立の意義…115

3　権力分立に基づく政治制度…116
A. 大統領制…116
B. 立憲君主制（大権内閣制）…117
C. 議院内閣制…118
D. 議会統治制…119
E. 半大統領制…120

第13章　裁判制度…121

1. 裁判所と裁判官の地位…122
   - A. 裁判所の地位…122
   - B. 裁判官の地位…122
2. 裁判所の構成…123
   - A. イギリス…124
   - B. アメリカ…125
   - C. フランス…126
   - D. ドイツ…127
3. 市民の司法参加…129

第14章　違憲審査制…131

1. 違憲審査制の意義と類型…132
   - A. 違憲審査制の歴史と意義…132
   - B. 違憲審査制の類型…133
   - ［コラム］違憲審査制の合一化傾向について…133
2. 付随的違憲審査制——アメリカ型…134
   - A. アメリカ…134
   - B. 日本…135
3. 抽象的違憲審査制——ドイツ型…136
   - A. ドイツ…136
   - B. スペイン…137
   - C. 韓国…138
   - D. ロシア…139
4. 事前審査制——フランス型…140

第15章　人権保障…141

1　憲法と人権保障システム…142
A. 憲法で人権保障をすることの意味…142
B. 各国における人権保障の分化…142

2　各国憲法における「人権」保障…143
A.「人権」概念…143
B. 不文の権利の保障…144
C. 平等…145

3　人権と国家権力…146
A. 関係性の変容…146
B. 2つの堕胎判決…147

4　人権保障の射程と課題…148
A. 人権保障と比較憲法学…148
B. 人権保障の新たな局面…149
［コラム］イスラムスカーフと人権保障…150

第16章　精神的自由権…151

1　精神的自由権の意義…152
A. 精神的自由権の発展…152
B. 精神的自由権と国民の政治参加との関係…152
C. 精神的自由権の保障…153

2　宗教の自由と宗教制度…154
A. 各国の宗教制度…154
B. 宗教制度と宗教の自由との関連…154
［コラム］進化論とアメリカ社会…155

3　表現の自由…156
A. 各国における表現の自由…157
B. アメリカにおける表現の自由…157

4　集会・結社の自由…159
A. 集会の自由…159
B. 結社の自由…160

第17章　経済的自由権…161

1. 経済的自由権の歴史的展開…162
   - A. 経済的自由権の内容…162
   - B. 日本における経済的自由権…162
   - C. 社会国家…163
2. 職業選択の自由…163
   - A. ドイツ…164
   - B. その他の国…164
3. 財産権の内容と財産権に対する規制…164
   - A. ドイツ…165
   - B. その他の国…165
4. 居住・移転の自由…165
5. 経済的自由に対する制約…167
   - A. 二重の基準論…167
   - B. 公共の福祉…167
   - C. 目的二分論…168
6. まとめ…169

［コラム］職業選択の自由と職業の自由…169

第18章　人身の自由…171

1. 人身の自由の意義と歴史…172
2. 奴隷的拘束からの自由…173
3. 適正な手続の保障…174
4. 被疑者・被告人の権利…175
   - A. 人身保護令状…175
   - B. 自己負罪（自己帰罪）拒否の特権…176
   - C. 令状主義…176
   - D. 弁護人依頼権…177
   - E. 犯罪被害者の人権…177
   - F. 残虐な刑罰の禁止（死刑制度）…178
   - G. 陪審裁判…179
   - H. 二重の危険…179

第19章　参政権・国務請求権…181

1. 参政権・国務請求権の意義…182
2. 選挙権…183
    - A. イギリス…184
    - B. アメリカ…184
    - C. フランス…184
    - D. ドイツ…185
    - E. スペイン…185
    - F. 韓国…185
    - G. ロシア…186
3. 請願権…186
    - A. イギリス…187
    - B. アメリカ…187
    - C. フランス…187
    - D. ドイツ…187
    - E. スペイン…187
    - F. 韓国…188
    - G. ロシア…188
4. 国家賠償・補償請求権…188
    - A. イギリス…189
    - B. アメリカ…189
    - C. フランス…190
    - D. ドイツ…190
    - E. スペイン…190
    - F. 韓国…190
    - G. ロシア…190

第20章　社会権…191

1. 社会権の意義と歴史…192
    - A. 社会権の成り立ち…192
    - B. 各国憲法における社会権のあり方…192
2. 生存権的権利…195
    - A. 各国憲法における生存権的権利のあり方…195
    - B. 日本国憲法における生存権的権利…196
3. 労働に関する権利…197
    - A. 各国憲法における労働に関する権利のあり方…197
    - B. 日本国憲法における労働に関する権利…198
4. 教育を受ける権利…198
    - A. 各国憲法における教育を受ける権利のあり方…198
    - B. 日本国憲法における教育を受ける権利…200
    - ［コラム］社会国家と福祉国家…200
    - ［コラム］家族保護条項について…200

第 21 章　憲法保障…201

1　憲法保障の意義と制度…202

    A. 憲法保障の意義と制度…202
    B. 立憲化された国家緊急権…202

2　憲法改正規定…203

    A. アメリカ合衆国憲法…203
    B. フランス共和国憲法…203
    C. ドイツ連邦共和国基本法…204
    D. スペイン憲法…204
    E. 大韓民国憲法…205
    F. ロシア連邦憲法…205

3　国家緊急権…206

    A. フランス共和国憲法…206
    B. スペイン憲法…207
    C. ドイツ連邦共和国基本法…207
    D. 大韓民国憲法…208
    E. ロシア連邦憲法…209
    ［コラム］ワイマール憲法 48 条 2 項…210

第 22 章　比較の中の日本国憲法…211

1　明治憲法と日本国憲法…212

    A. 明治憲法の制定過程…212
    B. 明治憲法の基本原理…212
    C. 明治憲法の統治機構…213
    D. 明治憲法の権利保障…214

2　日本国憲法の普遍性…215

    A. 歴史的文書からの引用…215
    B. 現代立憲主義憲法としての日本国憲法…216

3　日本国憲法の特殊性…216

    A. 前文に描かれた特異な国際社会認識…216
    B. 憲法 9 条…217
    C. 象徴天皇制…218

4　日本国憲法の将来…219

    ［コラム］「夏島草案」の風景…220

参考文献…221

索引…226

編者・執筆者紹介…232

第 1 章 比較憲法とは何か

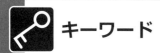

> 普遍性と固有性、先進民主主義諸国、開発途上国（途上国）、第三世界、静態的比較、動態的比較、歴史的比較、憲法解釈、憲法科学、憲法規範、憲法現象、近代憲法、現代憲法

本章のポイント

1. 比較憲法学は、比較という方法によって各国の憲法に含まれる普遍性と固有性を明らかにするだけでなく、そこで得られる知見は、日本国憲法をより深く理解するためにも有益である。
2. 比較憲法学は、各国の憲法規定を知ることに始まり、その憲法規定の実際の運用にも及ぶ。そのため、比較憲法学には、静態的な条文比較だけでなく、動態的な視点からのアプローチも求められる。
3. 従来、比較憲法学の対象とされたのは、主に欧米の先進民主主義諸国（米・英・独・仏）であったが、現代世界のおよそ3分の2が開発途上国であるから、それらの国々の憲法にも目を向けるべき時代になっている。

1 比較憲法の必要と効用

A 比較憲法の必要

　小学校、中学校、高等学校と日本国憲法を学ぶ中で、誰しも日本国憲法を比較憲法的に学んだことがある。日本国憲法と明治憲法（大日本帝国憲法）を対比させて、主権の所在、憲法制定権力、権力分立、権利保障などについて、それぞれの特徴を整理し、日本国憲法は明治憲法に比べてよりよい憲法であると説明されていたのではないだろうか。

　日本という1つの国で、時代の違う2つの憲法を取り上げて、その条文を比較したもので、後に述べる静態的比較、歴史的比較を行い、日本国憲法と明治憲法の特徴を学んだわけである。ただし、それぞれの憲法が作られた時代背景の違いや実際の運用という動態的比較抜きの比較であったとしたら、はたして2つの憲法を正当に評価したと言えるのか疑問の残るところではある。そうであっても、2つの憲法の条文を比較することで、それぞれの特徴が鮮明に浮かび上がったことは間違いない。このように、比較するということは、それぞれの特徴を明らかにし、相対化する。

　比較するためには、比較されるもの同士に共通の事項がなければならない。各国の憲法の比較が可能になるのも、今日の独立国のほとんどが成典憲法をもち、その中に統治機構と人権保障に関する規定を置いているという共通性が見られるからである。世界の諸国の憲法には共通の内容とそれを具体化する各国特有の規定が含まれていることから、憲法比較が可能になり、意味をもつのである。言い換えれば、各国の憲法には普遍性と固有性が含まれているから、比較が有効かつ必要な方法になるのである。

　独立国が成典憲法をもつというあり方は、18世紀後半のアメリカ独立後のヴァージニアやマサチューセッツなどの州憲法の制定に始まり、その直後にフランスから19世紀中にヨーロッパ諸国に広がり、わが国にもフランス革命（1789年）からちょうど100年後の1889（明治22）年には大日本帝国憲法が発布された。第二次世界大戦後にはアジアやアフリカなどの欧米諸国の植民地が憲法を制定して独立国家となっていったが、それら諸国の憲法には、社会主義国（共産主義国）などの例外はあるものの、権力分立（三

権分立）のもとに統治機構が組織され、国民の権利・自由が保障され、議会制民主主義が採用されるという共通性が見られる。

　そしてそれらに共通して見られる基本原理の源泉は、「すべての人は、生まれながらにして自由かつ平等であり、生来の、本質的かつ譲ることのできない一定の権利をもっている」（マサチューセッツ州憲法）とか、「権利の保障がなされず、権力の分立のない社会は憲法をもつものではない」（フランス人権宣言16条）といった18世紀市民革命期の憲法的文書で宣言された憲法の基本原理を継承したものなのである。

　現在の各国の憲法には近代憲法の普遍的な憲法原理が含まれているため、各国の憲法を比較することが可能になり、比較により各国の制度の特徴が浮き彫りにされる。したがって、日本国憲法をより深く理解するためには、憲法を相対化して捉える比較憲法学が必要かつ重要なのである。

B　比較憲法の効用

　わが国の憲法をより深く理解するために必要かつ重要な比較憲法学であるが、これまであまり重視されてこなかったという事実がある。わが国における戦後の比較憲法学の開拓者の1人である大西邦敏教授は、今から50年ほど前の著書で次のように記している。すなわち、「比較憲法学は、『日本国憲法』を解釈し、いかなる事項を憲法事項としているかを知り、また、制度について一般的な傾向を知り、さらにわが国にとって未知の制度を知るうえにおいて、それぞれきわめて大なる効用を有する重要な学問であるにもかかわらず、わが国ではほとんどかえりみられておりません。ほとんどの憲法専門家は、たんに『日本国憲法』を解釈することのみに終始しているに過ぎません。もちろん、憲法解釈は非常に重要なことであり、憲法専門家として当然しなければならないことでありますが、そのばあいにも、比較憲法的考察が絶対的に必要とされる数多の問題があります」[1]。

　このような比較憲法学の効用と重要性にもかかわらず相応に重視されていないとの指摘は、その後の比較憲法学の発展を考慮しても、依然として有効性を失っていないように思われる。その理由の1つとして考えられるのは、比較憲法学は必然的に日本国憲法を相対化するため、改憲論に有力な材料を提供することになりかねないという不都合な事情があったからで

はないかと疑われるところにある。

　そうした思惑は別にしても、根本的な理由として、比較憲法学の対象領域が、およそ単独の研究者の手に負えるようなものではないという事情がある。単に憲法条文を比較するだけでも、200近い国々の憲法があるということを指摘するだけでその困難さが容易に理解できるであろう。

　そうであっても、比較憲法学の必要性と重要性は改めて強調されなければならない。なぜなら、①憲法事項を知る上において、②日本国の憲法解釈上において、③制度について一般的な傾向を知る上で、そして④日本に未知な制度を知るために不可欠な学問であるからである[2]。そして、比較憲法学は、①自国憲法の位置付けを明確化し、②自国憲法の欠陥の認識とその欠陥の除去およびより妥当な解決方法の発見に資し、③憲法の合理的解釈を導き出し、⑤憲法の改正や憲法の制定に際して大きな貢献をすることができるという実際的効用があるからでもある[3]。

　さらに、憲法という制度はそれぞれの国の文化の中にあることから、比較憲法学は広い意味で比較文化論にも属する。ある国の憲法を知ることはその国の文化に触れることでもあり、憲法を通してその国の文化を知り、それとの比較を通して自国の文化を知ることにもつながるのである[4]。

　このように、比較憲法を学ぶことによって、世界各国の憲法のあり方を通して各国の政治制度や文化を知り、わが国の憲法のあり方を国際比較の中で捉えることで、その特徴を客観的に認識できるだけでなく、立法論への貢献という実際的な効用もありうるのである。

2　比較憲法学の意義と方法

A　比較憲法の意義

　大西邦敏教授は比較憲法学を次のように定義する。すなわち、「比較憲法学とは、一般にすべての国家的組織体の実定憲法上の諸制度または特殊的に特定の国家的組織体群、もしくはより狭く特定の時代における特定の国家的組織体群の実定憲法上の諸制度を比較することによって、型態を定

立し、これを説明することを任務とする学である」[5]。

ここでは、「実定憲法上の諸制度」の比較、すなわち憲法規定を比較して類型化し説明することが比較憲法であると観念されていた。そして、「すべての国家的組織体」を対象とすることで、欧米先進諸国だけではなく第三世界の憲法をも対象とした点に特徴があった。ただし、そこでの対象は憲法規範にとどまり、第三世界の国々の伝統や習慣、風土的特徴などには言及されていなかった。この点をも視野に入れたのが、西修教授の言う「憲法現象」をも対象とする比較憲法学であると言われる[6]。

西修教授によれば、「比較憲法学とは、諸国の憲法現象を類型的に比較分析することを任務とする憲法科学の一分科」[7]であるとして「憲法現象」の類型化とその比較分析としている。ここに言う「憲法現象」は憲法規定を含む広義の憲法現象とされ、①憲法規範（憲法条文）、②憲法の実際の運用状況、③憲法の成立から改廃に至る全過程、および④憲法のよって立つイデオロギー・文化・伝統などを含んだ概念として定義されている[8]。

また、辻村みよ子教授によれば、比較憲法学とは「諸国の憲法規範と憲法現象を、憲法解釈と区別された憲法科学の手法で、近代憲法から現代憲法への歴史的展開を重視しつつ体系的に比較研究する学問分野」[9]とされる。この定義によれば、比較憲法学は憲法規定とその規定の運用の両方を比較研究すること、そしてその方法は実践的契機を含んだ憲法解釈ではない憲法科学の手法をとるものであるが、「近代憲法から現代憲法への歴史的展開を重視する」という点に重点が置かれている。

B 比較憲法の方法

辻村教授は、比較の方法として、①動態的視座、②科学的視座、③歴史的・比較憲法的視座の３つの視座を設定する。①動態的視座とは「憲法規範のみならず、現実の憲法現象や憲法の運用をふまえて憲法問題を捉える現実的で機能的な視座」であり、②科学的視座とは「特定の政治的立場等とは一線を画して、歴史学や政治学などの隣接諸科学の成果をとりいれて社会科学としての憲法学をめざす視座」、そして③歴史的・比較憲法的視座とは「憲法規範が成立した歴史的過程やその後の展開、さらに広く諸国の憲法状況を見通す広範な視野」を言う[10]。

阿部照哉教授も、比較の方法として3つの視点を提示する。すなわち、①静態的比較：憲法制度と条文の形式的異同を問題にし、数量的・統計的比較に重点を置く方法、②機能的比較：憲法が実際の政治社会の中でいかなる機能を果たしているかを比較分析する方法、および③歴史的方法：歴史的所産としての憲法が置かれている歴史的社会との関連において比較する方法である[11]。

西修教授は、阿部教授と同じく、①静態的比較：条文比較、②機能的（動態的）比較：憲法が実際の政治社会の中でいかなる機能を果たしているかを比較分析する方法、③歴史的方法：歴史的所産としての憲法の研究を挙げ、さらに④イデオロギー的方法（特にマルクス主義）と⑤システム的方法（政治学におけるシステム論の応用）の2つの方法を加えている[12]。

以上のように、比較憲法の方法としては、静態的比較、動態的比較、および歴史的比較という視点から比較するという点で、一致が見られる。

3　比較憲法の対象

あまりにも明らかなことのようではあるが、「比較憲法研究の対象となるのは、自国を含む諸国の憲法」[13]である。しかし、諸国の憲法としてわが国の比較憲法研究の対象とされてきたのは、主にドイツ、フランス、アメリカ、イギリスの欧米先進諸国である。「近代立憲主義を個人主義という思想的特徴」で捉え、「日本の比較憲法研究に重要な足跡を残した」[14]とも「戦後のわが国において比較憲法研究を総括した」[15]とも称賛される、樋口陽一『比較憲法』（青林書院、1977）においても、対象とされている国は上記の英・米・独・仏の4か国でしかない。

こうした傾向は、憲法研究においても明治期以来の欧米先進諸国をモデルとした近代化路線の延長線上にあると言えよう。近代憲法とその基本原理を生み発展させてきた国々の流れを継受してきた「後進国」であるわが国ではそのような状況も当然の成り行きであったが、今日でも日本国憲法の解釈にそれら諸国の憲法理論が影響を及ぼしている傾向が見られる。

グローバル化する現代の国際社会においても、欧米先進諸国で生成発展してきた憲法原理が世界の諸国の憲法に取り入れられ、法の支配、民主主義、人権といった価値が国際社会で共有されるようになったのは、近代憲法の普遍化がもたらしたものとも言えよう。実際に世界の多くの国々の憲法において、法の支配、民主主義（国民主権）、人権保障、権力分立といった基本原理が採用されている。その意味では、それらの原理の母国たる国々の憲法を比較の対象とすることの必要性と重要性は言うまでもない。

　ところが、一方で、現在の国際社会を構成する国々の約3分の2は開発途上国であるという現実があり、今やそれら諸国の憲法を無視することはできない時代になっている。わが国は先進民主主義国の1つとして、欧米諸国に学ぶだけでなく、途上国の憲法をも広く研究対象とすることは、学問的な意義だけでなく、法制度支援などの国際協力の分野で実際的な意義をもつ。比較憲法学の対象としてのフロンティア地域と言えよう。

4　比較憲法のさらなる研究のために

A　主要国の憲法集

　比較憲法のためには何よりも各国の憲法条文を知らなければならない。インターネットによって世界各国の憲法条文にアクセスすることが容易になってはいるが、やはり邦文の憲法集が便利なことは言うまでもない。そこで、戦後に発刊された憲法集の主なものを以下に紹介する。

　まず、もっとも手頃な憲法集として、**高橋和之編『[新版] 世界憲法集〔第2版〕』**（岩波文庫、2012）がある。ここには、米、独、仏、スイス、ロシア、カナダ、中国、韓国、日本の9か国の憲法条文が収録され、それぞれに解説が付されている。同じ岩波文庫の、**高木八尺・末延三次・宮沢俊義編『人権宣言集』**（岩波文庫、1957）と合わせれば、主要な諸国の憲法条文と歴史的な人権文書をほぼ網羅している。ちなみに、この『人権宣言集』には、英国のマグナ・カルタ、「権利請願」、「権利章典」、米国の独立宣言、ヴァージニア権利章典、マサチューセッツ州憲法、フランスの「人および市民の

権利宣言」、第四共和制憲法の前文、ドイツのプロイセン憲法、ワイマール憲法、そして世界人権宣言などが収録されている。

次に、手頃な憲法集として2冊挙げよう。**初宿正典・辻村みよ子編『新解説世界憲法集〔第4版〕』**(三省堂、2017)は、英、米、独、仏、イタリア、スイス、ロシア、カナダ、中国、韓国、日本の11か国の憲法条文を収録し、日本を除き、それぞれに解説を付している。**阿部照哉・畑博行編『世界の憲法集〔第4版〕』**(有信堂高文社、2009)および**畑博行・小森田秋夫編『同〔第5版〕』**(2018)は、米、英、独、仏、イタリア、スペイン、スウェーデン、デンマーク、ベルギー、ポーランド、ロシア、オーストラリア、カナダ、ブラジル、中国、韓国、インド、フィリピンの18か国(第5版にはスイスと欧州連合を含む20)の憲法条文を収録し、それぞれに解説が付いている。

その他に、古いものでは、**京都大学憲法研究会編『世界各国の憲法典〔新訂増補〕』**(有信堂高文社、1965)は、次の25か国の憲法条文と概説および国連憲章を収録する。英、米、独(ワイマール、ナチスドイツ、西独、東独)、仏(第三共和国、第四共和国、第五共和国)、イタリア、スペイン、スウェーデン、ノルウェー、フィンランド、デンマーク、ベルギー、オーストリア、スイス、ポーランド、ユーゴスラビア、ソ連、トルコ、インド、パキスタン、中国、ブラジル、アルゼンチン、エチオピア、オーストラリア、日本。

大西邦敏監修・比較憲法研究会編『世界の憲法――正文と解説』(成文堂、1971)は、米、西独、仏、スイス、イタリア、スペイン、ギリシア、ルーマニア、ソ連、アフガニスタン、ブラジル、メキシコ、韓国の13か国の憲法条文と解説を収録している。

また、憲法集ではないが、**憲法制度研究会編『各国憲法制度概説〔増補改訂版〕』**(政光プリプラン、2002)は、英、米、独、仏、イタリア、スペイン、ベルギー、オランダ、スウェーデン、ノルウェー、デンマーク、ロシア、イスラエル、カナダ、ブラジル、サウジアラビア、インドネシア、マレーシア、シンガポール、フィリピン、タイ、中国、台湾、韓国、北朝鮮、オーストラリア、フィジー、トンガ、パラオ、日本の30か国・地域を対象に、それぞれの国・地域の憲法史、憲法の特徴、統治構造、人権の保障形態について概説している。

B　第三世界諸国の憲法集

　本書では取り上げることができなかったが、第三世界（途上国）の憲法を主に扱った次の憲法集を挙げておこう。

　まず、**萩野芳夫・畑博行・畑中和夫編『アジア憲法集〔第2版〕』**(明石書店、2007) は、アジア憲法集と銘打っているが、アジアの他にロシアとオセアニアの5か国を含む28か国・地域の憲法を解説付きで収録している。収録されている国は、インド、ネパール、スリランカ、パキスタン・イスラム共和国、バングラデシュ、カンボジア、ミャンマー、ラオス、タイ、ベトナム、マレーシア、シンガポール、インドネシア、フィリピン、ブルネイ・ダルサラーム、中国、香港、台湾、韓国、北朝鮮、モンゴル、ロシア、オーストラリア、ニュージーランド、ミクロネシア、トンガ、サモア。

　次に、**浦野起央・西修編『資料体系　アジア・アフリカ国際関係政治社会史』**(パピルス出版) シリーズの第6巻 (3分冊)、第7巻、第8巻 (4分冊) の全8冊からなる憲法資料がある。この**『資料体系　アジア・アフリカ国際関係政治社会史　第6巻　憲法資料アジア』**(1985) は、3分冊からなり、アジア・オセアニアの35か国の憲法を解説とともに収録している。その内訳は、①**『憲法資料アジアⅠ』**(1980) は、北東アジア・インドシナ・東南アジア (15か国)、②**『憲法資料アジアⅡ』**(1980) は、南西アジア (7か国)、③**『憲法資料アジアⅢ』**(1984) は、東南アジア・オセアニア (13か国)、となっている。**『資料体系　アジア・アフリカ国際関係政治社会史　第7巻　憲法資料中東』**(1979) は、アラブ国 (13か国)、非アラブ国 (5か国)、アラブの連邦化 (2か国) の20か国の憲法と解説を収録する。**『資料体系　アジア・アフリカ国際関係政治社会史　第8巻　憲法資料アフリカ』**は、4分冊からなる。①**『憲法資料アフリカⅠ』**(1982) は、北アフリカ (6か国)、中部アフリカⅠ (4か国)、東アフリカⅠ (4か国)、南部アフリカⅠ (4か国)、アフリカの連邦化 (1か国) の19か国の憲法と解説を収録。②**『憲法資料アフリカⅡ』**(1984) は、西アフリカ (12か国)、中部アフリカⅡ (6か国)、東アフリカ (1か国)、アフリカの連邦化 (1か国) の20か国の憲法と解説を収録。③**『憲法資料アフリカⅢ』**(2014) は7か国、および④**『憲法資料アフリカⅣ』**(2014) は8か国の憲法と解説を収め、4分冊合わせてアフリカ54か国の憲法とその解説を収録している。

> **コラム**　世界の各地域に目を向けた比較憲法学を
>
> 　国連加盟国だけでも 193 か国あるグローバル化の進む現代国際社会において、わが国の国際関係の進展に鑑みたとき、比較憲法研究においては従来以上に広い地域的な目配りが必要であると考えられる。例えば、国の政治は憲法で定められた制度的枠組みと無関係に動いているものでは決してないから、ある国の政治動向を知るためにはまず憲法で定められた政治制度を知らなければならない。国民の権利や自由にしても、憲法で定められたものであることは言うまでもないだろう。このように、ある国を知ろうとするならば、その国の憲法を見ることが必要不可欠である。
>
> 　しかしながら、アジア、アフリカ、ラテンアメリカ、オセアニアなどの各地域諸国を対象とした研究は極めて限られているのが現状である。わが国の政府開発援助（ODA）が世界各地の途上国に及び、極小国にも在外公館が開設され、地球上の辺境の地にも邦人が在住する今日、地域研究の一分野としても、比較憲法学の貢献が大いに期待されるところである。

注）

1) 大西邦敏『憲法と民主政治』（成文堂、1971）まえがき
2) 大西、前掲書 1) 9 頁
3) 西修『憲法体系の類型的研究』（成文堂、1997）18-19 頁
4) 塩津徹『比較憲法学〔第 2 版〕』（成文堂、2011）9 頁
5) 大西、前掲書 1) 7 頁
6) 小林昭三『比較憲法学・序説』（成文堂、1999）23-24 頁
7) 西、前掲書 3) 16 頁
8) 西、前掲書 3) 24-25 頁
9) 辻村みよ子『比較憲法〔第 3 版〕』岩波テキストブックス（岩波書店、2018）12-13 頁
10) 辻村、前掲書 9) 12-13 頁
11) 阿部照哉編『比較憲法入門』（有斐閣、1994）13 頁
12) 西、前掲書 3) 24-25 頁
13) 阿部、前掲書 11) 9 頁
14) 辻村、前掲書 9) 14 頁
15) 小林、前掲書 6) 14 頁

第2章 日本の憲法学と比較憲法

キーワード

大日本帝国憲法、憲法制定勅語、近代立憲主義、立憲君主制、プロイセン、国法学、日本国憲法、マッカーサー草案、違憲審査制、神権君主制、立憲学派、天皇機関説、外見的立憲主義、付随的審査、ブランダイス・ルール、二重の基準、目的効果基準、三段階審査、比例原則審査、憲法改正

本章のポイント

1. 明治時代になるまで近代的な意味での憲法典をもたなかった日本にとって、比較憲法学は学問的な意味にとどまらず、実践的な意味でも重要な意味をもっていた。
2. 大日本帝国憲法期にはドイツ系の憲法体制が比較憲法学における主な比較対象であった。これに対して、日本国憲法期には広く近代立憲主義の諸国家の憲法体制が比較対象とされるようになった。
3. 憲法学と比較憲法学との対話は、日本の憲法の今後のよりよき発展のためにも重要な意味をもちうるものである。とりわけ、諸外国で起こっている憲法問題を検討することは、日本で同様の問題が生じた場合に参考になる素材となる。

1 日本における比較憲法学の始まり

A 「憲法」という言葉

　日本の近代憲法の歴史は明治時代に始まった。それまで西欧型の近代憲法をもたなかった日本にとって、国家の基本法としての「憲法」を作る最初の試みとなったのが1889（明治22）年の大日本帝国憲法の制定である。

　そもそも「憲法」という言葉は、それまでの日本社会において通常用いられてきた語ではなく、英語やフランス語で言うところのConstitution、あるいはドイツ語のVerfassungに対応する語として新たに作り出された造語であった。当初は、後に見る憲法制定勅語において用いられた「国憲」という訳語が用いられることもあったが、1880年代あたりから「憲法」という語が定着し、1889年の大日本帝国憲法も「憲法」という名称を用いている。

B 憲法制定勅語における比較憲法の位置付け

　大日本帝国憲法制定の直接のきっかけとなったのは、1876（明治9）年に元老院に対して憲法起案を命じた勅命（憲法制定勅語）である。勅語は「朕爰ニ我建国ノ体ニ基キ広ク海外各国ノ成法ヲ斟酌シ以テ国憲ヲ定メントス」と述べる。すなわち、一方で「我建国ノ体」を基礎としつつ、他方で当時の列強諸国を念頭に置いた「海外各国ノ成法」にも配慮した憲法を制定する、というのがその趣旨であった。

　「我建国ノ体」という日本独自の国家体制と近代立憲主義の諸国家の憲法に代表される「海外各国ノ成法」との間には、本来、簡単には解消できない緊張関係がある。しかし、近代の法体系についての知識に乏しく、成文憲法典をもったこともない「憲法後進国」であった日本にとって、憲法を制定するにあたって他国の憲法を一定の模範とすることはどうしても必要な作業であったと言ってよい。その意味で、大日本帝国憲法の制定作業には、比較憲法学的な知見が不可欠であった。ここに、日本の比較憲法学の第一歩が示されることとなったのである。

2 大日本帝国憲法と比較憲法学

A 憲法制定のモデル

　比較憲法的な作業は、まず政治的な側面においては、憲法制定のモデルを探るという形で現れた。明治初期にはイギリスやフランスの憲法体制が主に研究の対象となり、あるいは元老院によってベルギー憲法に影響を受けた憲法草案なども示されたが、その後、それらの憲法体制は民主的色彩が強いとして批判された。これらに代わって注目されるようになったのが、立憲君主制を採用していたドイツ系の憲法であった。とりわけ、憲法の調査のためにヨーロッパに派遣された伊藤博文がグナイスト（Gneist, R. V.）やシュタイン（Stein, L. V.）からドイツ系の憲法論を学び、立憲君主制こそが憲法制定のモデルとしてふさわしいとの確信を得て帰国するに至って、憲法制定の方向性はプロイセン・ドイツ型の憲法へと決定的に傾斜した。

　こうして、1889（明治22）年にはプロセン・ドイツ型の憲法に範をとった大日本帝国憲法が欽定憲法として発布された。つまり、憲法制定勅語における「我建国ノ体」と「海外各国ノ成法」との間の緊張関係は、前者にとって都合のよいように後者の範囲をプロイセン・ドイツに限定し、圧倒的に天皇統治という国体が優先する形で決着を見たのであった。

　このため、大日本帝国憲法における基本的な考え方は、プロイセン・ドイツ型の憲法での①憲法原理の中での君主主義原理の優位、②公民ないし臣民の権利としての権利保障、③軍部の機関的独立と君主の命令権限といった特徴を継受している。これらは大日本帝国憲法においては、①統治権の総攬者としての天皇（4条）、②広範な法律の留保を伴う臣民の権利（18条以下）、③三軍に対する天皇の統帥権（11条）として表現されている。

B 学問としての「国法学」

　他方で、比較憲法の学問的な側面は、大学における外国憲法研究の一般化にその一端を見ることができる。例えば、東京大学では1882（明治15）年に法学部・文学部の講義科目として「国法学」が開講された。ここでいう「国法学」とはドイツ語のStaatsrechtslehreの訳語であり、主として比

較憲法学ないし比較政治制度論を意味していた。これに対して、日本の憲法制度そのものを対象とする講義科目としては、1889年に「憲法」が講ぜられるようになっている。1889年までは独自の憲法が存在しなかったため当然のことではあるが、学問的には比較憲法学の方が早い時期から講ぜられてきたということになる。このため、日本の学問世界においては、大日本帝国憲法の解釈を取り扱う「憲法」とは独立して、比較憲法学を講ずる「国法学」が独自の発展を遂げる。両者はこの時代以降、ときに乖離し、ときに融合し、ユニークな相互作用をもたらしてきた。

このように、それまで近代的な意味での「憲法」をもたず、西欧におけるConstitutionやVerfassungの伝統を受け入れるほかなかった日本にとって、他国の憲法研究は、憲法制定作業における実践的な意味と、理論的な関心の両面において重要だった。ただし、先に見た通り、大日本帝国憲法制定の際に、国体を優先する形でプロイセン・ドイツ型の憲法がモデルとなったことから、大日本帝国憲法下における比較憲法学は、主としてドイツ系の憲法学を比較対象とするものとなっていった。

3 日本国憲法と比較憲法学

A 日本国憲法制定の比較憲法学へのインパクト

1946（昭和21）年の日本国憲法の成立は、日本の比較憲法学にとっての大きな地殻変動であった。なぜなら、日本国憲法は豊富な人権規定と権力分立システムを備えた民主主義の憲法であり、それまで日本の憲法学・比較憲法学の方向性を強く規定してきた天皇統治という国体と離別していたからである。このことによって、従来のドイツ系憲法学に傾倒した状況から比較憲法学の対象は大きく拡大したと言える。

日本国憲法の制定過程を見たとき、そこに特定の国家の憲法をモデルとして位置付けることは難しい。マッカーサー草案作成時には、鈴木安蔵を中心とした憲法研究会の「憲法草案要綱」のほか、アメリカ合衆国憲法など多数の国の憲法が参考とされたとされる。そもそも「憲法草案要綱」で

は、フランス憲法、アメリカ合衆国憲法、ソ連憲法、ワイマール憲法、プロイセン憲法などの憲法が参考とされていた。その後の修正段階においても様々な憲法体制が参考資料として登場している。その意味では、日本国憲法はかなり広範な憲法体制を参考にして作られた、坩堝的な憲法であると言ってよいだろう。

B　近代立憲主義モデルに基づく比較へ

　日本国憲法は、西欧の民主主義を「人類普遍の原理」（前文）と位置付け、そこへのコミットメントを強調する。また、基本的人権を「侵すことのできない永久の権利」(11条)として保障し、立法・行政・司法の権力分立を定めることで、立憲的意味の憲法としての特徴を備えている。こうした近代立憲主義の系譜に連なる日本国憲法の本質からすれば、比較憲法学の対象としても、近代立憲主義の諸国の憲法体制が想定されることになる。しかも、第二次世界大戦後の国際情勢の中では、近代立憲主義そのものがそれまでよりも拡大する状況にあり、比較対象はより豊かなものとなっている。イギリス、アメリカ、フランスといった従来の近代立憲主義の諸国家のみならず、戦後に近代立憲主義を採用したドイツやイタリア、スペインといった西欧諸国家、さらには北欧諸国、韓国、中南米諸国などの憲法体制も比較憲法学にとって魅力ある素材となっている。

　また、日本国憲法が81条で違憲審査制を採用したことは、裁判過程を通じて実現される憲法の実質的意義を比較憲法学の対象として認識させることになった。単なる条文比較や制度比較にとどまらないダイナミックな憲法の実現プロセスを各国の違憲審査における実例の中に見出すことも可能だろう。この点で、違憲審査制をもつ諸外国の憲法体制とそこでの実践は日本の憲法学にも大きな影響力をもつものとなっている。

4　日本の憲法学における比較憲法学の意義

　以上のように、日本の政治・学問状況においては比較憲法的知見が理論

的にも実践的にも重要な意味をもってきた。このため、日本の憲法の解釈学としての「憲法学」にも、比較憲法学の知見は大いに活かされてきたと言える。実際、現在の憲法学界においても外国憲法研究や比較憲法論は多くの成果を上げているし、日本国憲法の解釈論を展開するにあたって外国の憲法論が参照されることも珍しくない。そこで、あらためて日本における「憲法学」と「比較憲法学」との関係性を見ておくこととしよう。

A 大日本帝国憲法期の憲法学と比較憲法学

先にも述べたように、大日本帝国憲法はプロイセン・ドイツ型の憲法をモデルとする憲法であった。しかし、それにもかかわらず、大日本帝国憲法制定直後の時期においては、憲法学に対する比較憲法学の意義は極めて抑制的に語られていた。例えば、初期の大日本帝国憲法の解釈学において通説的な立場を占めた穂積八束は、ある国の憲法はその国の国体・政体にとっての法であるためその国独自の解釈が行われるべきことを強調し、「一切外国ノ事例及学説ニ拘泥セサル」主義をとることを標榜していた。すなわち、この時期の憲法学は比較憲法学の影響をできるだけ排除しようとしていたとも言える。その理由としては、大日本帝国憲法がプロイセン・ドイツ型の立憲君主制よりも前時代的な「神権君主制」を前提としており、ドイツ系の憲法学ですら君主の権力を制限しすぎているという理解が共有されていたためであると思われる。この時期には、比較憲法学は大日本帝国憲法の神権主義に抵触しない限りで参照されるものに過ぎなかったのである。

しかし、その後、比較憲法学はいわゆる「立憲学派」によって日本の憲法解釈学にも影響を与えるようになった。美濃部達吉や佐々木惣一に代表される立憲学派は、西欧諸国の立憲主義のエッセンスを大日本帝国憲法の解釈にも導入しようと試みた。そこでは、とりわけドイツ系の憲法学が参照され、極めて神権主義的な大日本帝国憲法をより立憲主義的に（少なくともより神権主義色を薄めて）解釈・運用することが目指された。よく知られた美濃部の天皇機関説は、まさにそうした試みの1つである。後にドイツの憲法体制はイギリスやフランスの憲法体制との比較において「外見的立憲主義」と評価されることになるが、それでも当時の大日本帝国憲法が採用

する神権主義に比べればいくらか立憲主義的であったことからすれば、ドイツ憲法学に依拠した議論が大日本帝国憲法の解釈学に与えたインパクトは軽視されるべきではない。

このような事情のもとで、大日本帝国憲法下での比較憲法学は、ドイツ系の憲法学を中心的な比較対象としてきた。イギリスやフランスの憲法学が反君主主義的な意味合いをもっていたことからすれば、日本の憲法学への寄与という意味でも、ドイツ系の憲法学が多く参照されたことは自然な成り行きだった。しかし、このためドイツ系以外の憲法体制との比較がこの時期ほとんど行われなかったこともまた事実である。数少ない例外は、ロックやモンテスキューの憲法思想を研究し、フランス憲法理論にも注目した宮沢俊義や、広く世界の憲法体制・憲法史についての研究を行った鈴木安蔵などであった。

なお、昭和に入って日本の軍国主義化が進行し、その過程で美濃部が天皇機関説事件で弾圧を受けるなどしたことから、再び憲法学は比較憲法学の影響を排除するようになった。これによって、大日本帝国憲法の解釈は神権主義的なものへと回帰していった。

B 日本国憲法期の憲法学と比較憲法学

先にも述べたように、日本国憲法の制定により、比較憲法学の対象は著しく拡大した。そして、憲法学はより積極的に比較憲法学の知見を日本国憲法の解釈論へと導入するようになった。その中でも1990年代までの憲法学に大きな影響を与えていたのはアメリカの憲法学である。アメリカ憲法学の影響は日本国憲法の多くの部分に及んでいるが、とりわけ人権論と憲法訴訟論の分野でその影響が顕著である。人権論の分野では、プライバシー権論、表現の自由論は言うに及ばず、その他の人権規定の解釈においてもアメリカの学説・判例が参照される。他方、81条で新たに導入された違憲審査制について、警察予備隊違憲訴訟判決（最大判昭和27・10・8民集6-9-783）がそこで予定されている審査を「付随的審査」と理解したことから、同じく付随的審査を採用するアメリカの憲法訴訟の手法が次々に紹介された。手続的な側面で言えば、ブランダイス・ルールに基づく憲法判断回避の準則や判決の効力に関する個別的効力説などがそうであるし、実体的審

査との関係では、二重の基準や目的効果基準といった違憲審査基準が多くの注目を集めた。これらの議論はもはや日本の憲法学における内在的理解の域に達しているものもあり、比較憲法学の知見が憲法学に取り込まれている好例である。

もちろん、アメリカ以外にもイギリス、フランスの憲法学についての研究も進み、これらの研究成果の一部はやはり日本国憲法解釈にも影響を与えている。例えば、フランス憲法学におけるナシオン主権論とプープル主権論との対比から、日本国憲法が採用する国民主権のあり方について鋭い問題提起がなされた国民主権論争（いわゆる「杉原＝樋口論争」）などはその一例である。ドイツについては、戦後のドイツ基本法下での憲法学の発展が世界的にも注目されたことから、再び比較憲法学における重要な比較素材となっている。とりわけ昨今の憲法学との関係で言えば、アメリカ流の違憲審査基準論との異同も含めて、ドイツの憲法裁判の中で展開されてきた三段階審査および比例原則審査への関心が高まっている。実のところ日本の最高裁はアメリカ流の違憲審査基準論よりもドイツ流の比例原則審査をベースにして論理構成をしてきたとも指摘されており、その意味でも注目度は高い。

イギリス・フランス・アメリカ・ドイツは比較憲法学における「主要4か国」とも言われ、研究が盛んに行われてきた。しかし、その反面、これら以外の国についての憲法研究は必ずしも充実していない。これら主要4か国に次いで研究が盛んなのは、イタリア、スペイン、オーストリア、スイス、韓国、カナダあたりであるが、主要4か国に比べると著しく手薄である。中国、ロシア、東欧諸国、北欧諸国、アジア諸国、ラテンアメリカ諸国、アフリカ諸国などの研究はさらに数が少ないのが実情である。

5　これからの日本にとっての比較憲法学

現在の日本の憲法学における議論動向を理解する上でも、また憲法学を将来に向けてさらに発展させるためにも、比較憲法学は重要な役割を担っ

ている。特に近代立憲主義という思想基盤を多くの国と共有する現在の日本国憲法の状況からすれば、他国において同じ思想基盤のもとでいかなる憲法実践が行われているのかを研究しておくことは、日本の憲法学をさらに発展させるために有益な情報をもたらすことになるだろう。

　もちろん、だからといって比較憲法学によって得られた知見を無批判に日本の憲法学にもち込めばよいということでもない。他国における憲法発展や憲法学説の展開は、やはりその国ごとの独自の社会状況や国民意識と結び付いているものであることも多く、それらをそのまま日本の憲法状況に当てはめても効果がないこともありうるし、場合によってはマイナスの影響をもたらすこともあるだろう。比較憲法学の知見はそれとして重要であるが、これを日本の憲法学に導入する際には慎重な検討が必要である。比較憲法学の側では、他国の憲法実践などについて、それがいかなる背景をもつものであったのかをできる限り深く探る必要もある。

　比較憲法学がこれからの憲法学に貢献できることがあるとすれば、それは日本のこれまでの憲法学に欠けている経験や視点を他国の例から学びとっていくことである。日本ではまだ顕在化していないような憲法問題が他国においては既に社会的な関心事となり、それに関する議論や実践が蓄積されているということはありうる。例えば、日本国憲法はいまだに改正を経験していないが、他国の憲法の中には大きな改正を経験したものもある。こうした国々での経験を検証し、そのインパクトや憲法生活の変化などを明らかにすることは、今後の日本の憲法改正論にも有益な情報となる。また、LGBTに対する憲法上の対応や、生命操作技術をめぐる憲法上の議論、議会制や違憲審査制にかかわる憲法上の動向といった様々なトピックは、今後、日本の憲法学でも取り扱われる可能性のあるものである。これらを既に経験し、議論を積み重ねている国があれば、成功も失敗も含めて、それは貴重な参考資料となりうる。比較憲法学は、こうした他国の多様な憲法問題を取り上げ、そこから日本の憲法学への示唆を読み取っていくことにも努めていくべきであろう。

コラム　法律学校と外国法研究

　本文中でも紹介した東京大学法学部が1877（明治10）年に創設されたのに続いて、明治10年代から20年代にかけて私立の法律学校が次々と設立された。1879（明治12）年の東京法学社（現在の法政大学）を始まりに、1880（明治13）年には専修学校（現在の専修大学）、1881（明治14）年には明治法律学校（現在の明治大学）、1882（明治15）年には東京専門学校（現在の早稲田大学）、1886（明治19）年には英吉利法律学校（後に東京法学院、現在の中央大学）が設立された。これら5つの法律学校は「5大法律学校」とも呼ばれた。これら以外にも、1884（明治17）年に獨逸協会学校法律科（現在の獨協大学）、1889（明治22）年に日本法律学校（現在の日本大学）が設立され、1890（明治23）年には慶應義塾が大学部を開設して、法律科を設置した。さらに、関西でも、1886（明治19）年に関西法律学校（現在の関西大学）、1890（明治23）年に京都法政学校（現在の立命館大学）、1891（明治24）年に同志社法政学校（現在の同志社大学）が設立された。この時期は、まさに法学研究・教育が一大ブームとなっていたのである。

　これらの法律学校でも、外国法研究・教育は盛んに行われた。法政・明治ではフランス法に依拠した研究・教育が主に行われ、早稲田・中央・専修では英米法に依拠した研究・教育が行われていた。こうした法律学校の成り立ちからも、近代化を進めた明治という新しい時代にあって、外国法の研究・教育を含めた法学研究・教育が、社会の礎を築くものとして多くの人々の関心を集めたことがよくわかる。

　この時期、憲法・国法学の講義もバラエティに富んでいた。東京大学では、当初「英吉利国憲」という憲法科目が開講されていたが、明治10年代半ばにイギリス法教育からドイツ法教育へと重点が移り、国法学の講座が設置されると、ドイツから招かれたラートゲンがこれを担当した。ただし、彼の国法学講義はドイツに限らず、イギリスや他の欧州各国の憲法をも参考にした広い意味での国法学を内容とするものであったという。また、私立の法律学校でも当初はイギリス憲政を基礎とした講義が行われたが、その後、明治憲法が成立するのと同時期に、多くの法律学校でドイツ国法学に依拠した講義が行われるようになる。

第3章 現代憲法の特質

 キーワード

法の支配、成文憲法と不文憲法、行政国家化（執行権の強化）、民主主義、立憲主義、国民主権、基本的人権の尊重、平和主義、権力分立、自由の基礎法、制限規範、最高法規、個人の尊重と平等、公共の福祉、歴史の中の憲法、憲法条文の国際比較

本章のポイント

1. 近代憲法は、18世紀に誕生したとされる。基本的人権の実現を目的とし、国家の権力が市民の人権を侵害することがないように、国家による権力行使に枠をはめるという立憲主義の考え方が近代憲法の成立を支えたと言える。近代憲法の特質として、自由の基礎法、制限規範、最高法規の3つが挙げられる。
2. 一般に、18～19世紀の憲法を近代憲法、20世紀以降の憲法を現代憲法と呼ぶ。
3. 現代憲法における基本的人権の保障では、生存権的基本権（社会権）の比重が増大している。また、統治機構については、国家の機能の拡大・強化に伴い、執行権（行政）への権力集中、あるいは執行権の強化の傾向がある。

1 近代憲法の成立

　法の支配の原理が1689年の権利章典などによって確認され、近代憲法は、18世紀に誕生したとされる。基本的人権の実現を目的とし、国家の権力が市民の人権を侵害することがないように、国家による権力行使に枠をはめるという立憲主義の考え方が近代憲法の成立を支えたと言える。

A　近代憲法成立前史

　近代憲法以前にも1653年のイギリスの統治章典（The Instrument of Government）など憲法文書は存在した。また、国民主権的な発想も、近代以前にも見られたことに留意する必要がある。古代ローマの王権は、民会の特別の議決によって王に委任されたもので、国民自身実質的な権力を行使する余地を残していた。しかし、やがて王の権力が絶対化していく。それでも、皇帝や王の権力と言えども神法や自然法によって制限され、中世において専制君主制や等族的制限君主制のもと、国民主権の思想がなかったわけではない[1]。要するに、近代や現代の憲法が憲法史のすべてではないことを前提として、以下に近代憲法の特質、さらには現代憲法の特質を論じることとする。

B　近代憲法の特質

　近代憲法の基本原理は、①基本的人権の尊重、②権力分立、③民主主義（国民参政）の3つであり、これらは立憲主義の要素として挙げられるものである。そして、近代憲法の特質は、概ね以下のとおり整理できよう。

[1] 自由の基礎法

　近代憲法は、自由の法秩序のもと、国家の機関を定め、それぞれの機関に国家作用を授権する。それは、憲法が国家権力の濫用を防止するために権力を分ける仕組みを意味する。したがって憲法は、組織規範・授権規範であるが、そうした規範は、より基本的な規範、すなわち自由の規範である人権規範に奉仕するものとして存在する[2]。自然権に基づく自由に基礎

付けられ、自然権を実定化した人権規定は根本規範と呼ばれる。

[2] 制限規範

憲法は、国家権力に一定の権限を授けているが、国家権力は、国民の権利・自由を不当に侵害する可能性がある。立憲主義的憲法の本質は、国家権力を制限することによって国民の権利・自由を保障するというところにある。したがって、権力を授ける授権規範という側面があるのと同時に制限規範という側面もある。

[3] 最高法規

憲法が最高法規であるのは、成文の硬性憲法である以上当然のことである。アメリカ合衆国憲法には、連邦の憲法、法律および条約は国の最高法規であるとする規定（同憲法6条2項）があるが、それは連邦法が州法に優越することを明らかにするもので、日本国憲法の言う最高法規にはもとよりそのような趣旨はない。憲法の最高法規性は、裁判所のもつ違憲審査権（日本国憲法81条）によって具体的に保障されている。

2 憲法の概念

憲法という概念は、非常に多義的である。一応、国家の組織に関する基本法と言うことができよう。以下の3つに分類し、述べる[3]。

A 固有の意味の憲法

憲法は、国家の根本体制または根本秩序を定めた法である。成文法であれ不文法であれ、国家があるところには、必ず憲法が存在する。

B 形式的意味の憲法

国家が、特に基本法として制定した法を言う。形式的意味の憲法は、その性質上、実質的意味の憲法を内容とするが、実質的意味の憲法のすべて

を含まないこともあり、また実質的意味の憲法ではない条項を含んでいる場合もある。

　成典憲法の初期のものとして、ニューハンプシャー憲法（1776年）、ヴァージニア憲法（1776年）、アメリカ合衆国憲法（1787年）、フランス憲法（1791年）、バイエルン憲法（1818年）、ベルギー憲法（1831年）、オーストリア憲法（1849年）、プロイセン憲法（1850年）、ドイツ帝国憲法（1871年）などがある。

C　近代的意味の憲法

　国民の基本的な権利・自由を保障し、国政への参加を認め、権力濫用を防止するための制度である権力分立制を取り入れた憲法を「近代的意味の憲法」と呼ぶ。1789年のフランス人権宣言16条は、「権利の保障が確保されず、権力の分立が定められていないすべての社会は、憲法をもつものではない」と定めているが、これは、「近代的意味の憲法」の意義を明確に表現していると言える。

3　近代憲法から現代憲法へ——現代憲法の特徴

　近代憲法は、西洋で花開き、普遍的なものとして発展していく。その基本的特徴は、二元主義的思想図式（―権力対人権という対照に見られるような）にあると言えよう。そして、比較憲法学は、西洋近代における憲法理論を、ともすれば正論として主張するが、それを日本やアジア諸国においても普遍的な原理として鵜呑みにすることは危険であるとも言える[4]。

　ここで、西洋近代成文憲法に対する非西洋（的不文法）からの挑戦という考察方法も大事ではないかと考えたい。そうした問題意識をもちながら、以下に、一般論として、近代憲法から現代憲法への変遷過程と現代憲法の特徴について述べていく。

　ごく単純に、18〜19世紀の憲法を近代憲法、20世紀の憲法を現代憲法と呼ぶ。もちろん21世紀にできた憲法（例えばブータン憲法）も現代憲法と言える。しかしながら、20世紀以降に成立した世界各国の憲法は多岐にわた

り、その中には社会主義諸国の憲法も含まれる。以下において現代憲法という場合、すべての国の憲法を体系的・網羅的に記述していない点に留意してほしい。本章では、西洋近代の憲法を踏襲し、それを修正した現代憲法をもっている国が多いことを前提に解説を進めるが、西洋起源の憲法の普遍性を受容しない形で憲法を制定した国があることも忘れてはならない。例えば、国策の指導原理を定め、西洋とは異なった人権観を反映させたアジア諸国の憲法の内容および運用は、以下に述べる現代憲法の特徴とは必ずしも一致しない場合があると思われる。

憲法は、法の支配、人権保障など、普遍性を追求すべき文書であるが、同時にそれぞれの国の歴史と伝統に立脚し、特定の時代・事情に応じた特殊性ももち合わせている。

A 現代憲法の特徴――基本的人権

基本的人権については、近代憲法では、自由権的基本権に重点が置かれ、国家の役割は国民の「自由」を確保することにあった。これに対し、現代憲法における基本的人権の保障においては、生存権的基本権（社会権）の比重が増大していると言えよう。つまり自由国家から福祉国家への国家観の変更がなされている。

近代憲法は、自由権的基本権の保障を重視したのに対し、20世紀以降の現代憲法においては、社会権（生存権など）を重視し、資本主義経済で生じた諸問題を克服し、国民に実質的な自由・平等を保障しようとする傾向が見られる。

B 現代憲法の特徴――統治機構

統治機構については、現在国家における国家の機能の拡大・強化に伴い、執行権（行政）への権力集中、あるいは執行権の強化の傾向がある。いわゆる行政国家化である。

さらに、憲法の内容、規定事項の範囲が、近代憲法では国家権力に対する国民の権利、自由の宣言と国家の統治機構の部分とに限られるのが通常であったのに対し、現代憲法では、思想的な規定や社会的・経済的分野に関する規定が広汎に取り入れられるようになった。

近代憲法は、国家権力の濫用の防止に注意を払い、権力分立を重視した。20世紀以降の現代憲法においては、国家機能の拡大・強化の要請から執行権（行政権）の強化の傾向が見られる。

C 社会国家

近代憲法は、国家は国民の生活にできるだけ介入しないという、いわゆる夜警国家（消極国家）の国家観に立脚したのに対し、20世紀以降の現代憲法においては、国家は国民の社会・経済生活に介入し、社会的強者の力を制限し、社会的弱者が人間らしい生活を享受できるような政策を展開すべきだとする、いわゆる社会国家（積極国家）の国家観に立っていると考えられる。

4 現代憲法における立憲主義と民主主義

A 立憲主義の意味

立憲主義（Constitutionalism）という考え方は、西欧で17～18世紀に市民革命が絶対王制を打倒したときに生まれた考え方である。国王による絶対主義の思想を否定し、国家権力と市民の関係を新たに位置付けるものだった。権力を行使する者に対し、その権力を縛るのが立憲主義の本質と言える。

もともと近代立憲主義の基本的視点は、①制限された統治（Limited Government）、②国家あるいは政府（公的領域）と市民社会（市民社会）という二分法が国制の基礎となっていること、③国家の領域における統治権力の制限にあたって、権力を統制するものは権力しかないという見方、すなわち権力分立構想があること、④宗教や道徳的信条・意見に対する国家の中立性という要素（例えば政教分離）の4つが主に挙げられ、その他として、公正な裁判を受ける権利、司法権の独立、議会の法律制定権、行政の法律適合性原則等も重要であるとされる[5]。

近代立憲主義は、消極国家観のもと、イギリス、フランス、アメリカ合

衆国などで成立し、19世紀に確立された。その後、近代国家の原理を修正し、国家が財政出動による介入を行い、さらに社会保障等に積極的に関与するようになる（＝積極国家化）と、現代立憲主義が語られるようになった。近代立憲主義は、現代的な変容を余儀なくされたのである。

日本で最近主張されている立憲主義論の中には、近代の否定、伝統・慣習や道徳の復権といった主張を含むものも見られる。

B 日本における立憲主義

1889年の明治憲法（大日本帝国憲法）は、ドイツの憲法（特にプロイセン、バイエルンなどドイツ各邦の憲法）の強い影響を受けて制定された。

明治憲法制定過程における枢密院での審議に際して、憲法制定を推進した伊藤博文枢密院議長は、憲法を創設する精神は、①君権の制限、②臣民の権利の保護にあると述べたという。このエピソードは、当時の指導者たちが西欧の立憲主義の核心を理解していたことを示している。しかし、制定された明治憲法は、法律の留保のもとでの臣民の権利の保護であり、君権を制限するはずの議会も限定された権限しか与えられておらず、絶対主義と立憲主義の間の妥協的性格のものであった。

これに対し、戦後に制定された日本国憲法は、天皇制を「象徴天皇制」として残したものの、国民主権を明示的に宣言し、人権規定を詳細に取り入れるとともに、一元型議院内閣制を採用し、さらにアメリカ型の違憲審査制度も導入した典型的な現代立憲主義の憲法である[6]。

日本国憲法は、敗戦占領下においてアメリカ合衆国の影響を強く受けて成立し、米国流の制度や民主主義の諸原理を導入した。しかし、1919年のワイマール憲法における生存権規定などドイツ立憲主義の継受も見てとれる。明治憲法において外見的立憲主義の継受にとどまっていた日本が、戦後、欧米各国の現代立憲主義を継受した点は非常に興味深い。

C 立憲主義と民主主義

ところで、立憲主義は民主主義と密接に結び付いている。自由の確保は、国民の国政への積極的な参加が確立している体制において初めて可能になり、また、民主主義は個人尊重の原理を基礎とするので、すべての国民の

自由と平等が確保される必要がある。民主主義は、単に多数者支配の政治を意味するのではなく、実を伴った立憲民主主義でなければならない[7]。

憲法に立脚するのが立憲主義であり、その立憲主義を前提とした民主主義が立憲民主主義である。

5 現代憲法と国家

今日、多くの国の憲法は、個人の尊重と平等について定めている。基本的人権は公共の福祉に反しない限り保障される。同時に、憲法は国家の設計図である。

ところで、現代憲法は、過去の憲法を一部修正して改めたり、基本原理を変更して抜本的に新しくしたり、常にバージョンアップが図られてきた。その意味で、現代憲法も、歴史の中の憲法であると言える。自国の過去の憲法を学ぶこと、そしてまた、他国の憲法をよく調べ、憲法条文の国際比較をすることは、とても重要な作業である。過去との対話、そして外国との比較を通じて憲法は将来に向けて発展していくのである。人類の進化の歴史がDNAに刻まれているとすれば、人類の英知の結晶は憲法にこそ刻まれていると言えよう。

また、現代憲法を考察するにあたり、憲法と国家の関係をしっかり把握する必要があることを強調しておきたい。憲法的国家論の基本的諸問題について検討することが肝要である。統治権の基本を解明すること、そして人権保障と平和主義の諸問題を検討すること、さらに立憲主義と民主主義のあり方を考察することは、国家とは何かを追究することでもある。

その際、憲法・国家学における当為性の概念の重要性を忘れてはいけない。すなわち、「日本国民が立憲国家の国民として、その生命・財産・自由・平等・平和・婚姻・家族・人間の尊厳（基本的人権）等が日本国家によって保護（保障）され、さらに国家みずからが独立国家（主権国家）として、その存続と発展に寄与するものでなければならない[8]」。

コラム　「憲法」をどう教えるか？

　法務省は、法教育用の教材を学校現場に配布し、憲法の意義について次のような解説をしている。「法教育の目標のひとつは、生徒が自らの生活と社会の向上のために政治に参加する意欲を持つとともに、基本的人権を保障し、政治権力の在り方を定めたものである憲法の意義についての理解を持つことにあります。しかし、日本国憲法の条文や構成を記憶することではこうした意欲や理解を深めることは困難です。そこで、本単元は、憲法とは、民主主義と立憲主義の考え方を基礎として、基本的人権の尊重と政治のしくみを主な内容とする基本的な法であること、そして、民主主義のもと、国民一人ひとりが主権者であることの意味を考え、理解することにより、生徒たちが上記のような意欲や理解を持つことを目指しています」。

　また、「憲法」の意味を生徒にわかりやすく説明する工夫として次のように説明している。「近代憲法は、民主主義と立憲主義の考えをもとに成り立っていますが、いずれも生徒にとっては簡単に理解できる概念ではありません。本教材では、民主主義を『国の政治のあり方（みんなのこと）はみんなで決めること』とし、立憲主義を『みんなで決めるべきこと、みんなで決めてはならないことを明らかにすること』とするなど、平易な言葉で言い換えてあります。憲法とは何かを生徒に理解させるとき、『みんなで決めてよいこと、いけないこと』に関することがらである基本的人権の尊重と、『みんなで決める仕組み』である統治機構について定めたものであると説明するとよいでしょう」（憲法の意義――法務省ホームページ　http://www.moj.go.jp/shingi1/kanbou_houkyo_kyougikai_qa03.html 参照）。

　なるほど、この解説は、子どもたちに憲法の重要性を教えるためのコツを伝授した文章と言えるだろう。私は、法教育、特に憲法教育は今後ますます重要になると考えている。わかりやすい言葉で憲法を語ることはとても大事なことだ。

　私たち国民にとって憲法はとても大切な存在である。憲法は、国家権力の濫用を防いで民主主義を実現する装置であり、人権保障のバイブルと言える。自由と秩序の法であり、国の最高法規である。このような「大きな憲法」の基本原理の1つである戦争放棄も、実は日常生活の中にある「小

さな憲法」が平和の大切さを説き、対話による紛争解決法を身に付けるところから実現している。学校でちくちく言葉はいけないと教えられ、いじめの問題を予防しようというのはその好例と言えるかもしれない。

憲法は国家の設計図であるとともに「自分たちの未来図」である。ここで、Constitution（憲法）は「国体」を意味する言葉だということを確認しておきたい。憲法はその国の最高法規であるとともに、国家（国柄）を体現している文書でもある。日本国憲法の条文を読みながら、日本という国について考えてみよう。また、外国の憲法条文を読めば、その国のことをよく知るきっかけになるはずである。

注)

1) 榎原猛『憲法——体系と争点』（法律文化社、1986）41 頁
2) 芦部信喜著／高橋和之補訂『憲法〔第 6 版〕』（岩波書店、2015）10 頁
3) 名雪健二『日本国憲法』（有信堂高文社、2002）2-3 頁
4) 小林昭三『比較憲法学・序説』（成文堂、1999）26-27 頁。また、小林教授は、西洋文明の普遍性を疑うべしと説き、次のように述べている。「二元主義的思考法には、砂漠の思想が決定的意味を持った。（中略）絶対の神と人間との間に越えることのできない一線を画して次元の違いを前提にする一神教も、砂漠の思想と密接に関わり合っている」。小林昭三『新憲法論・序説』（成文堂、1996）103 頁以下
5) 阪本昌成「立憲主義の源流——合理主義的啓蒙思想か、スコットランド啓蒙思想か」筑波ロー・ジャーナル 9 号（筑波ロー・ジャーナル編集委員会、2011）68-69 頁
6) 衆議院憲法審査会事務局「立憲主義、憲法改正の限界、違憲立法審査の在り方」に関する資料」（衆議院、2016 年 11 月）15 頁
7) 芦部、前掲書 2)17 頁
8) 廣田健次『全訂 日本国憲法要論』（南窓社、2015）226 頁

第4章 各国憲法の概観（1）イギリス

キーワード

連合王国、議会主権、軟性憲法、マグナ・カルタ、権利章典、立憲君主制、議院内閣制、ヨーロッパ人権条約、1998年人権法、判例法、憲法的習律、法の支配、国王大権

本章のポイント

1. イギリスの国家構成は、グレートブリテン（イングランド、ウェールズ、スコットランド）と北アイルランドによる連合王国で、議会主権に基づく単一国家であるが、連合構成領域によって司法制度や人権保障が異なっている。
2. イギリスは単一の成文憲法典をもたず、憲法の構成は法として成文化された規範と不文の規範からなる混合体である。そのため法源が多岐にわたり、寄木細工のような憲法スタイルとなっている。
3. イギリス憲法は軟性憲法で、時代の変化に適応した改廃が容易である。特に20世紀末以降の憲法改革では、憲法の現代化に向けた改革が顕著で、議会主権は流動化している。

1 イギリス憲法の展開

A 絶対君主制から立憲君主制へ

　イギリス憲法の源泉は、絶対君主の権力を制限した歴史的文書、1215 年マグナ・カルタに遡る。これは国王ジョンと封建貴族であるバロン達との契約で、内容はバロン達が「国王からの自由」として古来より認められていた諸権利の再確認と王権の制限を明文化した立憲主義の萌芽的文書となっている。以後も新たなマグナ・カルタが作成されるが、17 世紀に入ると議会を無視した国王の専制が続く。1649 年にチャールズ 1 世は、議会側の権利請願を無視し清教徒革命によって処刑される。イギリスは一時期、王政から共和制に移行し、1653 年にはイギリス憲法史上初の成文憲法典の試みである統治章典が編纂されたが、1660 年の王政復古とともに廃止された。

　王政復古後も国王と議会の衝突は度々起こり、1688 年ジェームズ 2 世は名誉革命によって追放され、オランダからウィリアム 3 世が国王に迎えられた。1689 年、王の即位に合わせて王権の制限と議会主権を規定した権利章典が制定され、「君臨すれども統治せず」という立憲君主制の基礎が確立する。権利章典の主な内容は、国王の議会の同意なき法の適用免除と執行停止の禁止（1 条）、議会の同意なき課税の禁止（4 条）、議会の同意なき平時の常備軍の禁止（6 条）、議会選挙の自由（8 条）、議会内の議員免責特権（9 条）などで、後の各国近代憲法に大きな影響を及ぼすことになる。

　このようにイギリス憲法の原型は、13 世紀のマグナ・カルタを起点に 17 世紀の市民革命を経由し、絶対君主の権力が制限されていく過程で漸進的に形成されたものである。

B 近代立憲民主制の形成

　1714 年、ドイツのハノーヴァー家から国王に就いたジョージ 1 世は、英語を不得意とし、イギリス統治にも関心が薄かったので、第一大蔵卿のウォルポールが国王に代わって内閣を主宰し、今日の首相の役割を果たすようになった。ウォルポールは政党を結集し、庶民院を基盤とする内閣の権力を確立するが、1741 年の総選挙で庶民院の信任を失い、国王の信任にも

かかわらず首相を辞任する。また1782年にノース内閣がアメリカ独立戦争での敗北により、庶民院で内閣不信任を受け総辞職した。こうした歴史上の慣例を通じて、庶民院の信任をもとに内閣が連帯して責任政治を行う議院内閣制の原型が形成されていった。19世紀には、1832年の第一次選挙法改正を皮切りに3回に及ぶ選挙法の改正で参政権が拡大し、それに伴って議会の近代化と民主化が大きく進展する。20世紀に入ると1911年議会法と1949年議会法により立法過程における庶民院の優越が確立し、選挙を通じて民意を議会や政治に反映する近代立憲民主制の基礎が固まる。

C 戦後とヨーロッパ化の潮流

　第二次世界大戦後、イギリスはEC（ヨーロッパ共同体）加盟に伴い1972年ヨーロッパ共同体法を制定し、EC法が国内で法的効力をもつことを受け入れた。その影響により、議会主権との関係で様々な軋轢を生むことになった。また、1951年にイギリスはヨーロッパ人権条約を批准するが、あえて条約内容を国内法へ編入する措置を講じなかった。その結果、同じ訴訟事件でも国内の裁判所とヨーロッパ人権裁判所で異なる判決が出る事態に至り、議会主権と人権問題をめぐる憲法論争が沸き起こった。こうした国際法と国内法の間に生じた歪みは、ヨーロッパ人権条約を国内法化した1998年人権法の制定でようやく改善に向かう。

D 憲法の現代化と流動化

　憲法改革を公約に掲げた労働党政権が誕生した20世紀末から21世紀初頭にかけて、一気にイギリス憲法の現代化が進められる。1999年貴族院法は、長い伝統を誇る貴族院において世襲貴族の議席を一定数に縮小する画期的な議会改革となった。さらに2005年憲法改革法により貴族院議長、司法部の長、行政部の閣僚と三権にまたがる兼職であった大法官職が司法大臣の地位に整理され、法の支配と権力分立の現代化が図られる。それに伴い貴族院の最終控訴審としての機能が廃止され、2009年に議会から独立した新たな最高裁判所が創設される。一方、国の領域や主権にかかわる憲法問題では、レファレンダムの実施が慣例化する。特にスコットランド独立問題（2014年）やEU（ヨーロッパ連合）残留問題（2016年）で実施されたレ

ファレンダムの結果は、政治的主権者である国民が法的主権者である議会の意思決定に大きな影響を及ぼし、議会主権の流動化をもたらすこととなった。

2 イギリス憲法の特徴

A 先駆的憲法としての独自性

　イギリスは17世紀の共和制期を除き、単一の成文憲法典を編纂した経験をもたない。11世紀のノルマン征服以降、イギリスには敗戦や独立による大きな歴史的断絶がなく、アメリカのように新国家建設のために成文憲法典を編纂する必要性が生じなかった。17世紀に世界に先駆けて市民革命を経験し近代立憲主義を確立したため、イギリス以前に近代憲法のモデルが存在せず、歴史的実践から育まれた憲法慣行から憲法の基盤を形成することになる。その経験から紡がれた憲法は、成文化されている規範と不文の規範の混合体で、単一の成文法化が難しい複雑な構造になっている。

　このため、イギリス憲法は"憲法規範の中には成文法も部分的に存在するが、憲法規範のすべてが単一の成文規範集として法典化されていない"と要約されている。成文の憲法規範の改廃は、形式上、通常の制定法の改廃と同じ手続で可能な軟性憲法である。また不文の憲法規範（憲法的習律など）も、時代に応じて目に見えない形で変化を遂げてきた。この柔軟性がイギリス憲法の継続性と持続性に大きく寄与している。

B 憲法の法源と構成

　成文憲法典と異なるイギリス憲法の構造は、議会制定法、判例法、憲法的習律、権威ある憲法概説書などの法源から憲法的規範を抽出した混合体である（表4-1）。成文化されている部分は議会制定法による規範で、1297年マグナ・カルタの一部は現在も法的効力をもっている。判例法は、コモン・ローと制定法の解釈から集積された権威ある上位裁判所の判例がもととなっている。この中で憲法上重要な意味をもつ判例が、憲法典の条文に

匹敵する法規範となっている。ただし議会主権のもとで、裁判所は制定法を自由に解釈できるわけでなく、基本的に、議会が立法で意図した内容を具体的に判断するにとどまる。憲法的習律は、統治機構を運営する上で遵守されてきた規則や慣例の中から憲法的に重要な規範が成文法化されずに形成されてきたものである。憲法的習律は裁判における法的拘束力をもたないが、政治的、道義的拘束力を伴っている。首相の任命など議院内閣制に関する憲法上の諸原則のほとんどが憲法的習律に基づくもので、議会と政府間の運営上重要な役割を果たしている。

一方、多様な規則や慣例の中から憲法的習律とそれ以外の規範を明確に区別することは難しく、それらの規範に一定の憲法的枠組みを与える上で参照されてきたのが A. V. ダイシーなどによる権威ある憲法概説書である。権威ある憲法概説書は、法的拘束力をもつ訳でなく、裁判においてコモン・ローの判断や制定法の解釈で対応できない際に権威的法源として参照されている。この他に国際法や EC/EU 法を法源に加える場合もある。

表 4-1 イギリス憲法の構造

	法源	主な憲法規範の例	成文法化の有無	規範の種類
イギリス憲法	議会制定法	・1297 年マグナ・カルタ　・1689 年権利章典 ・1679 年人身保護法　・1911 年議会法　・1949 年議会法 ・1972 年ヨーロッパ共同体法*　・1998 年人権法	成文法化されている	法的規範
	判例法	・Entick v Carrington [1765] 19 St. Tr. 1030 ・Pepper v Hart [1993] AC593 ・Jackson v Attorney General [2005] UKHL56	成文法化されていない	
	憲法的習律	・国王大権は大臣の助言に基づいて行使される ・庶民院の多数党党首が首相に任命される ・大臣はいずれかの議院の議員でなければならない		非法的規範
	権威ある憲法概説書	・A. V. ダイシー著『憲法序説』 ・W. I. ジェニングス著『イギリス憲法』		

*1972 年ヨーロッパ共同体法はイギリスの EU 離脱と同時に廃止されるが、過渡的な措置として EU 法を国内法として読み替え、後に必要な改廃を行うことになっている。
出典）筆者が作成。

C　憲法の基本原理

[1]　議会主権

17 世紀の 2 つの市民革命で国王に勝利した議会側は、1689 年権利章典、1701 年王位継承法を制定し、議会主権の基礎を確立していく。議会主権と

は「議会がいかなる法も制定し改廃する権利を有し」、議会が制定した法を「廃止する権限をもついかなる個人も機関も存在しない」ことを意味する。これにより「後の議会は前の議会によって拘束されない」ことと、議会が制定した法が裁判所の司法審査の対象にならないという原則が確立する。

　18世紀から19世紀の議会黄金期には「議会は女を男にし、男を女にすること以外のすべてをなしうる」と評され、議会が万能の立法権を享受することになる。しかし第二次世界大戦後、EC加盟やスコットランドやウェールズなどの分権自治議会の誕生で、議会主権の原理は流動化しつつある。特に1972年のヨーロッパ共同体法は、国内法に対するEC法の優位を認めたため、後の議会の立法権を拘束することになった。

[2] 法の支配

　議会主権とともにイギリス憲法の基本原理を構成しているのが法の支配である。法の支配とは、人の支配や専断的恣意の支配を否定し、法の下の平等を重視する概念である。この概念はイギリス憲法において、①国王や政府の恣意的権力行使や恣意的裁量を否定する正式な法の優越②すべての人が等しく裁判所の適用する通常法に服する法の下の平等③裁判によって形成された通常法の結果が憲法の一般原則を構成する、という原理に反映されてきた。言わば法の支配は、イギリス憲法の自由と平等の原理を形成し、それを支えているのが独立した裁判所による法の解釈と運用である。

3　イギリスの統治機構

　イギリスは、国王もしくは女王（以後、国王で統一）を国家元首に戴く議会制民主主義国で、形式的には立憲君主制と立憲民主制が共存する統治形態である（図4-1）。立法、行政、司法の三権は、アメリカ大統領制に比べて明確な三権分立ではなく、立法部と行政部の融合が特徴的である。議会は他のすべての統治機構に優越し、内閣は議会（庶民院）の信任を基盤として行政権を行使する。裁判所は、議会や政府から独立しているが議会に対する

司法審査権をもたない。

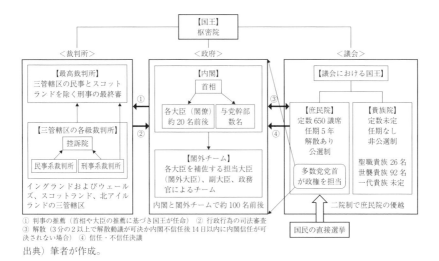

図4-1 イギリスの統治機構図

A 国王

　国王（2018年現在は女王）は、君主として広汎な国王大権を保有している。その大部分は、例外事項を除き、憲法的習律により制約を受ける儀礼的なものが多く、大臣の助言に基づいて行使されるか、国王の名において大臣が行使している。国王の統治機構における重要な役割は、立憲君主として権威と尊厳の機能を果たすことである。国王を補佐する枢密院は、国王大権の行使に関する重要な諮問機関であり、枢密院顧問官には首相や大臣、元大臣、主要政党の党首、大主教、裁判官などが就任している。

B 議会

　イギリス議会は、国王と庶民院および貴族院の二院制で構成されている。議会の主な権限として立法権、予算統制権、条約承認権などがある。立法過程は本会議中心の三読会制であるが近年、委員会の役割も重要性を増している。法案提出権は政府と議員の双方に認められており、庶民院の優越が確立している。両院を通過した法案は、国王の裁可によって法となる。

[1] 議会における国王

名誉革命以降、国王は「議会における国王」として、庶民院や貴族院とともにイギリス議会を構成している。国王は議会の招集、休会、解散を行い、議会を通過した法案に裁可を与える。また、儀礼的ではあるが国王は各会期の開幕で、立法計画の概要を演説しなければならない。

[2] 庶民院（下院）

庶民院の総定数650議席は、全国650の小選挙区から選出される。任期は5年で、かつて首相が国王に要請して任期途中での解散が認められていたが、2011年議会期固定法により解散権が事実上制約されている。任期途中での解散は、3分の2以上の多数で解散動議が通った場合か、内閣不信任決議が可決されて14日以内に内閣信任動議が可決されない場合に限定されている。1911年と1949年の議会法により、貴族院に対する庶民院の優越が確立する。予算を伴う財政関連法案は庶民院に先議権が与えられ、庶民院で可決され、貴族院へ送付されて1か月経過すれば、貴族院が可決しなくても成立する。通常の法案も庶民院が2会期連続して可決すれば、貴族院が否決しても1年以上経過すれば成立する。

[3] 貴族院（上院）

貴族院は非公選制で任期や定数の規定は無く、聖職貴族と世俗貴族で構成される。聖職貴族はイングランド国教会のカンタベリー大主教、ヨーク大主教および各教区主教の計26名になる。世俗貴族はさらに世襲貴族と一代貴族に区分され、世襲貴族の議席数は1999年貴族院法によって約700名余りだった議席が互選で92議席に削減されている。一代貴族の定数は無く、貴族院任命委員会の審査をもとに首相が推薦し、国王が任命する。

立法過程における貴族院の権限は庶民院の下位にあるが、立法上の役割として、庶民院を通過した法案の修正に比重が置かれている。また、貴族院にはマニフェストとして選挙で信任を得た法案に対して、反対や大幅な修正を行わない「ソールズベリー・アディソン慣行」が存在する。

C　政府

　イギリス議院内閣制の特徴は、庶民院の多数党党首が首相として内閣を組織し、内閣は連帯して議会に責任を負う仕組みである。議会に首相の選出権は無く、憲法上の慣例により通常は国王が庶民院の多数党党首を首相に任命する。各大臣は首相の推薦により国王が任命する。内閣の構成は、首相と各大臣に与党の庶民院幹事長と議員会長を加えた20名前後で、政府と与党の一体性が強い。さらに内閣の下部組織として、各大臣を支える個別の担当大臣と副大臣、それに政務官が加わる閣外チームが存在し総勢100名前後になる。政府を構成するメンバーは庶民院か貴族院の議員でなければならず、所属する議院でしか発言は許されていない。内閣には連帯責任が求められ、庶民院で不信任が決議された場合は、総辞職か議会を解散しなければならない。こうした規範は、憲法的習律による。

　また、野党第一党は陛下の公式野党として"影の内閣"を組織し、議会で内閣と対峙して政権交代に備えている。"影の内閣"の首相は慣例として枢密院のメンバーに組み込まれ、憲法上、重要な役割を担っている。

D　裁判所

　1701年王位継承法により、イギリスは世界に先駆けて裁判官の身分保障と司法の独立を確立する。イギリスの裁判は三審制で、陪審員制度が活用されている。司法制度はイングランドおよびウェールズ、スコットランド、北アイルランドの3つの司法管轄区で大きく異なる。ロンドンの最高裁判所は、民事とスコットランドを除く刑事で各管轄区の最終審になるが、スコットランドの刑事最終審は、スコットランド刑事上級裁判所になる。これはスコットランドの司法制度が、英米法と異なる大陸法を基礎としており、1707年のイングランドとの合同後もその司法制度が温存されたことによる。ただし、ヨーロッパ人権条約に関する事案は、最高裁判所の判例がスコットランドでも効力をもつことになる。

　議会主権の原則から、裁判の法的規範において議会制定法がコモン・ローの優位にある。裁判所に議会制定法に対する司法審査は認められていないが、行政命令による従位立法や行政事件の司法審査は可能となっている。

4 イギリスの人権保障

A 伝統的人権保障とその限界

　成文憲法典による人権規定をもたないイギリスでは、人権保障の伝統的担い手は議会と裁判所である。イギリスの人権は自然権に由来するフランス人権宣言と異なり、議会の制定法と裁判所の判例法によって、国王や国家の執政権を制限する中で形成されてきた実定法上の権利である。特に市民的自由は、判例によって確立されてきたコモン・ローに由来する。したがって制定法や判例法で禁止されていなければ、市民的自由が保障される「残余の自由」という理論が伝統的人権保障の枠組みとなっている。
　一方、イギリスは1951年にヨーロッパ人権条約を批准したが、人権条約の規定は従来のコモン・ローで対応が可能との裁量から条約内容を国内法化する措置を講じなかった。そのため、同じ人権訴訟でも国内裁判所で救済されなかった訴訟がヨーロッパ人権裁判所の判決で救済される事態が生じ、イギリスの裁判所は、ヨーロッパ人権裁判所の判例を無視できない状況下に追い込まれた。こうした伝統的人権保障の限界を打開する法整備として制定されたのが1998年人権法である。

B 1998年人権法の影響

　人権法は、ヨーロッパ人権条約の国内法化であるが、人権条約の規定をそのまま組み入れたものではない。同法により裁判所は、国内法を可能な限り人権条約の規定と合致するように解釈し、国内法が人権条約上の規定に適合しない場合は、不適合宣言を行うことが可能となった。しかし、この宣言は司法審査を意味するものでなく、あくまでも司法判断による宣言にとどまり、最終判断は立法的対応に委ねられている。所轄の大臣は、不適合宣言を受けた法律の条項を命令により改廃が可能である。人権法制定以降、不適合宣言に対しては大臣命令で立法的対応がなされており、形式的に議会主権を侵害せずに人権保障を擁護する妥協的手法が定着している。

第 5 章 各国憲法の概観（2）アメリカ

キーワード

連邦制と州権、三権分立、二元代表制、大統領制、違憲審査（司法審査）制、南北戦争、奴隷制と人種隔離政策、憲法修正、修正1条、修正14条、デュー・プロセス、編入理論、連邦最高裁

本章のポイント

1. アメリカ合衆国は連邦制国家であり、基本的な統治権は州がもち、限定された権限のみ連邦政府が保有するという構造をとる。
2. アメリカ連邦憲法は、連邦制、民主主義、共和制、（抑制と均衡に基づく）権力分立を統治機構の特徴とし、後に司法審査制がそれに加わる。
3. 連邦憲法の人権規定は、当初連邦政府にのみ適用されると考えられたが、20世紀以降州政府をも拘束すると理解されるようになった。
4. アメリカにおける人権は、今日連邦と州の憲法が重複して保障する。全国一律の人権保障は連邦憲法により、追加的な保護は各州憲法によりなされる。

1 アメリカ憲法の歴史

　コロンブスの航海から始まるアメリカの「歴史」は、17世紀の文明をもつ西欧人のネイティブ・アメリカン蹂躙と、イギリス（イングランド）、フランス、スペイン、オランダなどの植民地競争で幕を開ける。
　イギリスは、何度かの失敗を経て1607年にようやく北米大陸への植民を成功させた。このヴァージニア植民地の成功を契機に、イギリスは東海岸沿いに植民地を設立し、多くの移民が海を渡った。無数の移民の中で、特筆すべきなのはピルグリム・ファーザーズである。メイフラワー号に乗船したプロテスタント移民たちは、他の移民らとともに「メイフラワー号の盟約」と呼ばれる社会契約を結び、入植地の基本形態を定めた。住民たちの同意に基づく政府の設立は、その後民主主義国アメリカの「神話」として語り継がれることとなる。しかし、彼らの設立した政府はプロテスタント信仰を押し付け、反対者を追放し、ときに火刑に処すこともした。
　イギリスの植民地は当初、開拓会社が国王の勅許を得て植民地を拓いたもの、貴族や豪商が勅許を得て拓いたものであったが、商業や農業の盛んなところを中心に王領植民地へと転換した。そこでは、国王から派遣された総督が本国イギリスの法律に基づいて統治権を行使し、植民地の住民からなる植民地議会は総督を補佐する権限しかもたなかった。
　18世紀になると、イギリスはアメリカ植民地への干渉を強め、様々な経済的負担を課すようになった。これに対して植民地の住民は自らの代表がいない議会の決定する負担増に反対し、「代表なくして課税なし」をスローガンに本国に抵抗した。そしてボストン茶会事件を契機にイギリスと植民地の対立は決定的となり、1775年に独立戦争が勃発した。植民地側は、1776年の独立宣言によりアメリカ合衆国を打ち立てた。独立宣言は自由・平等・民主主義といったアメリカ建国理念を表明しており、その重要な国家方針を示すものであった。
　アメリカは、邦（旧植民地）の代表から構成される大陸会議を数度開会し、邦の同盟を定める連合規約を制定して中央政府となる連合会議を設置した。連合会議は独立戦争終結以前より発足したが、その権限は主に外交、国防

に限られ、合衆国全体を統括する能力に欠けていた。そこで、中央政府の権限強化のための連合規約改正が議論され、その結果1788年に連邦憲法が成立した。

当初の憲法は中央政府（連邦政府）の権限の列挙と各州（かつての邦）の間の紛争処理を主に規定するだけで、市民の人権保障をほとんど規定していなかった。これに対して連邦政府の権限を恐れる人からの批判が提起され、10の条項からなる人権規定（権利章典）が1791年に追加された。

連邦憲法は本来連邦政府を構成し、その権限を画定するものであるため、その規定は明記されていない限り州に適用されなかった。しかし南部の州の離反が南北戦争を引き起こしたことから、州の離脱を否定するとともに奴隷制の廃止、州による人権制限に対する適正手続の保障などを規定する憲法修正を定めた。この憲法修正は、後に連邦憲法のアメリカ社会全体への適用の足がかりとなる。

19世紀後半のアメリカは工業化、大衆化、都市化が進み、現在につながる社会を形成したが、人種差別、宗教迫害は残存した。しかし、このような人権問題は当時州の問題と理解されており、特に南部の州では等閑視された。また、経済格差を是正する法律は上記の適正手続保障に反するとする連邦最高裁判決が相次いで下されたこともあった（後に連邦最高裁は判断を変更する）。この頃までの連邦政府は規模が小さかった。

1940年代以降、従来連邦政府だけを拘束すると考えられた権利章典を適正手続保障に組み込み、州に適用する判決が下されるようになった（編入理論）。これにより権利章典は全国一律で人権を保障する規定へと変容することとなり、連邦最高裁の判決への注目度は飛躍的に上がった。その後連邦最高裁は社会の変化を先取りし推進するような判決を次々に下していく。2015年に同性婚を認める判決を下したのは、その一例である。連邦最高裁の憲法判決は社会を大きく揺るがすものであるため、その判事の任命は社会の大きな関心事であり、大統領選の論点の1つとなっている。

2 アメリカ憲法の統治機構

　アメリカ連邦憲法は、連邦制、民主主義、共和制、（抑制と均衡に基づく）権力分立を統治機構の特徴とし、後に司法審査制がそれに加わる。
　上記のようにアメリカ合衆国は各州の合意のもとに連邦政府を設置したが、州政府の権限を大幅に制限しないよう連邦政府の権限を慎重に制約した。そのため、連邦政府は憲法の列挙された権限を越えて権力を行使することが許されない。憲法の起草者たちはそれまでの経験から政治への民意の直接的反映は危険であるとして、政治エリートたちの見解による修正を加味する制度を設けたが、19世紀末の政治改革以降民意が直接政治に反映される制度が導入された。また連邦憲法は、連邦政府に州の共和制維持を命じている。州は議院内閣制を採用することもできるが、それを採用したところはまだない。

A　連邦議会

　二院制をとる連邦議会の下院は、国民の政治的意思を頻繁に確認するために、議員の任期を2年として、人口比で区分される選挙区から選出される。当初、工業や商業が中心だった人口の多い北部に対して農業が中心の南部は人口が少なかったので、その人口格差を埋めるために投票権のない黒人奴隷を人口に組み入れることで議席配分を調整する規定が置かれていたが、奴隷制廃止後の憲法修正により廃止された。今日、下院の議席は厳格に人口に比例して配分されている。他方上院議員の任期は6年であり、人口にかかわらず各州から2名が選出される。ゆえに、上院は各州を代表する組織とみなされる。当初は、上院議員は州議会から選出されたが、憲法修正により州の住民が上院議員を直接選挙することになった。上院議員の選挙は2年に1度3分の1ずつ改選される。連邦議会の選挙の具体的な方法は州議会が決定する。議員には不逮捕特権や免責特権などが認められる。議員は、他の公的な職務との兼職が禁止されている。
　連邦制のもと、連邦議会は憲法に明記された権限についてのみ法律を制定する。その主なものは、軍隊の創設と維持、徴税と歳費の支出、貨幣の

鋳造と管理、度量衡の基準設定などであり、さらに外国および州と州の間の通商（交易）を規律する権限も与えられている。また憲法修正により、奴隷制の禁止、平等原則の維持、18歳以上の選挙権の確保などに関する法律の制定も認められた。ただし、私権を剥奪する法律や事後法、さらには憲法修正で付加された「権利章典」に反する法律を制定することはできない。

法案は議員がいずれかの議院に提出する。大統領に法案提出権はない。歳入の徴収を伴う法案の提出は下院に限定される。一般に両院の可決により法律が成立するが、大統領がそれに拒否権を行使した場合は両院の3分の2が再可決したときに法律となる。

法律制定において上院と下院は対等であるが、上院は大統領の締結する条約、その指名する連邦の職員（裁判官、大使、各省庁の長官など）を承認する権限をもつ。

連邦議会は、大統領以下連邦の職員を弾劾する権限をもつ。重大な犯罪または非行の疑いがあるとみなされた者に対して、下院が弾劾裁判への訴追を判断し、上院が判決を下す。有罪判決には出席議員の3分の2の同意が必要である。

B 大統領

大統領は執行権をもつ。大統領就任の資格は、出生時から国民である35歳以上の者で、国内に14年以上居住していることである。任期は4年で、弾劾以外で罷免されることはない。現在は、1度の再任のみ許されている。

国民は直接大統領を選挙で選ぶことができない。国民はまず選出人を選挙し、その選出人が大統領を選出する。当初候補者の過半数を超える最多得票を得た者が大統領、事実上の次点の者が副大統領に就任することになっていたが、憲法修正により大統領と副大統領は各々選出されることとなった。

大統領は議会への法案提出権をもたないが、一般教書を示すことでその政策を明示できる。議会が自らの政策に反する法律を可決したときは、拒否権を行使してその成立を妨げることができる。

大統領は他に、軍隊（州兵を含む）の最高司令官であり、上院の承認のもとで条約を締結して連邦の職員を任命する。また恩赦権をもつ。原則として

大統領は、法律の根拠がなければ権限を行使できない。ただし、執行権のもとで連邦議会の承認なしに権限行使できる余地があると考えられており、多くの大統領命令が下されている。

C 裁判所

　連邦制をとるアメリカでは、2種類の裁判所がある。連邦裁判所と州裁判所である。連邦憲法が規定するのは連邦裁判所のみで、それは連邦最高裁と下級裁判所から構成される。連邦議会は法律で下級裁判所を設立し、連邦控訴裁判所、連邦地方裁判所の他に、倒産裁判所、連邦国際通商裁判所、連邦請求裁判所がある。

　連邦裁判所は主に、連邦憲法・連邦法にかかる事件を扱い、さらに条約、外交使節・領事にかかる事件、海事関連の事件、合衆国が当事者である争訟、州の間の争訟、州と他州の市民との間の争訟などを管轄する。なお、政府の違法な行為に対する損害賠償請求は、例外を除いて、主権免責の法理により連邦・州のいずれにおいても認められていない。一般的な刑事事件や民事事件は州裁判所の管轄であるが、それらが連邦法と抵触する場合には連邦裁判所に係属する。

　連邦憲法は連邦裁判所に事件と争訟を扱う権限を与えており、それが司法権を構成すると考えられている。なので「事件・争訟性」の要件がなければ、司法権を行使できない。その要件のもとでは、相争う当事者間の具体的な法的紛争があり、裁判所の判決で最終的に解決できる問題であることが求められる。それゆえ、具体的な紛争を欠くのに法律の合憲性を問う「勧告的意見」を求めることができず、あるいは実際の被害がないのに訴訟を提起することはできない（例外はわずかにある）。また高度に政治的な問題は「政治問題」であるとして、司法権の行使を回避する法理も存在する。

　連邦憲法は、国民の権利として民事事件・刑事事件における陪審裁判を受ける権利を保障している。

　アメリカの裁判所の最大の特徴は、司法審査権である。連邦憲法は、連邦裁判所の司法審査権を明記していない。連邦最高裁判所はその法解釈権と憲法の最高法規性から、裁判所の法律に対する憲法適合性審査の権限を導出した（マーベリー判決, 5 U.S. 137〔1803〕）。国民から直接選挙されていな

い連邦裁判官が連邦議会の制定した法律を無効と宣言する権限は民主制から見れば奇異であるが、にもかかわらずこの権限はアメリカ社会に定着した。これは議会万能主義に対する否定と受け止められ、権力分立の重要な一部となっている。

3 アメリカの人権保障

　連邦制を採用するアメリカでは、上記のように連邦憲法は連邦制のみを拘束すると考えられていた。それゆえ、その規定する人権保障は州政府には及ばないと理解されていた。だが憲法修正により州に適用される人権規定が設けられたことを足がかりに、権利章典もその規定を通して州に適用されると理解されるようになった（編入理論）。今日連邦憲法の人権規定は全国に及ぶものと受け止められている。

　日本と同じく、憲法の人権規定は私人間の権利侵害には直接適用されない。個人や民間企業が政府の統治権に相当するような権力を行使する場合や、それらに政府の関与がある場合には、その侵害行為は政府行為に比類するとして、憲法による救済を認めている（ステイトアクションの法理）。ただ今日では、多様な差別禁止法を制定することでこのような問題を解決している。

A　宗教の自由と政教分離

　ヨーロッパでの宗教迫害から逃れてきた移民が少なくなかったので、アメリカでは信教の自由が確立されていると思われている。しかしながらそれはキリスト教プロテスタントの自由であって、ユダヤ教への差別は19世紀末まで残存し、カトリックへの迫害は1970年代まで見られた。また今日ではイスラム教への差別も発生している。このようにアメリカ社会における宗教の問題はいまだ安定したものとは言い難い。

　他方で法律による宗教活動の制限は、今日ほとんどない。信教の自由が問題となるのは、法の一般的な規定が宗教活動の自由を偶発的に制限する

場合にその免除を宗教を理由に要請することができるかという問題である。かつて連邦最高裁はこのような宗教免除を認める判決を下してきたが、1990年にその方針を変更し原則として免除を認めないことにした（スミス判決, 494 U.S. 872〔1990〕）。これに対して連邦議会や州議会は宗教免除を原則として認める法律を制定した。今日この宗教免除の問題は同性婚に対する差別禁止との兼ね合いで深刻な問題を提起している。

連邦憲法は政教分離原則（国教樹立禁止条項）を規定するが、この原則は当初連邦政府のみを拘束すると考えられていた。なぜなら、建国期いくつかの州では公定宗教制を残存させており、政教分離原則を全国的に求めることは不可能であったためだ。政教分離自体は19世紀前半にはアメリカの基本原則として確立するが、20世紀中盤までプロテスタント優位の体制は継続する。この原則が具体的にアメリカ社会で大きな意味をもつようになるのは1960年代であり、連邦最高裁は公立学校におけるプロテスタント式の祈祷や聖書朗読、宗教系私立学校への公的補助の支給を憲法違反と判決した。しかし、この30年ほどでそうした厳格な政教分離理解は修正され、公立学校での生徒の宗教活動を容認し、宗教私学への事実上の補助も合憲とされている。

B 平等原則

アメリカは建国以来共和制を採用しているため、貴族などの特権階級は存在していない。しかし、このことはアメリカが平等な社会であったことを意味しない。黒人は一部の者を除き、1862年の奴隷解放宣言や連邦憲法修正13条の制定までは自由が認められていなかった。黒人をはじめとする有色人種たちは自由を獲得した後も、根深い差別にさらされており、「分離すれども平等」の理解のもとで、白人の利用する施設を使用することが禁止され、非常に劣悪な環境に置かれていた。一滴でも有色人種の血が流れているならば白人とはみなされず、差別の対象となった（ワンドロップ・ルール）。連邦憲法修正15条が男性の普通選挙権を保障したのにもかかわらず、投票税の賦課や識字テストの強制などにより、事実上有色人種の投票権は制限されていた。連邦最高裁は1896年に「分離すれども平等」原則は憲法の定める平等原則に違反しないと判決したので（プレッシー判決, 163 U.

S. 537)、差別は南部を中心に広く行われた。これに風穴を開けたのが、1954年のブラウン判決（347 U.S. 483）である。当時白人の学校と有色人種の学校とが別々に設置されていたところ、近隣の白人学校への通学を求めた少女の訴えを認めた連邦最高裁は、教育分野における「分離すれども平等」原則を否定した。差別が実際に解消されるようになるのは、1960年代にキング牧師が主導した黒人解放運動の成功、すなわち社会一般における多様な差別を禁止する1964年の公民権法の成立によってである。

　アメリカでは、女性も長らく差別されていた。20世紀になるまで、女性は権利主体になることができず、投票権も認められていなかった。女性の社会進出とともにその地位も向上したが、実際の解消は上記の公民権法の成立を待たなければならなかった。

　実際に差別が解消されたとしても、有色人種や女性は白人男性に比べれば劣位に置かれていた。こうした状況を改善するために、1960年代末から大学の入学や公務員の採用において有色人種枠・女性枠を設定するアファーマティブ・アクションが大幅に導入され、これにより有色人種・女性の社会進出はより促されることとなった。他方で、白人男性が相対的に不利になることから、「逆差別」であると訴える声も徐々に大きくなっている。そのため、21世紀になりこの政策を廃止する判断をする州も現れてきた。

　今日、同性愛の者への差別も厳しく禁止されている。同性婚カップルに対して信仰を理由にサービス提供が拒否できるのかという問題に、アメリカ全体が苦悩している

C　表現の自由

　言論出版の自由を保障するアメリカ連邦憲法は、象徴的なものを含む表現行為を保障し、検閲を禁止することで情報の流通を保護する。もっともあらゆる表現が保護の対象となるわけではなく、性表現などには保護が及ばないと理解されている。

　表現行為への規制には、その内容に着目する表現内容規制と、その方法（時・場所・様態）に注目する内容中立規制がある。代替的表現手段が残されているので、中立規制への合憲性判断は比較的緩やかになされる。アメリカでは民主制と直結する表現の価値を重視するため、多様な表現が保護の

対象となる。それゆえ、ヘイトスピーチは規制されていない。

D 実体的デュー・プロセスの権利

連邦憲法修正5条と修正14条は、法の適正な手続によらない生命・自由・財産のはく奪制限を禁止する。この規定は、政府の恣意的な権力行使からの個人の保護を意味する。デュー・プロセスの権利は、当初手続的正義を保障するものと理解されてきたが、個人の具体的実質的な権利も保障すると理解されるようになった。

これらの規定は法（の内容）そのものの公正さを問題とし、人々の行動を制約する法の正当化が適正になしえるのかを問う。正当化が不能のとき、政府は人々の行動を規制できず、政府の規制が及ばない領域が生まれる。こうして、憲法上明示されていない権利がもたらされる。憲法上明示されていない権利も、アメリカの歴史と伝統に根ざした基本的権利であるときは、その制約は「厳格な審査基準」による正当化が求められる。

19世紀後半の社会の工業化・都市化に伴う貧富の格差増大に対して、州は多様な労働規制法を成立させたが、1905年に連邦最高裁はこれら規制が実体的デュー・プロセス権の1つである「契約の自由」を制限するので違憲と判決した（ロックナー判決, 198 U.S. 45）。こうした社会政策立法を違憲とする判決が継続した期間は「ロックナー期」と呼ばれ、ルーズベルト大統領の連邦最高裁改革案公表を契機とする1937年の判例変更（ウェストコーストホテル判決, 300 U.S. 379）まで続いた。

実体的デュー・プロセスの権利はまた、プライバシーや自己決定権の領域でも適用される。連邦最高裁は婚姻の自由（ラビング判決, 388 U.S. 1〔1967〕）、人工妊娠中絶の自由（ロー判決, 410 U.S. 113〔1973〕）、同性婚の自由（オベルゲフェル判決, 576 U.S. _〔2015〕）などの制限はデュー・プロセス条項に違反すると判決した。中でも人工妊娠中絶と同性婚は、アメリカの伝統的家族観・宗教観と抵触するので、これらの自由を認めることに反対する声は依然として大きい。このような、社会の進展と伝統的価値観との対立を「文化戦争」という。今日のアメリカ社会は「文化戦争」をめぐっても大きく分断されており、政治状況によってはプライバシーや自己決定権にかかわる実体的デュー・プロセスの権利の保障それ自体が大きく変更する可能性がある。

第6章 各国憲法の概観（3）フランス

 キーワード

フランス革命、人および市民の権利宣言、国民主権、帝制・君主制・共和制、第三共和制憲法、ヴィシー政権、第四共和制、第五共和制、半大統領制、コアビタシオン、コンセイユ・デタ、憲法院

本章のポイント

1. フランス革命後の「人権宣言」（1789年）以来のフランス憲法の流れと現在の第五共和制憲法の構造と特徴を理解すること。
2. 「人権宣言」は、権利保障と権力分立が近代憲法の基本原理であることを宣言し、現代世界の憲法に規定されている権利と自由の基礎を築き、第五共和制憲法下でも生きた人権保障規範として機能していることから、その規定内容を理解すること。
3. フランス第五共和制憲法は日本国憲法と比較するとき、際だった違いがあるので、その違いをよく理解するとともに、その比較を通して憲法と立憲主義についての正しい理解を深めること。

1 フランス憲法の歴史

A フランス革命から第四共和制まで

フランスは、1789年のフランス革命後の「人権宣言（人および市民の権利宣言）」、1791年憲法から始まり、今日の第五共和制憲法（1958年制定）に至るまで、制定された憲法の数は15を越え、「憲法の実験室」と言われるほどである。その憲法史は、共和制の伝統と君主制・帝制の伝統という2つの伝統の流れが周期的に織りなす歴史でもある。フランス革命（1789年）から第三共和制（1875年）までの間に13の成文憲法をもったが、デュヴェルジェ（Duverger, M.）はこの期間を「革命の第一周期」（1789-1814年）と「革命の第二周期」（1814-1870年）に区分し、〈制限君主制－共和制－独裁制〉という政体の変転を見出している。その後、第三共和制憲法（1875年）、ドイツ占領下のヴィシー政権のペタン将軍に全権を集中した1940年7月10日の憲法法規と一連の憲法令、そして第四共和制憲法（1946年）を経て、現在の第五共和制憲法（1958年）の制定へと至っている。

B 第五共和制の成立

第三共和制憲法のもとで第二次世界大戦を経験したフランスは戦勝国となったが、ドイツ軍の侵攻で戦場となった国土は荒廃した。そんな中で渇望されたのは「強いフランス」の再生とそれを可能にする憲法であった。その期待のもとに第四共和制憲法（1946年）が制定された。この憲法では、議会優位の第三共和制憲法の末期に顕著となった政権の不安定を解消するため行政権の強化を図ったが、それでも十分な政治の安定を確保できなかった。1958年5月にアルジェリア危機が発生し、その解決のため「救国の英雄」ド・ゴール将軍が首相の座につき、6月3日の憲法法律でド・ゴールに新憲法制定が授権され、ド・ゴールの憲法思想に基づく第五共和制憲法（1958年）が国民投票による承認を経て成立した。制定時に大統領は間接選挙で選出されると規定されていたが、1962年にド・ゴールが通常の憲法改正手続によらず、国民投票（11条）によって、大統領を国民の直接選挙による選出とする憲法改正を成立させ、大統領の地位をさらに強化した。

2 第五共和制憲法の特徴

A 共和国と国民主権
　フランスは、共和政体をとる宗教的に中立な民主的社会国家であり（1条1項1文）、民主制の原理は「人民の、人民による、人民のための政治である」（2条5項）と謳う。国民の主権は人民に属し、人民はその代表者を通じて間接的に主権を行使するだけでなく、国民投票により直接主権を行使することもできる（3条1項）。

B 大統領権限を中心とする行政権優位の体制
　大統領は、憲法および国家の守護者（5条）として国民の直接選挙で選ばれ（6条1項）、強大な権限を付与されている。大統領任期が2000年の改正により国民議会議員の任期に合わせて制定時の7年から5年に短縮される以前には、社会党のミッテラン大統領（1981-1995年）のように2期14年間も務めた例もある。その間、1986年のシラク首相と1993年のバラデュール首相の時代には大統領と首相の所属政党が異なる保革共存政権（コアビタシオン）を経験した。1997年にはシラク大統領のもとで社会党のジョスパン首相という例もあった。このような大統領制と議院内閣制の折衷型態は、「半大統領制」とも呼ばれる。

C 議会権限の制限
　大統領の権限の強化に象徴される行政権の強化を図る一方で、権限が制限され議会のあり方は「合理化された議会制」とも呼ばれる。その顕著な現れの1つが、法律事項の限定である（34条）。法律で定めるべき事項が限定され、「法律の所管事項以外の事項は命令の性格をもつ」（37条1項）として、行政権の制定する命令に広範な規定領域を認めている。また、「政府はその綱領の実施のために、限定された期間につき、通常は法律の所管に属する措置をオルドナンス（命令）により定めることの承認を国会に求めることができる」（38条）として、法律事項を命令で定めることも可能になっている。

D 人権規定の不存在

フランス人権宣言は「権利の保障がなされず、権力の分立のない社会は憲法をもつものではない」(16条) と規定するが、現在のフランス憲法には、権利章典とも言われる権利保障規定が存在せず、人権宣言 (1789年)、第四共和制憲法 (1946年) 前文、および環境憲章 (2004年) の定める人権が第五共和制憲法のもとで保障されることを宣言している (前文)。

3 第五共和制憲法の統治機構

A 大統領

[1] 大統領の地位

①大統領は、憲法の尊重を監視し、その裁定により、公権力の正常な運営および国家の継続性を確保する (5条1項)。②大統領は、国の独立、領土の保全および条約の尊重の保障者である (同条2項)。大統領は、憲法と国の独立の守護者としての役割を与えられ、しかもその地位は国民の直接普通選挙によって任期5年 (三選禁止：6条1項・2項) で選出されることで民主的正統性を備えた強固な基盤の上に立脚して権限を行使できる。大統領は、その権限行使と明らかに両立しない義務違反によって弾劾され罷免されることがあるが、それ以外は無答責で (67条・68条)、任期中に不信任決議により辞職を迫られるような制度はない。執行権は大統領だけでなく政府にもあり、大統領制と議院内閣制の中間形態であるため、「半大統領制」と言われる。

[2] 大統領の権限

(1) 首相および閣僚の任免権

大統領は首相を任免し (8条1項)、他の閣僚については、首相の提案に基づきその職を任免する (同2項)。閣議は大統領が主宰する (9条)。

(2) 法律の審署および再議要求

大統領は、最終的に採択された法律が政府に送付されたのち15日以内

に審署し、この期間中にその法律またはその一定の条項について再議を要求でき、これを国会が拒否することはできない（10条1項・2項）。
(3) 国民投票付託権
　大統領は、国会会期中に政府提案または両院の共同提案に基づき、一定の法律案を国民投票で成立させることができる（11条1項）。1962年にド・ゴール大統領は、それまで間接選挙による大統領選出規定を直接選挙に変更する憲法改正案を、本来の改正条項である89条によらず、この11条を使って国民投票にかけて成立させた。
(4) 国民議会解散権
　大統領は、首相および両院議長に諮問したのち、国民議会を解散することができる（12条1項）。大統領も国民議会議員も、いずれもが国民の直接選挙によって選出されるが、大統領に国民議会の解散権を与えて大統領優位を決定的にしている。ただし、解散による総選挙後1年以内に再び解散を行うことはできない（12条4項）。
(5) 緊急措置権
　「共和国の制度、国の独立、領土の保全または国際的取極めの執行が、重大かつ直接に脅かされ、かつ、憲法上の公権力の正常な運営が阻害される場合、大統領は、首相、両院議長ならびに憲法院への公式の諮問の後、状況に応じて必要とされる措置をとる」（16条1項）。緊急措置権を統制する仕組みも定められてはいるが、「状況に応じて必要とされる措置をとる」という点だけ見れば、ほぼ無限定に近い。この権限が行使されたのは、1961年のアルジェリア危機の場合だけである。
(6) その他
　条約の交渉・批准権（52条）、憲法院委員のうちの3名についての任命権（56条1項）、司法権の独立の保障（64条1項）などの権限が与えられている。

B　政府
　政府は、首相とその他の閣僚で組織される。政府は、国政を決定し指揮し、行政および軍事力を掌握し、その責任は国会に対して負う（20条）。この点は議院内閣制的である。この規定のほかは、首相の権限（21条）、首相の行為への副署（22条）、および閣僚の兼職禁止（23条）が定められているだ

けである。首相は政府の活動を統率し、国防について責任を負い、法律の執行を確保する（21条1項）。首相は規則制定権を行使し、文官および武官を任命する（同条同項）。その他に一定の事項について大統領の職務を代行する（同条3項・4項）。政府閣僚は、「国会議員の職務、全国的性格を持つ職能代表の職務および公職または他の職業活動の行使すべて」（23条1項）との兼職が禁じられている。国会議員との兼職が禁じられている点は、日本国憲法（68条1項）と対照的である。

C 国会

国会は、①法律を議決し、②政府の行為を監視し、③公的政策を評価する（24条1項）。国会は二院制で、国民議会と元老院からなる（同条2項）。

国会の会期は、通常会期（28条）と臨時国会（29条）が定められている。

国民議会議員は直接選挙によって選出され、その数は577を超えることはできない（24条3項）。一方、元老院議員は間接選挙による選出であり、地方公共団体の代表で組織され、その数は348を超えることはできない（同条4項）。各議院の権限の期間・議員定数・歳費・被選挙資格等については、組織法で定める（25条1項）。

国会議員に対する「命令的委任はすべて無効である」（27条1項）。国会議員には職務の行使について行った意見または表決についての免責特権や不逮捕特権等が認められている（26条1項・2項・3項）。命令的委任とは、国会議員が国会での審議や議決にあたって選挙区の有権者や支持団体等の意思に拘束されることで、その禁止は国会における議員の自由意思による行動を保障するものである（自由委任）。

D 国会と政府の関係

法律事項が限定列挙され（34条）、法律の所管事項以外は命令の性格をもつ（37条1項）として、行政立法の領域が広く認められている。また、政府は、その綱領の実施のために、限定された期間につき、通常は法律の所管に属する措置を命令の一形式であるオルドナンス（ordonnance）により定めること（立法の委任）の承認を国会に求めることができる（38条1項）。オルドナンスは、コンセイユ・デタの意見を徴した後、閣議で定められ、公布

後直ちに施行されるが、追認の政府提出法律案が授権法に定める期間以前に国会に提出されない場合、効力を失う (38条2項)。

法律案の発議権は、首相および国会議員に競合して属し、政府提出法案と議員提出法案に分かれる (39条)。いずれの法案も委員会に付託された後、国会の両院に送付され、その審議を経て議決される (42条・43条)。法律案の修正権は、国会議員と政府の両方がもち (44条)、両院の意見が一致しない等の場合、合同委員会の開催を首相または両院議長が求めることができる。

首相は、閣議の審議を経て、国民議会に対し、その綱領または時により一般政策の表明に関し、政府の責任をかける (49条1項)。同様に、首相は、閣議の審議を経て、予算法案または社会保障財政法案の表決に関し、国民議会に対して政府の責任をかけることができる (同3項)。いずれの場合も、国民議会構成員の過半数が不信任案に賛成したとき採択される (同2項・3項)。不信任案が採択されたとき、首相は大統領に政府の辞表を提出しなければならない (50条)。

E　憲法院

憲法院は9名の委員で組織され、任期9年で再任はなく、3年ごとに3分の1ずつ改選される。9名の委員は、大統領、国民議会議長、元老院議長により、それぞれ3名ずつ任命される (56条1項)。また、元大統領は当然に終身の委員となる (同条2項)。憲法院院長は大統領により任命され、可否同数の場合の裁決権をもつ (同条3項)。

憲法院は、①大統領選挙に関する適法性監視権 (58条)、②国会議員選挙の適法性裁決権 (59条)、③国民投票の実施の適法性監視権 (60条)、および④法律の合憲性審査権 (61条) をもつ。

(1)　合憲性の事前審査

合憲性の審査のために、一般の法律については審署の前に、大統領、首相、国民議会議長、元老院議長または60名の国民議会議員もしくは60名の元老院議員により、憲法院に付託することができる (61条2項)。違憲と宣言された規定は、審署も施行もできない (62条1項)。

(2) 合憲性の事後審査

裁判所において進行中の手続の際に、法律の規定が憲法の保障する権利・自由を侵害しているとの主張（違憲の抗弁）がなされた場合、コンセイユ・デタまたは破毀院からの移送に基づき、憲法院に付託される（61条の1）。違憲と宣言された規定は廃止される（62条2項）。憲法院の裁決に対しては不服申立てができず、裁決は、公的諸権力ならびにすべての行政および司法機関を拘束する（同条3項）。

F 裁判制度

「司法権は、個人的自由の守護者であり、法律の定める要件に従い、この原理の尊重を確保する」（66条2項）として、司法権に個人の自由の守護者の役割が期待されている。司法権の独立は大統領によって保障され、補佐機関として司法官職高等評議会が設置される（64条1項・2項）。

フランスの裁判所は、司法権に属する司法裁判所と行政権に属する行政裁判所に分かれている。司法裁判所として、下級裁判所である小審裁判所と大審裁判所、上級裁判所として控訴院、重罪院、破毀院がある。これらの普通裁判所の他に、特別の管轄事項を扱う商事裁判所、労働裁判所、農地賃貸借同数裁判所、社会保障事件裁判所、少年裁判所などの例外裁判所がある。また、行政裁判所として、地方行政裁判所と行政控訴院があり、最上級審としてコンセイユ・デタ（国務院）がある。なお、コンセイユ・デタは最上級の行政裁判所だけでなく、政府の諮問機関であり法制局でもある。大統領の弾劾裁判所として高等法院が国会で組織される（68条）。

G 地方公共団体・海外公共団体

地方公共団体として、市町村、県、州、特別地方公共団体および海外公共団体がある（72条1項）。地方公共団体は法律の定めるところにより、その公共団体で選出される議会により自由に行政を行い、条例制定権を有し（72条3項）、法律の範囲内で課税権が認められている（72条の2）。

海外公共団体とは、フランス植民地であった海外県・海外州で、住民はフランス人民に含まれる（73条の3第1項）。海外県・海外州では、フランス本国の法律および命令が当然に適用されるが（73条1項）、その固有の利益

を考慮して特別の地位が与えられている（74条）。海外領のニューカレドニア（76条・77条）は、1998年のヌメア協定により独立に向けて順次権限の移譲が行われ、2018年11月に独立の賛否を問う住民投票が実施されたが、独立反対票が過半数を占め、独立には至らなかった。

4　第五共和制憲法の人権保障

A　人権保障の法源

　人権保障規定としては、すべての市民の法律の前の平等と信条の保障（1条1項）、国民投票権と選挙権の行使（3条1項・4項）、および身体の自由（66条1項）があるだけで、人権保障については1789年の権利宣言（フランス人権宣言）で定められ、1946年憲法（第4共和制憲法）の前文で確認され補完された人の権利、および環境憲章（2004年）で定められた権利を認める（前文）としている。

B　人および市民の権利宣言

　1789年のフランス人権宣言（全17条）では次の規定が置かれている。
　①「人は自由かつ権利において平等なものとして出生し、かつ生存する」（1条）、②「あらゆる政治的結合の目的は、人の時効によって消滅することのない自然権の保全である。これらの権利は、自由、所有、安全、および圧政への抵抗である」（2条）、③「自由は、他人を害しないすべてのことをなしうることに存する」（4条）、④「何人も、有罪を宣告されるまでは無罪と推定される」（9条）、⑤「所有権は神聖かつ不可侵の権利である」（17条）。その他に、⑥公務就任権（6条）、⑦身体の自由と適法手続（7条）、⑧罪刑法定主義（8条）、⑨意見の自由（10条）、⑩言論・出版の自由（11条）、⑪租税に関する権利（14条）、⑫行政の報告を求める権利（15条）が定められ、およそ近代憲法に不可欠と考えられるすべての権利および自由が網羅されている。

C 第四共和制憲法の前文

前文第2段で、①女性の権利（女性の権利が、すべての領域において男性の権利と同等であることの法律による保障）、②庇護権、③雇用される権利、④組合活動・組合選択の権利、⑤同盟罷業の権利、⑥団体交渉権・企業管理への参加権、および⑦生存権の社会権の諸権利の保障が宣言されている。

D 環境憲章

環境憲章（2004年）は、「均衡がとれかつ健康が大切にされる環境の中で生きる権利」（1条）、および「環境の保護と改善に参加する義務」（2条）が保障されている。また、公的機関には、持続的発展の促進と環境保護と経済発展との調和のとれた公的政策の実施を義務付けている（6条）。

コラム　憲法の実験室フランスとわが国の憲法観の違いは？

フランスは、大革命以来、様々な憲法体制を経験してきた。1791年憲法から1958年憲法（第五共和制憲法）に至るまでに制定された憲法の数は15を超える。短命に終わったものもあれば、第三共和制のように不完全な憲法体制が65年間も続いた例もあるが、その平均寿命は約15年に過ぎない。現在の第五共和制憲法は2018年現在、制定から60年になるが、その間の改正回数は24回に及んでいる。絶えず憲法制度の見直しを図っているフランスと70年を超えても改正に躊躇するわが国の憲法観の違いはどこにあるのだろうか。

第 7 章 各国憲法の概観（4）ドイツ

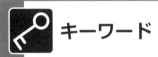

フランクフルト憲法、プロイセン憲法、立憲君主制、ビスマルク憲法、ワイマール憲法、基本法、人間の尊厳、闘う民主主義、憲法裁判制、連邦議会、連邦政府、連邦憲法裁判所、基本権、比例原則審査、第三者効力論、基本権保護義務論

本章のポイント

1. ドイツでは市民革命の失敗などにより君主主義の伝統が長らく維持された。このため近代立憲主義の成立が遅れ、1949年の基本法制定によりようやく立憲主義が貫徹された。
2. 基本法は、ナチス時代に対する反省から、「人間の尊厳」に根ざした豊富な人権保障規定をもつと同時に、強力な違憲審査制を導入した。
3. ドイツの人権保障には、広い保護領域理解や国家の基本権保護義務の考え方など、比較憲法的に見てもユニークな展開が見られる。また、統治構造の面では、連邦憲法裁判所の活動が憲法政治にとって重要である。

1 ドイツ憲法の歴史

A 「3月前期」まで

　ドイツの憲法の歴史は19世紀初頭に遡る。ナポレオンによるドイツ制圧によって神聖ローマ帝国が崩壊した後、ヴェストファーレン公国で1807年11月15日に憲法が制定された。この憲法はドイツにおける最初の近代的憲法であり、封建制ドイツに近代化の波をもたらした。

　しかし、1813年の解放戦争でナポレオンが敗れると、ヴィーン会議(1814-15年)で37の君主国と4の自由市からなる「ドイツ同盟」が生まれた。これによってドイツ君主制が復活し、この体制は1848年の3月革命までの反動期である「3月前期 (Vormärz)」を特徴付けることになる。この時期には、同盟加盟国の中で憲法制定が行われているが、一部の例外を除き、その多くは君主によって制定される欽定憲法であった。

B フランクフルト憲法

　1848年2月のフランス2月革命の影響はドイツにも及び、ヴィーンに続きベルリンでも暴動が起きて、君主勢力を打破した(いわゆる「ドイツ3月革命」)。この中でドイツ統一運動も大きな盛り上がりを見せ、自由主義的政治家たちの主導で5月18日にフランクフルトのパウル教会で「憲法制定国民議会」が開催され、人権保障を含む国民主権的な憲法の制定を目指した。1949年3月28日に、国民議会は「ドイツ帝国憲法」(通称「フランクフルト憲法」)を公布した。この憲法は、基本権の不可侵性や法律の前の平等、各種の自由権、受益権を保障するとともに、権力分立原則を定め、立憲主義的憲法の特徴を有していた。

　しかし、この憲法は結局発効しなかった。その直接的な原因は、プロイセン国王フリードリヒ・ヴィルヘルム4世が国民主権的な憲法に拘束されることを嫌い、ドイツ皇帝に就くことを拒絶したことであった。ただしこの失敗には、他にも市民運動に対する弾圧、自由主義陣営の中での意見の対立、民主主義の不徹底などの原因があった。フランクフルト憲法が目指した理念は、後にワイマール(ヴァイマル)憲法へと受け継がれることとなった。

C　プロイセン憲法とビスマルク憲法

　ドイツ同盟の中でも最も強大な国家であったプロイセンでは、1848年12月5日にフランクフルト憲法に対抗する内容の欽定憲法が発布された。その後、この憲法が修正され、1850年1月31日に「プロイセン国憲法典」（通称、「プロイセン憲法」）が成立した。

　立憲君主制を採用したプロイセン憲法は、1889年の大日本帝国憲法のモデルとして知られる。プロイセン憲法は自由主義的色彩の強いベルギーの君主主義憲法を模範としていたため、神権主義に基づく大日本帝国憲法よりはいくらか近代的であったが、しかし君主の承認がなければ立法権が行使できないなど君主制原理が前面に出た憲法であった。また、権利保障に関しても、人が生まれながらにもつ「人権」ではなく、プロイセンの「公民の権利」が保障されているに過ぎず、これらが憲法と法律によって与えられるものにとどまっていた点で、大日本帝国憲法での「臣民の権利」の構造と似通っている。

　フランクフルト憲法の挫折の後、ドイツ同盟においてはプロイセンとオーストリアとの勢力争いが続いていたが、1866年に普墺戦争が勃発し、ドイツ同盟は解体した。プロイセンは1867年に北ドイツの22邦に呼び掛けて、プロイセンを盟主とする北ドイツ連邦を組織した。1870年の普仏戦争に勝利したプロイセンは南ドイツ諸邦を北ドイツ連邦に加入させ、1871年にはドイツ帝国が誕生した。こうして名実ともにドイツ統一がなされた。

　統一ドイツの憲法典となったのが、1871年4月16日の「ドイツ帝国憲法」である。この憲法の制定には、プロイセン宰相ビスマルクの意向が強く示されたため、一般に「ビスマルク憲法」と呼ばれる。ビスマルク憲法では、連邦制が採用され、連邦のもとにプロイセンを含む25の連邦構成国が置かれていた。しかし、実質的にはプロイセンが連邦における圧倒的な指導権をもつ構造となっている。また、ビスマルク憲法は連邦の統治に関する規定のみを内容としており、権利章典をもたなかった。これは権利保障が連邦の事務ではなく、構成国の事務とみなされたためである。

D　ワイマール憲法

　第一次世界大戦が長期化し、ドイツ国内の経済事情が悪化する中、1918

年11月4日のキールでの水兵の反乱をきっかけに各地で暴動が起こった。これにより皇帝が退位してオランダへ亡命すると、11月9日には、社会民主党の臨時内閣が共和国の宣言を行い、新憲法の制定が計画された。これを受けてワイマールで開かれた憲法制定国民議会で、1919年7月31日に「ドイツ国憲法」（通称、「ワイマール憲法」）が可決された（発効は8月14日）。

　ワイマール憲法は181条からなる憲法であり、統治機構に関する第1編と基本権に関する第2編とに分かれている。第1編では、国民主権原理、議会制民主主義を採用するとともに、権力分立原理、地方分権的連邦制などを定めていた。第2編では、フランクフルト憲法を踏襲して、自然権的権利の保障が行われた。また、経済的弱者の権利保障にも配慮し、153条3項では「所有権は義務を伴う。同時にその行使は公共の利益に役立たねばならない」として、所有権不可侵を絶対視する伝統的立憲主義とは一線を画した。この発想は、後の社会権保障の嚆矢とされる。

　ワイマール憲法体制は、ナチス党とその指導者ヒトラーの台頭によって崩壊した。まず、1933年2月28日にワイマール憲法48条2項の非常措置権が発動され、同項所定の基本権が停止された。その後、3月24日に全権委任法（授権法）が成立すると議会制が無効化され、ヒトラーの独裁体制が確立した。ヒトラーは全権委任法に基づいて次々と憲法に違反する法律を制定し、ワイマール憲法の立憲主義は事実上失効したのである。

E　東西ドイツの分裂と再統一

　第二次世界大戦で敗戦したドイツは、英米仏ソの4か国によって分割統治を受けた。英米仏の占領地域とソ連の占領地域とでは異なった占領政策がとられ、この結果、ドイツは東西に分裂した。

　西ドイツにおいては、1949年5月23日に「ドイツ連邦共和国基本法」（以下、「基本法」）が公布された。この憲法はドイツの歴代憲法に用いられてきた「憲法（Verfassung）」という名称を用いず、「基本法（Grundgesetz）」という名称を用いている。これは、基本法制定にあたって国民代表ではなく、州政府の代表者からなる「議会評議会」が中心的な役割を担ったこと、東西分裂状態では「ドイツの憲法」を制定することができないと考えられたことなどから、「憲法」という名称を避けたためである。本来、基本法は暫

定的な性格を強く帯びた憲法であり、旧146条では「この基本法は、ドイツ国民が自由な決断で議決した憲法が施行される日に、その効力を失う」と定めていた。

　一方、東ドイツでは、1949年4月30日に「ドイツ民主共和国憲法」が制定された。その後、1968年4月6日には同じ名称で新たな憲法が制定され、東ドイツは「ドイツ民族の社会主義国家」であることが宣言された。

　東西ドイツの分裂は約40年続いたが、東欧での民主主義革命や東西冷戦構造の緊張緩和などの影響から、1990年10月3日にドイツは再統一を果たした。この際、憲法上は、東ドイツ地域を基本法体制に加入させる方式が採用され、基本法が統一ドイツの憲法として存続することとなった。

2　ドイツ憲法の特徴

　基本法の特徴は、戦前のナチス・ドイツ体制に対する深い反省が全体を貫いている点にある。その表れは、①いかなる国家権力もこれに反することができない「人間の尊厳」(1条)を最高原理とする権利保障の体系、②国家権力による憲法無視の政治を徹底的に排除することを目的として、抽象的違憲審査をも可能とする違憲審査制、③「自由で民主的な基本秩序」に敵対しようとする者に対しては憲法上の保障を及ぼさないとする基本法上の諸規定（「闘う民主制」）などに見ることができる。ドイツの憲法は、人間の尊厳や自由で民主的な基本秩序といった特定の価値を強く打ち出した憲法である。

　また、基本法のもう1つの特徴として、改正の多さがある。基本法は1949年の制定以来、ドイツ再統一に伴う改正も含め、2018年現在で62回にわたり改正されており、改正・新設された条文はのべ110か条に及ぶ。ただし、基本法79条は、連邦制原則および「第1条及び第20条に謳われている基本原則」を改正することができないとして(3項)、明文で改正限界を定める。これまでの改正のいずれも改正限界を超えない改正であった。

3 ドイツの統治機構

　基本法は連邦制をとり、現在のドイツは16の州による連邦国家である。ドイツでは、ナチス時代を除いて州の権限を強く認める傾向があり、基本法も主権にかかわる事項を除いて州に広範な権限を認めている。このため、基本法が定めるのは主として連邦の権限である。以下では、主に連邦の統治機構について述べる。

A　連邦議会

　連邦議会は、ドイツにおける唯一の民主的に直接正当化される国家機関である。連邦議会議員の選挙は、比例代表制と小選挙区制の併用制で行われる。議員定数は598名であるが、選挙制度上の理由で、実際の議席数はこれを超えることがある（コラム参照）。選挙権は18歳以上の者がもつ（38条2項）。連邦議会の任期は4年で（39条1項）、これが1つの立法期となる。

　連邦議会の本来的な権限は立法である。連邦議会は連邦法律を議決する（77条）が、連邦の立法管轄は70条以下で定められる。また、連邦の予算も、予算法律として連邦議会の議決を要する（110条）。

　議院内閣制のもとで、連邦議会は連邦政府を監督する権限を有する。連邦議会およびその委員会は、連邦政府の構成員に対して出席を要求でき（43条）、調査権限を有する委員会を設置することができる（44条・45条）。

　この他、連邦議会は、連邦首相の選出（63条1項）、連邦首相の不信任（67条）、連邦大統領の訴追（61条1項）、連邦憲法裁判所裁判官の選出（94条1項）などの権限をもつ。

コラム　小選挙区比例代表併用制と超過議席

　ドイツの選挙制度では、選挙人は2票の投票権をもち、小選挙区選挙と比例代表選挙にそれぞれ投票する。議員定数598における各政党の議席配分は比例代表選挙の結果で決まる。299の小選挙区選挙で当選した者は、議席を優先的に獲得し、各政党の議席配分のうち小選挙区当選者を除く数

が比例代表選挙の候補者名簿の上位から充当される。このとき、比例代表選挙で政党に配分された議席よりも当該政党所属の小選挙区選挙当選者が多い場合には小選挙区選挙の結果が優先されるため、いわゆる「超過議席」が生じる。さらに、2013年の選挙法改正で超過議席の影響を抑えるための「調整議席」が導入され、議席数が増加傾向にある。

B 連邦参議院

連邦参議院は州が「連邦の立法及び行政並びに欧州連合の事務において協力する」ための機関である（50条）。このため「参議院」と訳されるが、日本のような2院制の1つの院というわけではない。

連邦参議院は、それぞれの州政府が任免する、州政府の構成員（閣僚）によって構成される（51条1項）。つまり、連邦参議院議員は州政府の利益を代表する者であり、州政府の指示に拘束される。

連邦参議院の権限としてとりわけ重要なのが、連邦議会が可決した法律案審議のための合同委員会の招集要求権限（77条2項）および法律案に対する同意権限と異議申入れ権限である（78条）。合同委員会は、法律の議決の修正を提案することができる。同意権限は、基本法が明文で連邦参議院の同意を必要とすることを定めている場合（例えば84条1項・104a条以下）にのみ認められる。同意権限がない場合であっても、連邦参議院は合同委員会の手続終了後に異議を申し入れることができる（77条3項）。

この他、連邦参議院は、連邦大統領の訴追（61条1項）、連邦憲法裁判所裁判官の選出（94条1項）などの権限をもつ。

C 連邦政府

連邦政府は連邦の最高行政機関であり、連邦首相および連邦大臣で構成される（62条）。連邦首相に任命されるのは連邦議会議員の過半数の投票を得た者（63条3項）である。連邦大臣は、連邦首相の提案に基づき、連邦大統領によって任免される（64条1項）。連邦政府においては、連邦首相が政治の基本方針を定める権限をもち、この基本方針の範囲内で連邦大臣が所轄事務を指揮する（65条）。

ドイツにおける連邦首相に対する不信任制度および連邦議会の解散制度は、比較憲法的にもユニークである。連邦議会は、その議員の過半数をもって後任の連邦首相を選出しなければ、連邦首相に対する不信任を表明できず (67条)、不信任決議のみを行うことは許されない (建設的不信任決議)。建設的不信任決議が成功したのは、今のところ 1982 年のシュミット (Schmidt, H. H. W.) 首相に対するものだけである (後任はコール首相)。

連邦議会の解散については、連邦大統領に権限がある。議会解散権が生じるのは、①連邦首相選出において 3 回目の投票でも過半数を得る者がなかった場合 (63条)、②自己に対する信任を求める連邦首相の動議が連邦議会議員の過半数の同意を得られなかった場合 (68条) に限られる。なお、②の解散権は、連邦議会が後任の連邦首相を選出すると消滅する (68条)。

D 連邦大統領

連邦大統領は、連邦会議によって選挙され、任期は 5 年 (1 回のみ再選可) である (54条)。その権限は、①法律の認証 (82条)、②国際法上の代表権、条約締結権 (59条)、③その他の権限に大別される。③には連邦公務員等の任免権 (60条1項)、恩赦権 (60条2項)、連邦大臣の任免権 (64条1項)、連邦議会の解散権 (63条・68条1項)、立法上の緊急状態の宣言 (81条1項) などが含まれる。原則として大統領が国家運営に政治的に関与することは禁じられており、権限行使にあたって自律的判断権が認められるのは、他の国家機関が機能能力を失っているときに限られる。

E 連邦最高裁判所

基本法は、連邦レベルの裁判所として、次項で取り扱う連邦憲法裁判所の他に、連邦通常裁判所、連邦行政裁判所、連邦財政裁判所、連邦労働裁判所、連邦社会裁判所という 5 つの裁判所の設置を定めている (95条1項)。それぞれ、通常裁判権、行政裁判権、財政裁判権、労働裁判権、社会裁判権に関する最高裁判所である。これ以外の連邦裁判所は、96 条の要件のもとで設置が可能である。下級審は、州レベルで設置される。

また、裁判の統一を保持するため、各連邦最高裁判所の代表者によって構成される合同法廷が設置されている (95条3項)。

F　連邦憲法裁判所

　連邦憲法裁判所は国家行為の違憲無効宣言権限を独占する特別な裁判所である。基本法で初めて採用されたこの制度は、ドイツ憲法の特徴の１つをなす。連邦憲法裁判所はこれまでの活動の中で違憲判断も含め多くの憲法判断を積み重ね、基本法の継続的発展に寄与してきた。

　連邦憲法裁判所の審査権限は①規範統制（憲法適合性審査）、②機関争訟（93条１項１号）、③連邦国家的争訟（93条１項３・４号）、④憲法保障手続、⑤選挙訴訟（41条）など多岐にわたる。このうち、①の規範統制には（ア）抽象的規範統制（93条１項２号）、（イ）具体的規範統制（100条１項）、（ウ）憲法異議（憲法訴願）（93条１項4a号）の類型がある。（ア）は、具体的な事件なしに連邦法・州法が基本法に形式的・実質的に適合するか否かなどを審査する抽象的違憲審査である。（イ）は、具体的な訴訟事件の中で生じた憲法問題について、裁判所の移送手続に基づいて連邦憲法裁判所が審査する。（ウ）は、個人が公権力によって自己の基本権を侵害されている場合に連邦憲法裁判所の審査を受けるための手続である。また、④の憲法保障手続には、（ア）大統領の訴追（61条）、（イ）裁判官の訴追（98条２項）、（ウ）基本権の喪失（18条）、（エ）政党の違憲確認（21条２項）が含まれる。

　連邦憲法裁判所はそれぞれ８名の裁判官からなる２つの法廷で構成されている。連邦憲法裁判所の裁判官は、それぞれ半数ずつ、連邦議会および連邦参議院によって選出される（94条）。

4　ドイツの人権保障

　基本法は１条から19条までの「基本権」の章において、主として自然権由来の人権保障を行っている。また、これ以外にも参政権や手続的権利をいくつかの条文において保障している。法律の前の平等（３条）、信教の自由（４条）、表現の自由（５条）、集会の自由（８条）、結社の自由（９条）、職業の自由（12条）、財産権（14条）、住居の不可侵（13条）など、日本国憲法で保障されるような人権はほぼ網羅されていると言ってよいが、社会権保障だ

けは明文がない。しかし、最近では連邦憲法裁判所の判決により、生存権に近い権利（人たるに値する最低限度の生活の保障を求める基本権）の保障が基本法上もあるとされるようになっている（**20章2節A[4]**を参照）。

　ドイツにおける人権保障の特徴を3点挙げておこう。

　第一に、ドイツでは憲法上保障された権利を「基本権」と呼ぶが、基本権が人のどのような行為をその保護のもとに置くか（「保護領域」と呼ばれる）について、かなり広い解釈がとられている。表現の自由などの個別的基本権でも保護領域は広く理解されるが、とりわけ2条1項で保障される「人格の自由な発展の権利」について、連邦憲法裁判所のエルフェス判決以来、「一般的な人間の行為自由」を保障するとの解釈が定着している。これはあらゆる人間の行為を「一応の自由」として憲法上の保護のもとに置こうとする思考であると言ってよい。

　第二に、国家行為が基本権に介入する場合、その介入は原則として憲法上の正当化を必要とすると理解されている。前述のように、ドイツでは基本権の保護領域が広いため、正当化を必要とする国家行為の範囲もまた広くなる。このため、ドイツでは連邦憲法裁判所での基本権保障をめぐる訴訟が盛んである。国家行為の正当化に関する判断枠組みとしては、薬局判決などで示された比例原則審査が主に用いられている。比例原則審査は、国家行為について①目的の正当性、②手段の適合性、③手段の必要性、④狭義の比例性をそれぞれ審査する審査手法であり、日本でも最高裁の審査手法との異同を含めて研究がかなり進められている。

　第三に、基本権は主観的権利としての側面だけでなく、客観的な価値秩序としても理解される。このことを明らかにした連邦憲法裁判所のリュート判決以来、基本権は客観的な価値として全法領域に「照射」するものとされている。このことは、当初、基本権の第三者効力（私人間効力）を根拠付け、その後、第一次堕胎判決において「国家の基本権保護義務」を根拠付けることとなった。この考えによれば、国家は基本権保障のもとで、ある者の基本権行使が他者の基本権を侵害してしまわないように積極的に保護することをも義務付けられる。いわゆる「法的三極構造」の図式において、国家は社会の中での各基本権主体の基本権保障を調整する役割を担っているのである（この点につき、**第15章3節B**を参照）。

第 8 章 各国憲法の概観（5）スペイン

キーワード

カディス憲法、第二共和制憲法、議会君主制、議院内閣制、建設的不信任制、緊急措置権、憲法裁判所、自治州、基本的権利・公的自由、社会政策・経済政策の指導原則、護民官

本章のポイント

1. 19世紀以降、スペインでは数多くの憲法の制定・廃止が繰り返され、20世紀には苛烈な内戦と独裁を経て、現行の民主主義的立憲体制に行き着いた。
2. 現行憲法は、スペインを国民主権の社会的・民主的法治国家と位置付け、国家の単一不可分性と諸民族・諸地域の自治権との両立を確認した上で、議会君主制の統治機構を確立した。
3. 現行憲法は、基本的権利・公的自由として精神的・経済的・身体的自由権、受益権、社会権、さらに各種の新しい権利を明記するとともに、プログラム規定として社会政策・経済政策の指導原則を定め、その保障には、通常裁判所、憲法裁判所および護民官（国家オンブズマン）が大きな役割を果たしている。

1 スペイン憲法の歴史

A 押しつけ憲法と自主憲法

1808年5月、スペイン王位を手にしたフランス皇帝ナポレオンは、スペイン人による身分制の会議を召集し、同年7月、ナポレオンの意向を強く反映した憲法（バイヨンヌ憲法）を採択させた。この"押しつけ憲法"は、ごく限られた範囲で施行されたが、その一方で、スペイン人たちはカディスに王国議会を召集し、1812年にはスペイン初の"自主憲法"が公布された（カディス憲法）。国民主権に基づくこの自由主義的な憲法は、しかし、1837年憲法が制定されるまでの間、断続的に計6年間しか施行されなかった。

B 19世紀の憲政史

自由主義穏健派の主導で制定・施行された1834年の王国憲章は、統治機構を概略的に定めただけで、権利条項も欠いていたが、短命ながらも現実政治を規制し、そのもとで議院内閣制に固有の政治的慣行が生まれた。

自由主義進歩派が1837年に制定・公布した憲法は、国会と国王による立法権の共有をはじめ、イデオロギー的偏向の少ない中庸な性格を特徴とし、権利宣言（10か条）を含む最初の憲法でもあった。

その後、自由主義穏健派が制定・施行した保守的な1845年憲法は24年間存続したが、イサベル2世が亡命すると、進歩派の主導のもとで、厳格な権力分立を定め、広範・詳細な権利宣言をもつ1869年憲法が制定された。しかし、国王アマデオはすぐに王位を放棄したため、1873年に共和制が宣言され（＝第一共和制）、共和国憲法の草案も作成されたが公布に至らないまま、翌74年の軍事クーデタにより、イサベル2世の息子アルフォンソ12世を戴く王政復古が行われた。

伝統的な「国体」概念に依拠しながらも、進歩的・民主主義的価値観にも譲歩した1876年の復古王政憲法のもとでは、カノバスの保守主義自由党とサガスタの立憲自由党との間で政権交代を行う二大政党制が成立し、その立憲体制は、スペイン史上最長の47年間にわたり存続した。

C 第二共和制から内戦を経てフランコ独裁へ

　カノバスとサガスタの死後、クーデタと軍事独裁を経て、1931年4月、共和主義派が共和制を宣言し、同年12月、第二共和制憲法が制定された。社会権、戦争放棄、自治州制度、憲法保障裁判所などの斬新な規定を盛り込んだこの憲法は、他方で、教会の解散、教会財産の国有化など、宗教に対して極端に敵対的な規定を含んでいたため、カトリック信者の多いスペイン社会に亀裂をもたらす一因にもなった。

　共和国憲法下では、共和主義・左派と右翼諸派が激しい権力闘争を繰り広げたが、1936年7月の軍事クーデタをきっかけに、スペインは共和国側と反乱軍側に分かれての苛烈な内戦に突入した。1939年4月、内戦はフランコ将軍率いる反乱軍側の勝利に終わり、フランコの独裁が始まった。

　フランコ治下のスペインには、単一の成文憲法典は存在せず、「基本法」と呼ばれる7つの法律（労働憲章、国会設置法、スペイン人憲章、国民投票法、国家元首継承法、国民運動原則法、国家組織法）が、実質的意味の憲法としての役割を果たしていた。国政権能は国家元首である総統フランコに集中し、一院制国会や裁判所の組織・権能は、権力分立制にはほど遠いものであった。また、国民の権利・自由は、プログラム的性格のものに過ぎず、公権力を法的に拘束するものではなかった。

D 民主化と現行憲法の制定

　フランコは、イタリアに亡命していた国王アルフォンソ13世の孫にあたるフアン・カルロスを国家元首継承者に指名し、教育を施していた。1975年11月20日にフランコが死去すると、国王に即位したフアン・カルロスが首相に任命したスアレスは、翌76年11月18日、民主化を進めるための政治改革法を成立させた。普通選挙を経て第二次内閣を組織したスアレス首相が醸成した挙国一致の気運の中で、1977年8月より、下院の委員会において憲法案の起草作業が始まり、翌78年6月に成った草案は、下院および上院での審議にかけられた。最終的な憲法案は、同年10月31日に両院で可決された後、12月6日に国民投票でも承認され、12月29日に新憲法として公布・施行された。これが現行の1978年憲法である。

2 スペイン憲法の特徴

　現行憲法は、スペインを国民主権に基づく「社会的かつ民主的な法治国家」と位置付け、国家の政治形態として「議会君主制」をとる（1条）。また、「憲法は、スペイン国民の解消不可能な統一性、すなわち、すべてのスペイン人の共通かつ不可分の祖国に基礎を置き、これを構成する諸民族及び諸地域の自治権、並びにこれらすべての間の連帯を承認し、かつ保障する」（2条）として、国民国家としての単一不可分性と諸民族・諸地域の自治権の両立を確認している。

　現行憲法は、現実政治をよく規制し、高い安定性を保ってきたが、外国人に市町村選挙における選挙権を付与することができる旨を定めていた13条2項は、欧州連合条約（マーストリヒト条約）の批准に際し、1992年の憲法改正により、「選挙権及び被選挙権」を付与することができる旨の規定に改められた。また、2009年以降の深刻な財政赤字問題に際し、EUに支援を要請する条件として、財政再建の意思を内外に明示する必要に迫られたため、2011年の憲法改正により、公債・債務契約に法律の承認を要する旨のみを定めていた135条は、「すべて公行政は、その活動を予算安定の原則に適合させなければならない」（改正1項）、「国及び自治州は、欧州連合がその加盟国につき定める限度を超える構造的な赤字に陥ることがあってはならない」（改正2項前段）などとする財政健全化条項に改められた。2018年12月現在までに行われた憲法改正は、この2件のみである。

3 スペインの統治機構

A 国王

　「国家元首であり、国の統一性及び永続性の象徴」（56条1項）とされる国王は、諸権力の仲裁・調整の他、内閣総理大臣および場合により主任の大臣の副署を得て、法律の裁可・公布、国会の召集・解散、内閣総理大臣・

閣僚の任免、宣戦・講和、軍隊の最高指揮権などの国政権能を行使する。なお、フアン・カルロス1世は、2014年6月19日、皇太子フェリーペに王位を譲り、同人がフェリーペ6世として国王に即位した。

B　国会

「国会は、スペイン国民を代表し、下院及び上院でこれを構成する」(66条1項)。下院は、各選挙区(各県)ごとに比例代表制で選挙された300人以上400人以下の議員で組織される(68条)が、現行法上、定数は350人である。一方、「地域代表の議院」とされる上院は、各選挙区(各県)ごとに原則として4人の定数を割り当てる大選挙区制により208人が選出され、残り(現在56人)は自治州議会により選出される(69条)。両院とも、議員の任期は4年だが、任期満了前に解散されることがありうる(68条・69条)。

法律案の提出権は、内閣、下院および上院、ならびに自治州議会に与えられているほか、50万人以上の署名をもってする国民発案も認められている(87条)。立法過程においては、常に下院が先議院となり、上院はもっぱら再審査・修正の議院としての役割を果たす。下院から送付されてきた法律案を上院が否決し、または修正案を可決したときは、その後の手続において下院の優越が現れ、上院が否決した下院原案を下院が単純多数(投票者数の過半数)で再可決するか、上院の修正案を下院が可決または否決することにより、法律は成立する(90条2項)。

C　内閣

内閣は、内政および外政、民事行政および軍事行政、ならびに国防を指揮し、執行権限および命令を発する権限を有する(97条)。国王の推薦と下院の信任投票を経て国王により任命される(99条)内閣総理大臣は、内閣の行為を指揮し、他の閣僚の職務を調整する(98条2項)。国務大臣その他の閣僚は、内閣総理大臣の推薦に基づいて、国王が任免する(100条)。

憲法107条により、枢密院が設置されている。内閣により政令で任意に任命される終身の枢密院議長を中心に組織される枢密院は、諮問機関として、内閣総理大臣、閣僚または自治州首相が任意に求める諮問に答申する。

内閣と国会の関係は、議院内閣制の特徴を備えている。内閣は下院に対

して連帯責任を負い (108条)、内閣総理大臣は、その政治的プログラムまたは一般政策宣言に自身への下院の信任をかける (信任問題を提起する) ことができるが、下院の単純多数による信任が得られない場合には、内閣は総辞職しなければならない (14条1項)。一方、下院は、絶対多数 (投票権者数の過半数) をもって内閣不信任動議を可決することにより、内閣の政治責任を追及することができるが、ドイツ基本法の影響を受けて建設的不信任制が採用され、不信任動議は後継内閣総理大臣の候補者を明示するものでなければならない (113条)。不信任動議が可決されたときは、内閣は総辞職し、不信任動議の指定する後継候補者が、国王により、首相に任命される (114条)。下院、上院または両院の解散を布告することは国王の権能であるが、実質的な解散権は内閣総理大臣に留保されている。

なお、憲法116条は、内閣と下院が共同で行使する権能として、緊急措置権を明記している。閣議決定された政令により最大15日間を期限として内閣が宣言する警戒事態は、下院の承認がなければこの期間を延長することができない。非常事態は、事前に下院の承認を得て、閣議決定された政令により内閣がこれを宣言する。戒厳は、内閣の提案に基づき、下院がその領域、期間および条件を定め、下院の絶対多数によりこれを宣言する。いずれかの事態が宣言されている間は、下院を解散することはできない。また、憲法改正の発議をすることもできない (169条)。

D 司法権

司法権独立の原則 (117条1項) を受け、司法管理機関として、最高裁判所長官を議長とし、国王の任命する評議員20人で組織される司法総評議会が設置され (122条3項)、これが最高裁判所長官候補者の推薦 (123条2項) をはじめ、司法権の自己統制に係る様々な権能を行使する。

通常裁判所としては、最高裁判所が首都マドリードに置かれ、県レベルでは控訴審である県裁判所が、その下の市町村レベルでは第一審としての民事事件裁判所、商事事件裁判所、刑事事件裁判所、行政事件裁判所、少年裁判所、簡易裁判所、労働事件裁判所などが置かれている。また、全国的な規模に及ぶ事件や、国王、国務大臣などの高位国家機関に対する犯罪などを審理する機関として、全国管区裁判所が置かれている。

E　憲法裁判所

　通常裁判所の系列とは別に、スペイン全土に管轄権を有する憲法裁判所が設置されている。憲法裁判所は、十分な学識を有し、かつ15年を超える専門職歴を有する法律家である裁判官、検察官、大学教授、公務員および弁護士の中から国王の任命する12人の裁判官で構成される（159条1項・2項）。任期は9年で、3年ごとに3分の1が改選される（同3項）。

　憲法裁判所が審理することのできる事項として、憲法161条には、①違憲の訴え（具体的訴訟とは無関係に、内閣総理大臣、護民官、50人の下院議員、50人の上院議員、自治州の合議制執行機関または自治州議会の申立てに基づいて行われる抽象的規範統制）、②憲法訴願（公権力による権利・自由の侵害に対し、通常裁判所による司法的手段を尽くしても保護が与えられなかった場合に、憲法裁判所に対して行うことのできる保護請求）、③国と自治州との間または自治州相互間の権限争議が挙げられているが、法律はこれに、④違憲審査（具体的争訟に付随して行われる規範統制）、⑤国の憲法機関相互間の権限争議、⑥国際条約の合憲性を加えている。

　憲法裁判所の判決において、法律または法律の効力を有する規範の違憲性が宣言されたときは、国会等による当該規範の改廃を待つまでもなく、違憲とされた規範は一般的に直ちに無効となる（164条1項）。

F　自治州制度

　スペインは、市町村、県、および自治州で組織され、これらの地方団体は運営の自治を享受する（137条）。このうち自治州は、共通の歴史的・文化的・経済的性格を有する隣接諸県等が自発的に組織することができる団体で、自治州となる際には、当該自治州の統治機構や中央政府との関係を定めた自治憲章を制定し、これが国会において国の法律として承認されることを要する（146条）。歴史的に民族意識が高いバスク、カタルーニャおよびガリシアを筆頭に、憲法施行後、次々と自治州が成立し、現在ではすべての地域が17の自治州および2の自治市に組織されるに至っている。連邦制ではなく、単一の国民国家としての統合を前提としながら、自治州または自治市に広範な自治権を付与している現代スペインの国家形態は、「自治州国家」と呼ばれるに至っている。

4 スペインの人権保障

A スペイン人・外国人

　ラテンアメリカ諸国等歴史的にスペインと関係の深い国との間では、条約に基づく二重国籍が認められている（11条3項）。一方、外国人には、条約および法律に定める条件のもとに、後述する公的自由が保障される。参政権および公務就任権はスペイン人のみの権利であるが、市町村選挙における選挙権および被選挙権は、条約および法律に基づいて、外国人も享受することができる（13条2項）。

B 基本的権利・公的自由

　第1編第2章は、冒頭に法の前の平等原則（14条）を定めた上で、その第1節に、生命権（15条）、思想・宗教の自由（16条）、法定手続の保障（17条）、居住・移転の自由（19条）、表現の自由（20条）、集会の権利（21条）、結社の権利（22条）などの古典的な自由権（＝公的自由）を定めている。このうち、宗教の自由については、国教制を否定しつつも、「公権力は、スペイン社会の宗教的信条を考慮し、カトリック教会及びその他の宗派との当然の協力関係を維持する」（16条3項）としている。受益権として裁判を受ける権利（24条）、請願権（29条）、社会権として団結権・ストライキ権（28条）、教育に対する権利・教育の自由（27条）を定めている。

　なお、日本では「新しい権利」と言われるプライバシー権（18条）、情報に対する権利（＝知る権利）・アクセス権（20条）は、他の古典的な自由権と同様の性質をもつ公的自由として位置付けられている。

C 市民の権利・義務

　第2章第2節の冒頭に、国防の権利・義務および良心的兵役拒否制度の法定（30条）が謳われているが、法律上、徴兵制は1997年に廃止された。また、納税義務は、市民の義務というよりは、租税法律主義と公正な租税制度を保障する観点から規定されている（31条）。勤労の権利・義務は、職業選択の自由と併せて規定されている（35条）。

市民の権利として定められているのは、婚姻の権利（32条）、財産権（33条）、財団設立の権利（34条）、団体交渉権・争議権（37条）、企業の自由（38条）である。

以上、第1編第2章で定める権利および自由はすべての公権力を拘束するものであり、通常裁判所に対して、また、憲法訴願を通じて憲法裁判所に対して、保護を求めることができる（53条1項・2項）。

D　社会政策・経済政策の指導原則

第1編第3章「社会政策及び経済政策の指導原則」は、家庭・子・母の保護（39条）、所得配分の公平・完全雇用政策・労働政策（40条）、社会保障制度（41条）、在外スペイン人労働者の保護（42条）、健康保護・保健衛生・スポーツ奨励（43条）、文化へのアクセス（44条）、環境保全・生活の質・天然資源の合理的利用（45条）、歴史的・文化的・芸術的資産の保全育成（46条）、住居を享受する権利・土地利用規制（47条）、青少年の政治的・社会的・経済的・文化的発展への参加（48条）、障害者の保護（49条）、高齢者の保護（50条）、消費者の保護（51条）、同業組織の法定（52条）に言及している。

これらは、第1編第2章に定める権利・自由とは異なり、公権力を法的に拘束するものではなく、「これを具体化する法律の規定に従ってのみ、通常裁判所の前でこれを援用することができる」（53条3項）。すなわち、裁判規範性を有しないプログラム規定であることが確認されている。

E　オンブズマン制度

第1編に定める権利の擁護を担う機関として、憲法54条は、「護民官」という名称の国家オンブズマン（行政監察官）の設置を定めている。国会の高等受任者として国会により5年の任期で任命される護民官は、憲法裁判所に違憲の訴えおよび憲法訴願を提起することを通じて、基本的権利・公的自由の保護に寄与するとともに、行政に対する助言・勧告の機能を通じて、司法手続による救済の困難なプログラム的権利の実質的保障に重要な役割を果たしている。

F　権利・自由の停止

　17条（法定手続の保障）、18条2項（住居の不可侵）・3項（通信の秘密）、19条（居住・移転・出入国の自由）、20条1項 a)（表現の自由）・d)（情報に対する権利）・同5項（出版の自由）、21条（集会の権利）、28条2項（ストライキ権）、37条2項（団体交渉権・争議権）で定める権利は、非常事態または戒厳の宣言が決定されたときは、これを停止することができる（55条1項）。また、武装集団またはテロリストの行動に対する調査に関連して、特定人に対し、法律の定めるところにより、裁判所の必要的介入と国会による統制のもとに、予防拘禁の制限（17条2項）、住居の不可侵（18条2項）・通信の秘密（同3項）で定める権利を個別的に停止することができる。

コラム　カタルーニャ独立問題と憲法

　独自の言語・文化をもつカタルーニャ自治州では、2006年の新自治憲章が憲法裁判所により違憲とされたことや、国内で税制上不利な扱いを受け続けていることへの不満から、2010年代に独立への気運が高まり、2017年10月1日、独立の是非を問う住民投票が行われ、投票率4割ながら独立賛成が9割に達した。これを受けて州首相プチデモンは、カタルーニャが独立国家となる権利を獲得した旨を宣言した。

　しかし憲法は、スペイン国の単一不可分性（2条）を前提として、自治州による憲法・法律上の義務不履行やスペインの全体利益に著しく反する活動に対し、国の内閣が必要な措置をとることができる旨定めている（155条）。つまり、憲法は独立を認めていないので、国政府のラホイ首相は憲法155条に基づいて州議会を解散し、州内閣を解任した。煽動罪・反乱罪で訴追されたプチデモンは、ベルギーに事実上逃亡し、その後行われた州議会選挙で独立派が再び多数を得て発足したトラ内閣を、現在の滞在先ドイツから遠隔操作する状況が続いている（2018年12月現在）。

第 9 章 各国憲法の概観（6）韓国

 **キーワード**

日本統治、米軍政、兪鎮午、憲法起草委員会、李承晩、制憲憲法、抜粋改憲、四捨五入改憲、4月革命、朴正熙、5・16 軍事クーデタ、6・29 民主化宣言、大統領直接選挙、国会による大統領弾劾訴追権、憲法裁判所

本章のポイント

1. 大韓民国の憲法は 1948 年の制定以降、9 回にわたって改正された。現行憲法は第六共和国憲法と呼ばれる。
2. 現行憲法は前文で「3・1 運動で建立された大韓民国臨時政府の法統」を継承すると述べ、大韓民国臨時政府に法的正統性に基づくと、憲法で宣言していることになる。
3. 現行憲法は朝鮮半島全域を領土としつつ「自由民主的基本秩序に立脚した平和的統一政策を樹立」することを定める。一方、南北分断の現実を認めて平和的統一を目指すという矛盾する原則を内包し、これらの解釈が課題となっている。
4 大統領の権限は強大であるが、国会が大統領弾劾訴追権、国務総理の任命同意権など、行政府に対する牽制機能を持つ。

1 韓国憲法の歴史

A 概観

大韓民国における最初の憲法は、日本統治（1910-1945年）の終結と、その後の米軍政期（1945-1948年）を経て、大韓民国成立直前の1948年7月12日に制定され、7月17日に公布された。それ以降、大韓民国憲法は9回にわたって改正され、そのうちの5回は韓国の国家体制を大きく変える修正がなされた。それぞれの時期に存続していた憲法は、第一共和国憲法、第二共和国憲法……と呼ばれ、現行憲法は第六共和国憲法である。

B 憲法制定の経緯

大韓民国憲法の制定は、1948年5月10日の総選挙の後、6月1日の第1回国会で設置された憲法起草委員会が憲法草案を国会に提案する形式で進められた。委員会の憲法草案の原案を作成したのは法学者の兪鎮午（ユ・ジノ）である。

当初の原案では、国会の二院制、議院内閣制（責任内閣制）、大法院（最高裁判所）による違憲立法審査が主な内容として盛り込まれていた。しかし、国会議長であった李承晩（イ・スンマン）の圧力があり、最終的に成立した憲法の主な内容は、国会の一院制、大統領制、憲法委員会による違憲立法審査制などとなった。大統領の任期は4年とされ、国会議員の間接選挙によって李承晩が選出された。もっとも、大統領の国務総理の選出には国会の同意が必要であり、大統領制に議院内閣制の要素を加えた折衷型の制度となった。

以上の経緯により、1948年7月12日、最初の大韓民国憲法（第一共和国憲法、制憲憲法、1948年憲法）が制定され、同月17日に公布された。

C 改憲の歴史

[1] 第一次改憲（1952年7月7日公布）

制憲憲法の公布直後から議院内閣制への改憲の動きがあり、1950年1月28日には韓国民主党の改憲案が国会に提出されたが、改憲に必要な在籍議員の3分の2の賛成に至らなかった。同年5月の国会議員選挙で大統領・李承晩に批判的な議員が多数当選した。制憲憲法では、大統領は国会議員

による間接選挙で選出されることになっており、自らの再選が危うくなった李承晩は大統領の選出方法を国民の直接選挙制にする改憲を企図した。

李承晩側は1951年11月30日、改憲案を国会に提出したが、1952年1月18日に否決された。その後、野党も議院内閣制の改憲案を国会に提出し、これに対し与党は1月18日に否決された案を若干修正し、二院制と大統領の直接選挙制を中心とする改憲案を国会に提出。最終的に与野党の改憲案の両方から条項を抜粋した改憲案が7月4日に可決、同7日に公布された。

「抜粋改憲」と呼ばれるこの改憲の主な内容は、①国務委員（閣僚）は国務総理の推挙により大統領が任命する、②国会は二院制にする（民議院、参議院）、③大統領の選出方法を国民による直接選挙制にする――などである。

[2] 第二次改憲（1954年11月29日公布）

1954年5月20日の民議院選挙で与党・自由党は過半数を上回る議席を得た。そのため政府と与党は李承晩大統領の3選を可能とする改憲案を国会に提出したが、11月27日、在籍議員203人中、賛成135、反対60、棄権7で改憲に必要な賛成数136票に1票不足しているとして否決が宣言された。しかし、自由党は在籍議員数203人の3分の2は「135.33」であるから、それを四捨五入すれば必要賛成数は135であるとして再議決に持ち込み、改憲を成立させた。

「四捨五入改憲」と呼ばれるこの改憲の主な内容は、①初代大統領に限って3選制限を撤廃、②主権の制約、領土変更時の国民投票制度導入、③国務総理の廃止と国務委員に対する個別的不信任制の採択――などである。

[3] 第三次改憲（1960年6月15日公布）

1960年3月15日の正副大統領選挙における大規模不正（3・15不正選挙）を契機にした学生と市民の反発が4月革命へと発展し、李承晩大統領は退陣した。5月2日、許政を内閣首班とした過度政府が発足。国会に憲法改正起草委員会が設置され、議院内閣制を骨格とする改憲案が6月11日に国会に提出され、同15日に可決、公布された（第二共和国憲法）。

この改憲の主な内容は、①基本権の補完・強化、②大統領制から議院内

閣制への変更、③弾劾裁判所と憲法裁判所の設置——などである。

[4] 第四次改憲（1960年11月29日公布）

民議院は1960年10月17日、憲法附則に「3.15不正選挙」の首謀者や、不正選挙に抗議した市民を殺傷した警察官などを対象とした特別処罰法の制定の根拠を設ける改憲案を提出。12月29日、国会で可決された。

[5] 第五次改憲（1962年12月26日公布）

国内の混乱が続く中、朴正熙（パク・チョンヒ）を中心とする軍部の一部が1961年5月16日に軍事クーデタ（5・16軍事クーデタ）を起こした。軍部は「軍事革命委員会」を組織して三権を掌握、全国に戒厳令を発した。クーデタで権力を掌握した国家再建最高会議は、国家再建非常措置法を制定・公布し、第二共和国憲法は同法に反しない範囲においてのみ効力が維持された。

翌年、民政移管のための改憲作業が進められ、1962年12月17日の国民投票で改憲案が承認・確定、26日新憲法が公布された（第三共和国憲法）。

この改憲の主な内容は、①国家安全保障による基本権制限、②国会を二院制から一院制に変更、③大統領制の採用（1期4年、再任は1回のみ可能）、④憲法裁判所の廃止、大法院に違憲立法審査権を付与——などである。

[6] 第六次改憲（1969年10月21日公布）

大統領の3選禁止規定を撤廃し、朴正熙の大統領3選を可能とすべく行われた。この改憲案は1969年9月14日深夜、与党・民主共和党の国会議員のみで可決。10月17日の国民投票で確定、同21日に公布された。

主な改憲内容は、①国会議員定数を150人以上200人以下から、150人以上250人以下に変更、②国会議員の国務委員（閣僚）兼職の容認、③大統領の弾劾訴追発議に必要な国会議員の定足数を30人以上から50人以上に引き上げる、④大統領の再任は3期までとする——などである。

[7] 第七次改憲（1972年12月27日公布）

1971年の大統領選挙で朴正熙は3選を果たした。しかし、最大野党・新民党の大統領候補である金大中（キム・デジュン）に追い上げられ、また、直後の国会議員選

挙において、新民党が改憲阻止ラインとなる3分の1を大幅に上回る議席を獲得したことで、大統領の任期延長のための改憲は事実上不可能になった。朴正煕は1972年10月17日に非常戒厳令を宣布し、国会の解散、政党などの政治活動を中止するなどして憲法の一部条項の効力を停止し、停止された機能を非常国務会議が代行するという措置を講じた。非常国務会議は同27日に改憲案を公告し、この改憲案は11月21日の国民投票を経て12月27日に公布された。この改憲は憲法条文を全面改訂したものであり、第四共和国憲法、または「維新憲法」と呼ばれる。

この改憲の主な内容は、①大統領直選制の廃止、統一主体国民会議による間接選挙とする、②大統領の任期を4年から6年に延長、再任制限を廃止、③大統領に国会解散権を付与、④国会の国政調査権の廃止、⑤憲法委員会の設置——などである。

[8] 第八次改憲（1980年10月27日公布）

1979年10月26日に朴正煕大統領が殺害された後、12月12日の粛軍クーデタ、翌年5月の5・17非常戒厳令拡大措置（5・17クーデタ）で軍部が政治の実権を掌握した。軍部は光州事件を鎮圧した直後、全斗煥（チョン・ドゥファン）を委員長とする国家保衛非常対策委員会を設置し、大統領を辞任した崔圭夏（チェ・ギュハ）の後を継いで1980年9月1日に全斗煥が大統領に就任した。全斗煥のもとで進められた改憲案は10月22日に国民投票で確定され、10月27日に公布された（第五共和国憲法）。

この改憲の主な内容は、①統一主体国民会議を廃止、大統領は選挙人団による間接選挙で選出、②大統領任期は7年とし、再任は禁止、③国会の国政調査権の回復——などである。

[9] 第九次改憲（1987年10月29日公布）

第九次改憲は、大統領直選制と基本権保障強化を求める国民の改憲要求を、当時の与党・民主正義党の盧泰愚（ノ・テウ）が6・29民主化宣言によって受け入れたことによる。同宣言の後に改憲案が準備され、10月27日の国民投票で確定、29日に公布された（施行は1988年2月25日）。これは与野党の合意でなされた全面改憲であり、今日まで存続している（第六共和国憲法）。

この改憲の主な内容は、①大統領直接選挙制、任期5年で再任禁止、②大統領の国会解散権、非常措置権の廃止、③国会による大統領弾劾訴追権、④憲法裁判所の設置、⑤国民の基本権の強化——などである。

2　韓国憲法の特徴

　韓国憲法は論ずべき特徴を多様に内包しているが、統治機構と基本権保障については後節に譲り、本節ではそれ以外の特徴について述べておく。

A　憲法前文に見る韓国憲法の特徴
　現行憲法の前文には「悠久な歴史と伝統に輝くわれわれ大韓国民」が「3・1運動で建立された大韓民国臨時政府の法統」を継承すること、そして「1948年7月12日に制定され、8次にわたり改正された憲法を再度国会の議決を経て国民投票によって改正する」ことが述べられている。
　「法統」という用語は第9次改憲で初めて用いられた。これを「法的正統性」と解するならば、大韓民国は、日本統治期に海外で結成され、国際的な承認を得ることのなかった大韓民国臨時政府に法的正統性を求めるものであり、日本統治終結後の米軍政期（1945-1948年）と9回の改憲を経て今日まで続いているものであると、憲法で宣言していることになる。

B　自由民主主義の理念と「分断体制」の現実
　次に、分断体制の憲法という特徴がある。現行憲法は、民主共和国の政体を宣言し、自由民主主義を理念とする。前文で「自由民主的基本秩序を一層確固たるものに」すると表明し、1条1項で「大韓民国は民主共和国である」とする。
　これとともに、現行憲法は「大韓民国の領土は、朝鮮半島およびその付属島嶼とする」（3条）という領土条項を盛り込み、北朝鮮（朝鮮民主主義人民共和国）を「反国家団体」とみなす韓国の立場を根拠付けている。その上で、4条で「自由民主的基本秩序に立脚した平和的統一政策を樹立し、これを

推進する」と定めている。

　一方で、現行憲法は、朝鮮半島の南北分断の現実を認めた上で「祖国の民主改革と平和的統一の使命」を謳い（前文）、その上で「大韓民国は、統一を指向し、自由民主主義的秩序に立脚した平和的統一政策を樹立し、これを推進する」と規定している（4条）。さらに大統領に関する規定においても「大統領は、祖国の平和的統一のために、誠実な義務を負う」（66条3項）とし、その就任宣誓においても「祖国の平和的統一」に努めると述べることになっている（69条）。

　このように現行憲法は、自由民主主義の共和国たる韓国による、朝鮮半島全域の排他的支配を規定する一方で、南北分断の現実を認めて平和的統一を目指すという矛盾する原則を内包しており、これらをいかに整合的に解釈するかが長年の課題となっている。

3　韓国の統治機構

A　立法

　立法権は国会にある。国会は、第一次改憲から60年憲法までの二院制だった時期を除き、一院制である。「国会は国民の普通、平等、直接、秘密選挙により選出された国会議員によって構成される」（41条1項）と規定され、その定数については「国会議員の数は法律によって定め、200人以上とする」（同2項）と定められている（2018年現在の定数は300人）。

　現行憲法は、国会が立法権（40条）以外にも、国務総理および国務委員の解任決議権（63条1項）、大統領など高位職公務員に対する弾劾訴追権（65条1項）、国務総理の任命同意権（86条1項）など、行政府に対する牽制機能をもつことを規定している。大統領の権限は強大であるが、2004年に盧武鉉、2016年に朴槿恵の現職大統領の弾劾訴追が実際になされた。また、1998年に金大中大統領が金鍾泌を国務総理に任命しようとしたが、当初、旧与党のハンナラ党が多数を握っていた国会の同意を得ることができず、約5か月にわたって「国務総理代理」とされることもあった。

B 行政

「行政権は、大統領を首班とする政府に属する」と規定されている（66条4項）。政府は、大統領を頂点に、国務総理、国務委員（日本の国務大臣に相当）、行政各部（日本の省に相当）、監査院などで構成される。

大統領は、国会の同意を得て国務総理を任命し、自らが議長となる国務会議（内閣）の助力を得て行政を担う。国務総理は、行政に関する大統領の命令によって、行政各部を統括する（86条など）。

国務総理は大統領を補佐し、一般に首相と呼ばれる。大統領が欠けたときや事故により職務を遂行することができないときは、国務総理がその権限を代行する（71条）。国務総理の任命権は大統領にあるが、先述の通り、これには国会の同意を必要とされ、また大統領による国務委員の任命には国務総理の提請が必要である（同87条1項）。

国務総理、国務委員、行政各部の長は大統領の補佐機関に過ぎないとみなされることが多く、「大統領中心制」とされる。

C 司法

司法権は法院（日本の裁判所に相当）に属する（101条1項）。法院は、最高法院である大法院と各級法院により組織され（同2項）、大法院の下には高等法院、高等法院の下には地方法院、家庭法院があり、日本と同様に三審制がとられている。

法律の違憲審査は、特別裁判所である憲法裁判所が担う（107条1項）。

4 韓国の人権保障

A 人間としての尊厳と価値

1987年憲法の本文第2章は「国民の権利および義務」として、10条から37条で国民の自由と権利を規定している。章の冒頭の10条は、「すべての国民は、人間としての尊厳と価値を有し、幸福を追求する権利を有する」と宣言するとともに、「国家は、個人が有する不可侵の基本的人権を確認し、

これを保障する義務を負う」と定めている（10条）。

B　自由権

　まず、人身の自由として「すべて国民は、身体の自由を有する」（12条1項）と定められている。

　精神的自由権としては、良心の自由（19条）、宗教の自由（20条）、学問と芸術の自由（22条）、言論・出版の自由（21条）、集会の自由（21条）が保障されている。経済的自由権としては、居住・移転の自由（14条）、職業選択の自由（15条）、財産権（13条2項・23条1項）が保障されている。

C　社会権

　現行憲法は、人間らしい生活を営む権利（34条1項）、教育を受ける権利（31条1項）、勤労の権利（32条1項）、労働基本権（33条）、環境権（35条）という社会権を保障している。

　生存権については「すべて国民は、人間としてふさわしい生活を営む権利を有する」（34条1項）と定めた上で、国家の責務として、社会保障・社会福祉の増進に努める義務（同条2項）、女性の福祉と権益の向上（同条3項）、老人と青少年の福祉向上のための政策実施義務（同条4項）などの規定が存在する。環境権についても「すべて国民は、健康でかつ快適な環境のもとで生活する権利を有し、国家および国民は、環境保全のために努めなければならない」（35条1項）と定めている。

D　参政権と請求権的基本権

　参政権の主体は国民に限られており、外国人には付与されていない。被選挙権は、大統領については40歳以上と憲法で定められている（67条4項）。また、直接民主制的参政権として、国家の安危に関する重要政策に対する国民投票（72条）、憲法改正案に対する国民投票（130条2項・3項）がある。

　請求権的基本権として、請願権（26条）、裁判請求権（27条）、国家賠償請求権（29条）、損失補償請求権（23条3項）、刑事補償請求権（28条）、犯罪被害者救助請求権（30条）、拘束適否の審査請求権（12条6項）、憲法訴願の審判請求権（111条1項5号）がある。

E 国民の義務

国民の義務としては、子女に教育を受けさせる義務（31条2項）、勤労の義務（32条2項）、環境保全の義務（35条1項後段）、納税の義務（38条）、国防の義務（39条1項）が定められているほか、「財産権は、公共の福利に適合するように、これを行使しなければならない」という公共福利適合義務（23条2項）がある。

F 基本権の制限

37条2項は「国民のすべての自由と権利は、国家安全保障、秩序維持または公共の福祉のために必要な場合に限り、法律により制限が可能であるが、制限する場合においても、自由と権利の本質的な内容を侵害してはならない」と定めている。国家の緊急事態における基本権制限としては、大統領による緊急処分・命令による場合（76条）と、非常戒厳による場合（77条）がある。

> **コラム　憲法案作成者・兪鎮午**
>
> 大韓民国最初の憲法の制定（1948年）は、「制憲国会」が設置した憲法起草委員会が草案を国会に提案する形式をとった。この委員会で、憲法案作成の中心的役割を担ったのは法学者の兪鎮午（ユ・ジノ）（1906-1987）である。
>
> 京城帝国大学法文学部に学んだ兪鎮午は、日本統治期には、同大きっての秀才として知られ、若くして普成専門学校（現在の高麗大学校）の教員に迎えられた（当時、京城帝大では、朝鮮人を常勤教員とすることが認められていなかった）。法学の研究・教育の傍ら、小説家としても活動しており、「金講師とT教授」などの作品は、今日でも広く知られている。
>
> 兪鎮午が晩年執筆した『憲法起草回顧録』（一潮閣、1980年）は、韓国の憲法史を検討する際の基本書の1つとなっている。

第10章 各国憲法の概観（7）ロシア

キーワード

ロシア帝国国家基本法、ソヴィエト憲法、脱共産主義、連邦構成主体、非対称的連邦制、連邦管区、連邦院、国家院、連邦憲法法律、仲裁裁判所、憲法裁判所、スーパープレジデンシー

本章のポイント

1. ロシアにおける憲法は、欽定憲法と社会主義憲法を経て、現在の憲法に至っている。そのため、ソヴィエト憲法を経由したロシアの憲法史を理解することが、現在のロシア憲法を理解するためには不可欠である。
2. ロシア憲法には、強力な大統領制や段階的な憲法改正手続といった様々な特徴が存在する。こういったロシア憲法の特徴を学ぶことが、憲法を比較する際に有用である。
3. ロシア憲法には、権利の保障と並んで様々な義務が規定されている。ロシア憲法における権利の章典や憲法によって課せられた義務を学習することが、ロシアにおける人権保障の現状を理解することにつながる。

1 ロシア憲法の歴史

A ロシア帝国国家基本法

　ロシアの立憲主義の始まりは、ロシア帝国末期まで遡る。1906年、ロシア帝国国家基本法がロシア皇帝によって裁可された（欽定憲法）。国家基本法は、5つの章からなる全82条で構成されている。これに基づいて、ロシア帝国法典第1巻にあるロシア帝国国家基本法典の修正が行われた。2編17章223条で構成されている国家基本法典は、第1編に臣民の権利・義務と統治（「国家基本法」）を、第2編に「皇室に関する規定」を置いている。しかし、このロシアにおける事実上最初の憲法は、革命により、立憲主義が十分に成熟しないまま、その役目を終えてしまった。

B ソヴィエト憲法

　ソ連時代には、社会主義の思想に基づいた憲法が制定・運用されていた。これには18年憲法（レーニン憲法）、24年憲法、36年憲法（スターリン憲法）、77年憲法（ブレジネフ憲法）がある。レーニン憲法は、あくまでロシア・ソヴィエト連邦社会主義共和国の憲法であり、ソ連最初の憲法は24年憲法である。この24年憲法は、ソ連結成についての宣言と条約からなる。

　歴代ソヴィエト憲法は、近代立憲主義へと続く道を完全に逆行したものであった。ソヴィエト憲法は、人権保障や権力分立といった近代立憲主義の要ともいうべきものから距離を置いていたのである。

　人権は、マルクス主義的な思想背景のもとで、資本の側に有利な権利であるとされた。そのため、レーニン憲法においては、勤労者や被搾取側の権利が保障される権利として置かれている。スターリン憲法でも人権思想は採用されず、社会主義社会の市民の権利という論理が用いられている。私的所有を認めないこともソヴィエト憲法での特徴の1つであるといえる。

　また、権力を集中させていたこともソヴィエト憲法の特徴である。ソヴィエト憲法下では、議会（ソヴィエト）が最高権力機関であった。議会（ソヴィエト）は、人事権や法律解釈権を有するのみならず、裁判所をも従えていた。このような権力集中構造は、人民に由来する権力は単一であるという思想に基づくものである。

2 ロシア憲法の特徴

ロシアは、ソ連崩壊に伴って、憲法の背後にある思想の転換が図られた。この転換を通して、抑圧的な社会主義憲法から近代立憲主義的な自由主義憲法へと改められたロシア連邦憲法が誕生したのである。それゆえに、連邦憲法の基底には、社会主義からの転換（脱共産主義）がある。

ロシア連邦憲法では、「社会主義」の文字が排除され、私有財産制や経済活動の自由が認められており（8条・34条・35条）、天賦人権思想に由来する人権保障も掲げられている。加えて、立法権による一方的な指示・命令関係ではなく、三権分立が図られるようになったことも社会主義憲法時代と異なる点である。また、複数政党制を保障することで、社会主義時代の共産党による一党独裁を否定している（13条3項）。

このほかの特徴としては、3種類の異なる憲法改正手続が併存していることや、地域と民族という2つの区分から連邦が構成されていること、強力な大統領制であることなどが挙げられる。加えて、犯罪被害者の権利を保護する規定（52条）があることも連邦憲法の特徴の1つといえるだろう。

3 ロシアの統治機構

A 連邦構成主体

連邦制を採用しているロシア連邦は、85ある連邦構成主体から成り立っている。2014年に改正された憲法での連邦構成主体の内訳は、①22の共和国、②9つの地方（クライ）、③46の州（オーブラスチ）、④3つの連邦的意義を有する市（連邦市）、⑤1つの自治州、⑥4つの自治管区となっている（65条）。

各連邦構成主体の地位は、各連邦構成主体の憲法（共和国）または憲章（共和国以外）と連邦憲法によって定められる（66条）。

連邦構成主体には、地域由来の区分（地方（クライ）、州（オーブラスチ）、連邦市）と民族由来の区分（共和国、自治州、自治管区）とがある。このような2つの区分が併存して

連邦制度の土台になっている制度を「非対称的連邦制」という。

なお、連邦構成主体は、行政活動を効率よく実行するために、連邦管区という区分でまとめられている。連邦管区は、2000年に出された大統領令に基づくものである。2018年9月時点で8つの連邦管区が設置されている。

B 立法権
[1] 連邦議会

ロシア連邦議会は、連邦の立法機関であり（94条）、連邦院（上院）と国家院（下院）の二院からなる（95条1項）。また、同一人物が両院ともに議席を有することは許されない（97条2項）。なお、各院の管轄事項は、それぞれ憲法に列挙されている（102条1項・103条1項）。

連邦院（連邦会議）は、各連邦構成主体の立法機関と執行機関それぞれからの代表2名によって構成される（95条2項）。現在の連邦院の議員定数は170人となっている。なお、連邦大統領は、連邦院の議員定数の10%を上限に、連邦代表の連邦院議員を任命することができる（95条2項）。

国家院（国家会議、ドゥーマ）は、450人の議員を抱えている（95条5項）。国家院議員の任期は、5年である（96条1項）。この国家院議員の被選挙権は、選挙権を有する満21歳以上のロシア国民(グラジュダニーン)に与えられる（97条1項）。また、国家院議員は、その他の公的な代表機関の議員となることや一部の例外を除いた兼業を許されていない（97条2項・3項）。

なお、国家院は、連邦大統領によって解散される可能性がある（84条2項）。解散は、連邦大統領による連邦首相の指名が国家院によって三度拒否された場合（111条解散）か国家院が連邦政府に対して不信任を採択し、連邦大統領によって連邦政府の総辞職が公示された場合（117条解散）になされる（109条1項）。ただし、117条解散は、国家院の選挙日から1年以内にはできない（109条3項）。このほか、①国家院による連邦大統領の弾劾決議について連邦院が決定を採択するまで、②連邦全土に戒厳令または非常事態が導入されている間、もしくは③連邦大統領の任期満了前の6か月間は、解散することができない（109条4項・5項）。

[2] 立法過程

　ロシアにおいて、立法発議権は、複数の機関にまたがって保持されている。これを有しているのは、①連邦大統領、②連邦院、③連邦院議員、④国家院議員、⑤連邦政府、⑥連邦構成主体の立法（代表）機関、である（104条1項1文）。このほか、連邦憲法裁判所と連邦最高裁判所も、管轄事項に限っては、立法発議権を有している（104条1項2文）。

　ロシアには、連邦を横断する法律として連邦法律がある。連邦法律は、連邦憲法に定めがない限り、国家院の議員総数の多数によって採択され（105条2項）、これが採択された場合、5日以内に連邦院での審議に付される（105条3項）。審議対象となった連邦法律は、連邦院議員の総数の過半数の賛成があった場合や14日以内に連邦院によって審議が行われなかった場合、連邦院による承認を得たものとされる（105条4項1文）。他方、連邦法律を否決した場合、両院による協議委員会を設けることができる（105条4項2文）。そして、連邦法律は、国家院での再審議と再投票を経て、議員総数の3分の2以上の賛成で採択となる（105条5項）。

　採択された連邦法律は、5日以内に連邦大統領に送付され、14日以内の署名と公布で成立する（107条1項・2項）。他方、連邦大統領がこれを拒否した場合には、両院が拒否された連邦法律を再審議することになる（107条3項1文）。再審議の結果、法律の文言を一切変更せずに両院それぞれで議員総数の3分の2以上の多数によって承認された場合、連邦大統領は、7日以内の署名と公布をしなければならない（107条3項2文）。

[3] 連邦憲法法律

　連邦憲法法律は、連邦憲法に定める問題に関する法律である（108条1項）。連邦憲法法律は連邦法律よりも上位に位置するため、連邦法律は連邦憲法法律に反してはならない（76条3項）。連邦憲法法律の採択には、連邦院議員の総数の4分の3以上の多数と国家院議員の総数の3分の2以上の多数によってそれぞれの承認を得る必要がある（108条2項1文）。連邦憲法法律は、連邦議会による採択後に、連邦大統領によって14日以内に署名と公布がなされる（108条2項2文）。なお、連邦憲法法律は連邦法律と異なり、連邦大統領は拒否権を行使できない。

この対象としては、①非常事態における権利・自由の制限（56条1項・2項）、②連邦への加入及び新しい連邦構成主体の形成（65条2項）、③連邦構成主体の地位の変更（66条5項）、④連邦の国旗、国章及び国歌の仕様と公式の使用手続（70条1項）、⑤国民投票手続（84条ヴェーв号）、⑥戒厳令（87条3項）、⑦連邦大統領による非常事態導入の手続（88条）、⑧人権問題全権代表の任免（103条1項イェーe号）、⑨連邦政府の活動手続（114条2項）、⑩連邦の裁判制度の確立（118条3項）、⑪各種連邦裁判所の権限、形成及び活動の手続（128条3項）、⑫憲法議会の招集手続（135条2項）、⑬連邦への加入及び連邦における新しい連邦構成主体の形成並びに連邦構成主体の憲法的法的地位の変更（137条1項）がある。

C 執行権

[1] 連邦政府

連邦政府は、ロシア連邦における執行権行使の主体である（110条）。構成員のうち、連邦首相は、連邦大統領の提案と国家院の同意を経て、連邦大統領によって任命される（111条）。対して連邦副首相および各連邦大臣は、連邦首相による連邦大統領への候補の提案と連邦大統領による任命を通して就任に至る（83条デーд号・112条2項）。

連邦政府は、連邦大統領が選出されると同時に、憲法上定められた権限（114条）を選出された大統領に返上しなければならない（116条）。また、連邦政府は、その総辞職を選択することができるが、総辞職の可否は連邦大統領によって決定される（117条1項・2項）。

[2] 連邦大統領

連邦大統領は、国家元首であると同時に、連邦憲法や権利と自由の保証人でもある（80条）。連邦大統領は、外交権（86条）や軍の最高司令権（87条1項）、戒厳令の布告（87条2項・3項）、非常事態の導入権限（88条）といった権限を有している。このほか、立法権や裁判権にも広く権限が及ぶだけでなく、権力機関にかかわる広範な人事権をも認められている（83条）など、連邦大統領に強力な権限が与えられている。このような強力なロシアの大統領は、スーパープレジデンシーと呼ばれる。

連邦大統領の被選挙権は、連邦に10年以上定住する35歳以上の連邦国民(グラジュダニーン)にのみ付与される(81条2項)。連邦大統領は、1期6年で連続して2期までの任期が定められており、最大で12年間、その地位を維持することができる(81条1項・3項)。なお、大統領職を2期満了した者であっても、期間を開けることで再び大統領に就任することができる。

D 裁判権
[1] 通常裁判所
ロシアの通常裁判所制度は、連邦通常裁判所と連邦構成主体通常裁判所から構成されている(「ロシア連邦における通常裁判所に関する」連邦憲法法律1条1項)。裁判所制度の頂点には、連邦最高裁判所があり、その下に各連邦構成主体の裁判所(共和国のみ最高裁判所)、地区裁判所と続く。下級裁判所は連邦通常裁判所に属する一方、連邦最高裁判所は通常裁判所制度には含まれない。また、比較的軽微な犯罪を扱う治安判事が設けられている。この治安判事は、連邦構成主体通常裁判所に属する。これによる結果に不服の場合には、地区裁判所が控訴審の役割を担う。

軍事裁判所は、軍人にかかわる事件を管轄としており、連邦通常裁判所に含まれる(「ロシア連邦における通常裁判所に関する」連邦憲法法律1条2項5号)。軍事裁判所は、連邦最高裁判所軍事部を頂点に、管区(艦隊)軍事裁判所、駐屯地軍事裁判所によって構成されている。

なお、2018年7月の立法に応じて裁判制度関連の4つの連邦憲法法律が改正され、5つの通常控訴裁判所と9つの通常破毀裁判所、各1つの軍事控訴裁判所と軍事破毀裁判所が設置されることとなった。これらは遅くとも2019年10月1日までに導入される予定である。

[2] 仲裁裁判所
仲裁裁判所は、経済紛争を管轄としている。かつては連邦最高仲裁裁判所が設置されていたが、憲法の改正により、現在では連邦最高裁判所経済部を頂点としている。その下に、管区仲裁(破毀)裁判所、仲裁控訴裁判所、各連邦構成主体の仲裁裁判所と続く。なお、連邦最高裁判所経済部のもとには、専門仲裁裁判所として知的財産裁判所が置かれている。

[3] 憲法裁判所

憲法裁判所には、連邦憲法裁判所と各連邦構成主体の憲法裁判所または憲章裁判所がある。憲法裁判所または憲章裁判所は、これら以外の裁判所とだけでなく、それぞれが別体系となっている。また、連邦憲法裁判所は、憲法適合性の審査や連邦憲法の解釈を行うだけでなく、権力機関同士の紛争を解決する職権も有している（125条2項ないし5項）。

連邦憲法裁判所が、連邦レベルの法令、条約、連邦構成主体の憲法や憲章、連邦にかかわる連邦構成主体の法律などの憲法適合性を審査するには、①連邦大統領、②連邦院、③国家院、④連邦院または国家院のそれぞれ5分の1の議員、⑤連邦政府、⑥連邦最高裁判所、⑦連邦構成主体の立法機関及び執行機関、のいずれかが要求しなければならない（125条2項）。

また、連邦憲法裁判所は、国民(グラジュダニーン)の憲法上の権利および自由の侵害に対する不服申立てや裁判所の要求があった場合、法律の憲法適合性を審査することができる（125条4項）。

E 地方自治

ロシアにおける地方自治は、憲法上保障されている（12条）。これは、歴史をはじめとした地方の伝統を考慮した上での実現が求められている（131条1項1文）。その地方自治の実現が託されているのは、住民たる国民(グラジュダニーン)である（130条2項）。

地方自治機関は、①自治体財産の管理、②地方予算の編成、承認および執行、③地方税および手数料の定立、④社会秩序の保護、⑤地方に関するその他の問題の解決、といった役割を独立して有する（132条1項）。

F 改正規定

連邦憲法の通常の改正は、連邦憲法法律の手続を通して採択されたのち、連邦構成主体の3分の2以上の立法機関の同意を得ることで施行される（136条）。この対象となるのは、第3章ないし第8章である。

基本原則（1章）、権利の章典（2章）、改正規定（9章）の改正は、第3章ないし第8章の改正より厳しい改正手続となっている。これらの改正に関する提案が連邦院議員と国家院議員の総数の5分の3の支持を得ることで、

連邦憲法法律に従って憲法議会の招集が行われる（135条2項）。招集された憲法議会はその改正の可否を判断し、改正を進める場合には、憲法議会が新憲法草案を作成した上で、その議員総数の3分の2以上の賛成によって草案は採択される（135条3項）。採択された草案は、国民投票に付され、選挙人の過半数が国民投票に参加した上で、参加した選挙人の過半数が賛成票を投じたとき、採択される（135条3項）。

連邦の構成を定める連邦憲法65条の改正は、連邦構成主体に関係する連邦憲法法律に基づいて行われる（137条1項）。また、連邦構成主体の名称が変更された場合、連邦憲法65条の該当箇所が新しい名称に改められる（137条2項）。

なお、連邦憲法は、2018年9月時点で計7回の改正がなされている。

4　ロシアの人権保障

A　人権保障

ロシア憲法では、第2章に権利の章典が規定されている。現在のロシアは社会主義でないことから、天賦人権思想が憲法上掲げられている（17条2項）。第2章の章題は、「人（チラヴィエク）及び国民（グラジュダニーン）の権利及び自由」となっており、自然法に由来する人権保障（人（チラヴィエク）の権利及び自由）と憲法に由来する基本権保障（国民（グラジュダニーン）の権利及び自由）とを区別している。後者のロシア国民のみに限られている権利には、集会の権利（31条）、参政権（32条）、請願権（33条）、土地所有権（36条）がある。

第2章で保障されている権利・自由は、大別して、①個人の権利と自由（19条ないし28条）、②政治的権利と自由（29条ないし33条）、③経済的・社会的・文化的な権利（34条ないし44条）、④裁判や刑事手続にかかわる権利等（46条ないし53条）の4つに分けられる。

B　非常事態

憲法で保障された権利や自由は、国が非常事態に陥った場合、安全保障

と憲法体制擁護のために一定の制限を受けることになる（56条1項）。この制限は、連邦憲法法律に従って、施行の範囲と期間を明示する必要がある。もちろん、非常事態であってもあらゆる権利・自由を制限することは許されない。生命に対する権利（20条）、尊厳の保護（21条）、私的秘密と名誉の保護（23条1項）、個人情報の保護（24条）、信教の自由（28条）、経済活動の自由（34条1項）、居住権（40条1項）、裁判や刑事手続にかかわる諸権利や遡及効の禁止（46条ないし54条）は、非常事態といえども制限対象にならないのである（56条3項）。

C 憲法上の義務

国民の義務には、納税義務（57条）、環境保護義務（58条）、祖国防衛義務（59条）の3つが掲げられている。このうち、祖国防衛義務での兵役に対しては、良心的兵役拒否に応じた代替役務が保障されている（59条3項）。また、親には子供に対する配慮と養育が義務付けられている（38条2項）。なお、憲法および法律の遵守義務は、公権力のみならず、国 民（グラジュダニーン）やこれによって構成されている団体にも求められている（15条2項）。

> **コラム　クリミアとセヴァストポリ**
>
> 2014年、クリミア共和国やセヴァストポリ連邦市のロシア編入に際して、ロシア憲法の改正が行われた。しかし、ロシアによるこれらの編入を無効と主張する決議が国連でなされる（国際連合総会決議68/262）など、国際社会からはその編入についての批判的見解が少なくない。ロシア憲法において連邦構成主体とされている両地域であるが、本来領有権をもつウクライナの憲法では、憲法上、現在もそれぞれクリミア自治共和国、セヴァストポリ市（特別市）として、これらの地域がウクライナの領土であることが規定されている（ウクライナ憲法133条2項・3項）。どのような理由があったとしても、国際社会の一員である以上、ルールを遵守しない領土の獲得は許されるべきものではない。この問題が国際的なルールに則って解決に向かっていくことが望まれる。

キーワード

国民主権・人民主権、半代表制、半直接制、大統領制、議院内閣制、一院制・二院制、多数代表制、比例代表制、国民投票、住民総会

本章のポイント

1. 近代国家への移行期に、君主のもつ世俗的な権力を正当化するための理論的な根拠として主権概念が登場した。そして、近代市民革命により、国民主権と人民主権が登場することとなった。また、国民と代表の関係から民主制について整理すると、①純粋代表制、②半代表制、③半直接制、④直接制に整理できる。
2. 人権保障を実効的なものとするために、権力分立制のもとで、国民から民主的に選ばれた代表から構成される議会に立法権が付与されている。行政府との関係や議会の構成などにより、議会の有り様は、国家によって異なる。
3. 直接民主制の具体的な制度には、国民投票、国民発案、国民解職などがある。どのような仕組みを採用するかについては、国によって異なるが、今日的な活用方法を検討する必要がある。

1　国民主権

A　主権概念の成立と君主主権
　主権は、ヨーロッパにおいて、中世封建社会から近代国家への移行期に、絶対君主が世俗的な国家を担うことを理論付けるために生み出された概念であった。フランスの法学者であるジャン・ボダン (Bodin, J.) は、分裂した国家を統一するための理論的根拠として、君主がもつ「国家の絶対的で永続的な権力」を主権として位置付けた。
　一般に、主権とは、①統治権、②国家権力の最高・独立性、③政治的な最終決定権をその特質として説明される。主権概念が成立した近代国家への移行期には、③政治的な最終決定権は、君主にあった。

B　国民主権と人民主権
　絶対王政が、市民革命によって倒されると、主権は、君主から国民に移り、国民主権が成立することとなった。
　国民主権は、国籍保有者の総体としての「国民」が、単一・不可分・不可譲である主権を所有することを意味する。ここで言う「国民」は、個々の具体的な「人民」ではなく、抽象的・観念的な存在としての「国民」である。したがって、有権者の総体としての「人民」は、主権者ではない。「人民」が代表を選挙する場合であっても、それは主権者である「国民」のために行うのであって、自分たちの意見を反映するためではないとされた。したがって、命令的委任の禁止が原則となり、「純粋代表制」と呼ばれる。
　これに対し、人民主権は、「国民」とは異なる「人民」が主権の所有者であり、その「人民」が主権を行使する原理である。ここで言う「人民」は、個々の具体的な国民である。それゆえ、命令委任が原則となり、普通選挙制、議会の解散、命令的委任の禁止の緩和、比例代表制の導入など、有権者の意思の忠実な反映が求められる。

C　仮定の民意から実測による民意へ

　国民主権と人民主権の問題に最も意識的に取り組んだのがフランスであった。1848 年に男子普通選挙制度が確立すると、政党政治が発展することとなった。当初は、議会運営のために作られた議会内政党が中心であったが、普通選挙制の確立によって、有権者が爆発的に増大すると、議会外に多くの党員をもつ議会外政党が登場することとなった。やがて、有権者と政党の結び付きが強固になり、有権者が代表に対して、法的拘束力はないものの、事実上の影響を与える状態が生じるようになった。ここでは、代表が発見する「仮定の民意」ではなく、現実にある「実測による民意」が重視されるようになった。これをアデマール・エスマン（Esmein, A.）は、「半代表制」として位置付けた。さらに、国民投票や人民拒否などの直接民主制の手続を部分的に採用した「半直接制」を「半代表制」と「直接制」の間におき、区分すべきであるという議論も存在する。

D　主権の制限

　単一、不可分、不可譲を特質とする主権の原理は、近代国家を正当化する理論として展開されたが、国際化の進展により、様々な問題にぶつかるようになった。その典型例が、ヨーロッパ統合であり、国家機能の部分的統合を前にして、主権論の再検討が必要となった。

　EU は、加盟国による統治権の委譲を受け、その権限分野で自立的な意思決定をすることができる。EU は、他の国際機関とは異なり、超国家性を有しており、EU の基本条約や法律は、加盟国の憲法に対しても、原則として優位し、効力発生時から国内法秩序に直接適用されるだけでなく、個人の権利義務関係をも直接規定するものである。そこで、問題となるのが、国家のもつ主権の制限であるが、現在のところ、この点については、EU 法が優位するのは、EU に委譲された権限内に限られ、各国憲法で許容される範囲に限定されると考えられている。また、EU 側でも、条約で加盟国の憲法の基本構造に固有の国民的統一性を尊重することを義務付けている。

2 議会制度

A 権力分立と議会

権力分立は、人権保障を実効的なものとするために近代憲法に必要不可欠な原理であり、国家の権力を立法、行政、司法の三権に分かつ仕組みが採用されている。この中で、近代国家では、国民から民主的に選ばれた代表から構成される議会において、国の基本的事項が決定される。しかし、議会の有り様は、行政府との関係や議会の構成などにより、国家によって異なる。

B 議会と行政府の関係

権力分立の中で、立法権をもつ立法府と行政権をもつ行政府の関係に着目すると、大統領制と議院内閣制に分けることができる。

大統領制は、イギリスから独立したアメリカで、君主がいない政治体制としての共和制という形で実現した。立法部から厳格に独立し、国民から直接選出された大統領が存在し、議会に対して、政治的責任を負わない制度である。すなわち、立法府と行政府の権力の分離に力点を置くものである。大統領制の母国であるアメリカでは、大統領は、各州の選挙人によって、国民から間接的に選出されるが、行政権を一手に担う最高行政機関であり、議員との兼職は禁止される。大統領は、連邦議会の解散権をもたない。また、大統領は、法案提出権をもたないが、法案拒否権をもっている。

次に、議院内閣制は、合議制の行政機関である内閣が存在し、議会の信任に依拠する制度である。内閣は、議会に対して、連帯して政治責任を負う。すなわち、立法府と行政府の権力の共同に力点を置くものである。

C 一院制と二院制

一院制は、小規模の国家に多く見られる。具体的には、デンマーク、フィンランド、ギリシャ、イスラエル、ルクセンブルク、ニュージーランド、ポルトガル、スウェーデン、トルコ、中国、韓国などである。二院制は、国民を代表する議院（第一院または下院）の他に、第二の議院（第二院または上

院)を設ける目的によって、①貴族院型、②連邦制型、③民主的第二次院型に分けることができる。①貴族院型は、歴史的に最も古くから存在する第二院の形態である。貴族や聖職者で構成されるイギリスの上院である貴族院がその例であり、日本の帝国議会の貴族院もこれにあたる。②連邦制型は、連邦制国家において、連邦国民全体を代表する第一院の他に、連邦構成国である各州の利益を代表する第二院が設置される形態である。アメリカの上院やドイツの連邦参議院がその代表例である。その他、オーストリア、ブラジル、インド、オーストラリアなど、連邦制を採用するほぼすべての国がこの形態を採用している。③民主的第二次院型は、貴族制度が存在せず、連邦制の国家でもないが、第一院の行動をチェックし、その行き過ぎを修正するために、第二院が二次的なものとして付置されるものである。こうした民主的第二次院型は、第一院とは違った角度の国民の民意を反映するものであり、日本の参議院もこれにあたる。

　一般に、一院制の長所は、①審議が効率的に行われ、議決が迅速に行われること、②立法上の行き詰まりが生じにくいこと、③第二院に必要となる費用がないことなどが挙げられる。これに対して、二院制の長所は、①審議が慎重に行われるので、拙速な議論を避けることができること、②国民の多数派の意思を代表する第一院に対し、「理」や「良識」を代表する第二院が第一院の行き過ぎをチェックできること、③国民の異なった民意を代表する2つの院があるため、多様な意見をきめ細かに反映できることなどが挙げられる。

　一院制と二院制の長所と短所は、コインの表裏の関係にある。例えば一院制の特質である効率的な審議をメリットとするならば、二院制の慎重な審議はデメリットとなる。ここで重要なことは、一院制と二院制を支える政治的土壌があるということである。例えば、一院制は、社会がより同質的である小規模な国家に向いているとされ、社会に多様な利害があり、地域間の差異が大きい国家には、多様な意思を反映できる二院制が向いているとされる。

D　多数決型民主主義と協調型民主主義

　20世紀後半は、各国で社会の諸問題を解決できないという事態が起こり、

投票率の低下など、政治への信頼性が薄れていく現象が共通して見られるようになった。そこで、選挙制度改革が行われ、政界再編が起こることとなったが、そこでは、どのような民主主義を実現すべきかが問われることとなった。この議論に関しては、アメリカの政治学者であるアレンド・レイプハルト（Arend Lijphart）が、「多数決型民主主義（ウェストミンスター型民主主義）」と「協調型民主主義（コンセンサス型民主主義）」を対比して整理したものがよく知られている。レイプハルトによれば、イギリス型の政治制度である「多数決型民主主義」は、小選挙区制、二大政党制、二大政党の一方が議会の多数派を基盤にして形成する内閣、内閣の議会に対する強い影響力などを特質としている。これに対して、「協調型民主主義」は、比例代表制、穏健な多党制、連立内閣、権限と機能を分有する二院制などを特質としている。

3　選挙制度

A　選挙の基本原則

選挙によって国民の代表を選出し、その代表者が議決する制度が間接民主制である。今日、ほぼすべての国で、間接民主制が基調となっているが、代表を選出する選挙制度が公正かつ公平でないかぎり、議会制度は有効に機能しない。そこで、効果的な代表制を実現するために、①普通選挙、②平等選挙、③秘密選挙、④直接選挙、⑤自由選挙が選挙の基本原則とされている。

B　選挙区

選挙区とは、有権者によって構成される選挙人団を区分する基準となる単位である。1選挙区から複数の候補者が当選する制度を大選挙区制という。日本では、3～5人の候補者が当選する制度を中選挙区制（1952年～1993年の総選挙で実施）と呼んでいたが、これは大選挙区制に区分されるものである。また、1選挙区から1人の候補者が当選する制度を小選挙区制とい

う。選挙区で最も票を得た候補者のみが当選するので、「勝者総取り」となり、死票が出やすいとされる。

C　代表制

　選挙によって、代表を決定する方法を代表制という。代表制には、多数代表制、少数代表制、比例代表制がある。多数代表制は、選挙区の選挙人団の多数派に議席を与える方式で、小選挙区制がこれにあたる。多数代表制は、多くの死票が出る可能性が高いという問題はあるが、議会に安定した勢力を作ることができる。これに対し、選挙区の選挙人団の少数派にも議席を与えることができるように配慮したのが、少数代表制である。大選挙区の単記投票制がこの典型例である。ただし、少数派が必ず当選するというわけではなく、多数派が議席を独占する可能性もあり、偶然的な要素に左右される制度である。最後に、比例代表制は、選挙区の選挙人団の多数派と少数派の獲得票数に応じて議席を配分する方式である。一般に、政党を単位として選挙が行われるが、政党が獲得した票に応じて、議席が比例的に配分される。Ａ政党、Ｂ政党、Ｃ政党の得票が、３：２：１であれば、議席も３：２：１になる。しかし、議席数は整数であるため、得票数に完全に比例させることはできず、小数点以下の数字を処理する必要があり、その方法として、ドイツやスイスで採用されている「ヘア・ニーマイヤー式」、日本で採用されている「ドント式」などがある。また、少数政党にも議席が配分されることから、多党制を導きやすいとされる。

D　投票方式

　投票方式は、選挙区の定数に関係なく、投票用紙に１名の候補者の氏名を記入する単記式、大選挙区制で、投票用紙に２名以上の候補者の氏名を記入する連記式（定数と同数の候補者名を書く完全連記式、定数未満の候補者名を書く制限連記式がある）や比例代表制における名簿式に分けることができる。名簿式には、あらかじめ政党が候補者に順位を付けておく拘束名簿式と順位を付けない非拘束名簿方式がある。

4 直接民主制

A 直接民主制の類型

　各国憲法は、一般的に、間接民主制を基調としているが、例外的に、直接民主制の制度を設けている。直接民主制の具体的な制度には、国民が投票に付される案件の是非を決定する「国民投票（レファレンダム）」、憲法や法律の制定、改廃について一定数の国民の要求で投票が行われる「国民発案（イニシアティブ）」、国民の一定数の要求により提起された公務員の解職請求を投票によって決定する「国民解職（リコール）」などがある。また、地方レベルでの住民投票、住民発案や住民解職を制度化している国やスイスに代表されるように、住民総会を行っている国もある。

　直接民主制は、国民が最終決定を直接行うという点からすれば、間接民主制よりも民主的な制度であると言えるが、それにかかる時間や費用、政治的安定性の面などでの課題がある。したがって、間接民主制をいかに補完していくのかという点から制度設計することが重要である。また、1990年代は、「レファレンダムの時代」と言われるほど、多くの国で投票が実施されたが、21世紀に入ると、その傾向が変わりつつある。例えば、憲法改正、立法、EUに関する事項等を対象とする国民投票を憲法で制度化しているフランスでは、実施するたびに、投票率が低下する傾向にある。直接民主制のもち味を活かしていくための今日的なあり方を検討する必要があると考えられる。

B 国民投票

　国民投票とは、国民が投票によって、憲法改正等の国家的に重要な事項に関して直接意思を表明する制度である。国民投票は、対象、法的効力、開始手続などによって、いくつかの類型に分けることができる。

[1] 対象

　対象は、憲法制定、憲法改正、法律、条約やその他の事項に分けることができる。また、フランスのように、「公権力の組織に関する法律案」など、

対象を限定している「限定型」とイタリアのように、「租税及び予算、大赦及び減刑、国際条約批准の承認に関する法律」を対象外とする「除外事項列挙型」にも分けることができる。

[2] 法的効力

　法的効力は、投票結果が政府や議会に対し、拘束力を有する「拘束型」と有しない「諮問型」に分けることができる。多くの国の憲法では、拘束型が採用されているが、スウェーデンでは、基本法の改正以外の事項を対象とするものは、諮問型となっている。

[3] 開始手続

　開始手続は、投票を実施することが必須とされている「義務型」と政府または一定数の国民もしくは議員の提案という要件を満たした場合に、投票を実施できる「任意型」に分けることができる。

C　国民発案

　国民発案を国レベルで採用している先進国は、スイス、イタリアとフランスである。スイスでは、10万人の有権者の提案によって、憲法の全面または部分改正の是非を問う投票が実施される。実際に、国民発案により憲法改正は頻繁に行われている。また、州（カントン）レベルでは、法律や条約を対象とするものも存在する。次に、イタリアでは、50万人の有権者の提案によって、租税および予算に関する法律や国際条約の批准の承認に関する法律などが対象から除外されるが、法律の廃止を問う投票が実施される。最後に、フランスでは、有権者の10分の1の提案によって、公権力の組織に関する法律案や諸制度の運営に影響を及ぼすであろう条約の批准を目的とする法律案などを対象とし、国会議員の5分の1によって発案される場合に、その是非を問う投票が実施される。

D　住民総会

　古代ギリシャでは、市民が一堂に集まった民会が、ポリスの重要な政策、外交や裁判などに関する最高議決機関であった。現在、国レベルでこの制

度を採用しているところはない。地方レベルでは、アメリカの州の一部の地方自治体やスイスの一部の州および約8割の地方自治体（ゲマインデ）において、有権者が一堂に集まり、意思決定を行う住民総会が開かれている。住民総会が最も活用されているスイスでは、すべての事柄が住民総会で決定されているわけではなく、議会にも日常的な事柄について決定権が認められている。また、現実には、すべての住民が住民総会に参加するわけではないことや、少数派の意見が十分に反映される仕組みになっていないという指摘もある。

> **コラム　EUからのイギリス脱退：ブレグジット**
>
> 　2016年6月23日にイギリスで行われた国民投票では、欧州連合（EU）からの離脱支持が51.9%、残留支持が48.1%という結果になり、EUからの離脱派が勝利した。
> 　イギリスでは、国民投票は、伝統的な議会主権の原則に反するものとして長らく否定され、制度化されずにきた。1975年にEC（欧州共同体、現EU）加盟継続の是非を問う国民投票が実施されるが、これは、この国民投票のみを対象とする手続等を定めた「1975年国民投票法」に基づくものであった。法的拘束力のない諮問型の国民投票であったものの、不文憲法国であるイギリスの憲法慣習として位置付けられる契機となった。
> 　今回は、EU残留支持者であるキャメロン首相（当時）が、国内の反EU派の勢力拡大を前にして、この難局を国民投票によって乗り越えようと考えたところから始まった。それは、EU加盟継続という課題は、国民投票で明確な決着をつけなければ、いつまでも対立が続き、国内の政治を不安定化させてしまうという懸念が背景にあったからである。そこで、1975年と同様に、「2015年欧州連合国民投票法」を制定し、投票が実施された。
> 　投票結果は、キャメロン首相の意図に反し、EUからの離脱、いわゆる「ブレグジット（Brexit）」が決まった。これにより、イギリスは、2019年3月29日に離脱する交渉と準備を進めている。

第12章 権力分立

キーワード

モンテスキュー『法の精神』、厳格／緩やかな権力分立、国家機関、国家作用の区別／分離、権限分配、均衡／抑制、不信任／解散、直接公選、機関構造、活動手続

本章のポイント

1. 権力分立は、国家作用を区別し、異なる機関に分配するとともに、相互に抑制と均衡を図る原理である。モンテスキュー『法の精神』に代表される近代啓蒙思想に基づく国制原理であり、立憲主義的意味の憲法にとって、不可欠の原則としての地位を獲得している。
2. 実定憲法の原則としての権力分立のあり方は、必ずしも一定ではない。国家作用の区別に忠実に権限を分配し、議会と政府の間に組織的な独立を図る厳格な権力分立、議会の立法作用に政府が関与し、両者の様々な組織的関係を認める緩やかな権力分立などが存在する。
3. 権力分立を前提とする統治機構には、大統領制、議院内閣制、立憲君主制（大権内閣制）、議会統治制、半大統領制がある。

1. 権力分立の意義と目的

A モンテスキューの基本構想

　権力分立は、1789年のフランス人権宣言が述べるように、権利の保障と並んで立憲主義の不可欠の構成要素となっている。同人権宣言16条は「権利の保障が確保されず、権力の分立が定められていないすべての社会は、憲法をもたない」と規定しており、近代以降の憲法には、権力分立の原則が採用されるのが常態となっているからである。わが国におけるその標準的な理解は、「国家の諸作用を性質に応じて立法・司法・行政というように『区別』し、それを異なる機関に担当させるように『分離』し、相互に『抑制と均衡』を保たせる制度」[1]というものである。

　権力分立の思想的源流は、古代ギリシャにおける混合政体論にまでたどることができるが、近代のハリントン（Harrington, J. 1611-1677）『オセアナ共和国』（1656）、ロック（Locke, J. 1632-1704）『市民政府論』（1690）、モンテスキュー（Montesquieu, Ch. 1689-1755）『法の精神』（1748）などの著作の中で国制に関する原則として唱えられる。特に『法の精神』は、近代憲法の制定の際に大きな影響を与えた。同書の権力分立論は、国家作用の区別と担当者の分離を説いた上で、執行権、裁判権、立法権の各権力の担当者を国王、貴族および国民代表とするとともに、権力が権力を抑制する体制を描き出している[2]。モンテスキューは、この体制を当時のイギリスに見出したが、その目的は国民の政治的自由の確保ということにあった。政治的自由とは、「法律の許すすべてをなす権利」であり、国家権力が制限された「制限政体」において権力が濫用されないときにのみ存在するとされる。そのために「事物の配置によって、権力が権力を抑止する」国制が描き出されたものが、憲法原則としての「権力分立」へと発展した。

　国家権力の制限に加えて、権力分立論の目的として、法の支配が挙げられることがある[3]。それによると、法の支配には、①制定される法の正しさを保証すること、②権力の行使が法に従ってなされることが必要であるが、モンテスキューの権力分立論では、①法の正しさを保証するために、法律の制定につき君主、上院、下院の三者の同意を必要とすることにより、

社会勢力間の抑制均衡を図ることが意図されている。また、②権力が法に従って行使されるためには、立法権と執行権が同一の者に帰属しないことが必要であるが、同時に、立法権が専制的とならないように、執行権には立法を阻止することが必要であると説かれている。この考え方は、部分的に、その後の権力分立を採用する統治機構にも採用されているということができる。

B 権力分立の諸要素

権力分立は、上記の理解にも見られるように、①国家の諸作用の区別、②国家機関への分配、③国家機関間の抑制と均衡という要素から成る。

①国家作用は、立法権、執行権、司法権に区別される。立法とは、一般的・抽象的な性質をもつ法規範（ルール）を制定することを意味する。各国の憲法では、特に「法律」という形式の立法について権限分配規定を置くことが少なくない。司法は、個別・具体的な紛争を法の適用により終局的に解決する作用である。執行とは、立法・司法以外の国家作用をすべて含むものと理解されているが、その中で重要なものとして、法律により決定されたことがらを実施・実行・実現する作用（行政）、さらに、国政の基本方針を決定する作用（統治ないし執政）がある。

②各国家作用が分配される国家機関には、担当する任務に相応しい組織構成をもつことが要求される。現代の憲法では、立法権は、国民から選挙によって選出された議員からなる議会に分配されるのが原則である。執行権は、憲法上、政府（大統領、内閣）に属すると規定されるのを常とするが、実際には、政府は執政を主に担当し、その統轄のもとにある行政機関（中央省庁および外局）等によって行政が行われる。司法権は、紛争を解決するという任務の性格上、他の機関から独立した裁判所に分配される。

③それぞれの国家機関、特に議会と政府の間には、互いの権限行使を抑制したり、その地位にある者を辞職させるといった、組織上あるいは権限上の関係が設けられている。その具体的なあり方は、それぞれの国家の組織によって異なっており、節を改めて説明する。

2　権力分立の類型

A　厳格な権力分立

　権力分立論は、18世紀後半以降に制定された憲法に大きな影響を与えている。その初期の代表例はアメリカ合衆国の諸憲法に見ることができる。世界初の権利章典を規定した1776年ヴァージニア憲法には、「立法、執行、司法の各部門は、独立した別個のものであって、そのいずれも正当に他の部門に属する権力を行使することはない」という規定がある。また、1787年のアメリカ合衆国憲法は、立法権、執行権、司法権をそれぞれ、連邦議会、大統領、最高裁判所（および下級裁判所）に分配している。アメリカ合衆国では、後に見るように、これらの規定に忠実な権限分配が行われているとともに、議会と大統領の間には組織的な独立が図られており、「厳格な権力分立」が採用されていると評されることがある。

B　緩やかな権力分立

　もっとも、その後に制定された憲法が、常に厳格な権力分立の規定を置いているわけではない。例えば、1831年ベルギー憲法（現行）には、「連邦の立法権は、国王、代議院および元老院により、共同して行使される。」（36条）という規定があり、また、明治憲法に影響を与えたことで有名な1850年プロイセン憲法（1918年失効）は、「立法権は、国王および両院によって共同して行使される」（62条）という規定を置いていた。
　今日の民主制国家では、国王や政府が立法権を行使するという規定は少なく、例えば、現行のドイツの憲法である基本法20条2項には、「すべての国家権力は……立法、執行権および裁判の個別の機関を通じて行使される」という規定となっている。もっとも、後述のように、ドイツ、イギリスそしてわが国等が採用する議院内閣制のもとでは、議会と政府は様々な権限上、組織上の関係で結ばれており、むしろ国政における両者の協働が前提とされている。こうした権力分立のあり方は、しばしば「緩やかな権力分立」と呼ばれることがある。

コラム　現代国家における権力分立の意義

　権力分立の原則は、19世紀以降の憲法状況の変化や新たな憲法制度の導入により、特に議会が立法機関であることの意義に変化が生じている。

　第一は、政党政治の発達である。特に議院内閣制のもとでは、政府と議会は同一政党によって支配されることが原則となっている。その結果、立法権と執行権の分離や相互の均衡・抑制という権力分立の原則は、意義を失っており、現実離れしているという批判が加えられることがある[4]。

　第二は、国政が政府を中心に運営される「行政国家」と言われる現象である。現代国家では、政府の政策をもとに法律、予算が策定・実施されるのが通常となっている。近年のわが国では、成立した法律のおおむね7割から9割が内閣提出法案によるものであり、また、政府への立法の委任は広範に行われている。こうした状況のもとでは、国会が唯一の立法機関であるという規定は形骸化していると言わざるを得ない[5]。

　第三は、裁判所に違憲立法審査権が認められたことである。これにより、1930年代のアメリカ合衆国では重要な政策的意義をもつニューディール立法が連邦最高裁により次々と違憲とされたことは有名である。また、1950年代にも連邦最高裁は、精神的自由を制限する立法について積極的に違憲判決を下しているが、これに対しては、裁判所が憲法解釈を通じて立法権を簒奪しているのではないかという批判が加えられたこともある[6]。

　こうした権力分立の意義の変化は、現代国家ではある程度不可避なものと考えられる。それにもかかわらず権力分立の意義が、完全には失われたわけではない。確かに実質的な権限分配という観点からは、今日では立法権は政府にあるということもできるであろう。しかし、議会における法案の審議には、国民に論点を明示し、野党の対案を示すといった意義が認められ、議会への立法権の分配は、現代の民主主義にとって重要な意義をもっている。また、裁判所の違憲立法審査権は、結果的に、議会の立法権の制約という側面をもつことは否定できないが、その本来の趣旨は憲法保障にある。その行使のあり方によっては立法権の簒奪という問題が生じるという議論は、違憲審査権そのものを否定するものではなく、その適切な範囲での行使を説くものと考えられよう。

3 権力分立に基づく政治制度

　権力分立の原則を採用する国家における統治機構の類型は、伝統的に大統領制、議院内閣制、議会統治制という3つに区別されてきた。わが国では、現在、議院内閣制が採用されているが、明治憲法下では、当時のドイツの君主主義を背景とする立憲君主制（大権内閣制）が採用されていた。また、大統領制と議院内閣制の要素を組み合わせた半大統領制と言われる仕組みは、20世紀以降、主要な統治機構の1つとなっている。以下では、これら5つの類型について、それを代表する国家を例にとって説明を加える。

A　大統領制

　大統領制は、アメリカ合衆国に代表される統治機構であり、中南米、東南アジア、西アジア、中部・東アフリカの諸国に採用例が多い。

　上述のように、アメリカ合衆国では憲法上、国家作用は立法権、執行権、司法権に分類され、連邦議会、大統領、裁判所に分配されている。同国の権力分立の特徴が表れているのは、連邦議会の議員のみが法案を議会に提出することができ、政府には提出権が認められないという点である（他国の大統領制では認められている例もある）。もっとも、大統領は、一般教書や予算教書等による議会への情報提供や政策審議の勧告を通じて、立法への働きかけを行うことができる。また、大統領は、議会が議決した法案を承認しないことによって立法に対して消極的に対応することもできる（ただし、議会は特別多数による再議決で法案を可決させることができる）。

　組織上の特徴としては、まず、議会の議員と大統領が各々独立して公選されることが挙げられる（大統領は間接選挙）。執行権の主体たる大統領の諮問を受ける地位にある政府メンバー（閣僚・閣僚級高官）は、すべて大統領によって任免されるが、連邦議会議員や州知事との兼務・兼職を禁止されており、就任するためには、その職を辞さなければならない。

　議会は、質問や不信任決議などによって政府の責任を追及することはできず、政府は、議会（下院）を解散することはできない。もっとも議会は、国政調査権や、政府各省に対応する常任委員会によって、政府に対する監

視・批判を行うこともできる。特に上院には、閣僚・閣僚級高官の指名、条約の締結、外交使節の指名などに関する承認権が認められている。さらに、議会が大統領の法的責任を追及する方法として弾劾がある。大統領、副大統領は、反逆罪、収賄罪などの罪につき下院によって訴追され、上院によって有罪の判決を受けた場合は罷免される。

B　立憲君主制（大権内閣制）

　19 世紀の君主制国家で制定された初期の諸憲法は、君主主義を背景として、国王が統治権を一身に統合し、個別の機関を通じて行使するという定式を置いていた。その後に制定された憲法では、こうした定式はなくなり、国家作用を区分し、国家機関に分配する規定が置かれるようになる。その例としては、1830 年フランス憲章、1831 年ベルギー憲法、1850 年プロイセン憲法などが挙げられ、わが国の 1889 年明治憲法もその系譜に連なるものである。以下ではプロイセン憲法の規定を中心に、その概要を確認する。

　プロイセン憲法は、先述のように立法権について、国王および両院によって共同して行使されると規定しており、厳格な権力分立とは対照的な権限分配が行われている。また、国王には、各議院とともに法案提出権も認められている。執行権は、国王にのみ属するとされ、国王にはさらに軍の指揮権、官職の任命権、宣戦布告・講和権、恩赦権などの様々な権限が認められていた。裁判権については「国王の名において、独立した、法律以外の権威に服さない裁判所により行使される」という規定があった。

　執行権が属する国王のもとには、その任免にかかる大臣が置かれ、国王の統治の行為について責任を負う「大権内閣制」が採用されていた。国王には、議会を召集・閉会するほか、両議院あるいは一院を解散する権限が認められていた。議会には、大臣を不信任する権限はなく、大臣の議院への出席を要求する権限および、憲法違反、買収および反逆罪の罪を理由として大臣を訴追する権限のみが認められていた。

　以上のような統治機構のあり方は、君主制原理の強く浸透した権力分立と捉えられることもある。この原理は、国家権力の源泉は国王にあるという考え方を出発点とするものであり、権力分立原則を採用した憲法の解釈においても一定の役割を果たしたことがある。有名なプロイセン憲法争議

における「憲法典の欠缺理論」によれば、予算案が議会で可決されなかった際の帰結は憲法典に規定されておらず、それに関する権限は統治権の源泉である国王に属する。こうした考え方をもとにプロイセンでは、議会の可決なしに歳入・歳出が行われた例がある。もっとも、プロイセン憲法に君主制原理が明示されていたわけではなく、「憲法典の欠缺理論」は、イデオロギーや政治的な背景をもって主張されたことには注意が必要である。

C 議院内閣制

イギリスでは1660年の王政復古以降、合議制の内閣が実質的に政府の機能を果すようになり、次第に国王からの独立性を強めていく。1832年からの数次の選挙法改正を経て、内閣は、その成立および政策について下院の多数党の支持に依拠するようになり、議院内閣制が形を整える。①閣僚は議会の議員である、②内閣は議会の信任により成立し、議会に連帯責任を負い、首相の辞任と同時に総辞職する、③内閣は行政長官と無任所大臣によって構成される、などの諸原則は、この時代に成立したものである。

議院内閣制は、当初、君主制国家に固有の統治機構と捉えられていたが、1875年のフランス第三共和制憲法を契機に、共和制国家でも採用されるようになる。ここでの議院内閣制は、内閣が国王と議会を存立基盤とする(二元型)のではなく、もっぱら議会の信任に依拠している(一元型)。こうした議院内閣制は、英連邦諸国、中央および南ヨーロッパ諸国に採用例が多く、アジアではインド、マレーシア、日本などで採用されている。

議院内閣制のもとでは、権力分立の原理を前提として、議会に立法権、内閣に執行権が分配されるが、議会と政府の協働が前提とされており、政府が議会に法案を提出することは当然視されている。

大統領制と異なり、政府の長である内閣総理大臣(首相)は公選されることはない。議会(下院)選挙の際に選出された議員の中から、通常は勝利した政党の党首が任命される。首相が指名する国務大臣も議会の議員から選ばれることが原則とされている。

議会と政府の間には、組織上、抑制と均衡の関係が設けられている。議会(下院)は政府の不信任を議決することができ、政府は、これに対抗して下院を解散することができる。解散は、不信任議決のあった場合に限られ

る国もあるが（例：ドイツ）、不信任議決のない場合でも、政府がその裁量的判断により行うことができる国も存在する（例：日本）。

D　議会統治制

　議会統治制（議会支配制）とは、議会に政府を従属させ、議会の支配のもとに国政全般を置こうとする仕組みである。その歴史上の例としては、フランスに1792年から1795年まで存在した国民公会が挙げられる。国民公会は立法府であると同時に、諸委員会を通じて執行権をも掌握し、そのもとで公安委員会による恐怖政治が行われたことは有名である。

　権力分立を前提とした議会統治制を採用する国としては、現在、スイスがほぼ唯一の例となっている。スイス憲法は、連邦の機関として、連邦議会、連邦政府、連邦裁判所を置いており、それぞれに立法権、執行権、司法権を分配している。このようにスイス憲法は権力分立の原則に立ちつつも、議会と政府の組織上の関係において、上述の議院内閣制とは異なる独特の仕組みを設けている。

　すなわち、連邦政府と連邦議会の間には不信任や解散といった組織上の関係は存在しない。下院である国民議会は、総選挙の後に連邦政府を構成する7名の閣僚全員を4年の任期で選出する。連邦政府は、平等な権限をもつ閣僚による厳格な同僚制の原則のもとで運営されており、その長である連邦大統領は同輩中の首席に過ぎず、1年ごとに交替する。

　連邦議会は、憲法上、「国民および州の権利を除いて、連邦における最高の権力を行使する」とされ、組織上の関係からも、連邦政府を従属させていることは確かである。もっとも、連邦政府は単なる議会の決定を執行する機関ではなく、議会への法案提出権や予算案提出権を通じて、国政に大きな影響を及ぼしている。

　以上のような「参事会制度」とも呼ばれる統治機構は、上述のようにほぼスイスにしか見られないものであるが、同国の直接民主制と相まって、極めて民主的な統治機構として評価されており、1つの範型としての地位を認められている。わが国の議院内閣制について、内閣総理大臣が国会の指名により選任される点や、総選挙後初の国会召集時に内閣が総辞職する点などを捉えて、「議会支配制の原理を顕著に浸透させた議院内閣制」と評

価することがあるのは、その例である[7]。

E 半大統領制

　半大統領制は、大統領制と議院内閣制を組み合わせた統治機構であり、その原型は、1918年に成立したドイツ共和制（ワイマール共和国）に求めることができる。現代ではフランスがその代表例であるが、ロシアおよび旧ソ連諸国、アフリカ諸国に採用例が多く、アジアではモンゴル、台湾、スリランカなどで採用されている。

　半大統領制の概念には必ずしも理解の一致が見られるわけではないが、①国家元首である大統領は国民により選出される、②大統領は議院内閣制の国家元首とは異なり国政の重要な部分を担当する、③大統領が任命する首相および大臣で構成される内閣が存在する、④内閣は議会の信任を失った場合には辞職しなければならない、といった特徴がある。ここでは内閣は議会と大統領という2つの存立基盤をもつため、半大統領制は、かつての二元型議院内閣制の新装版と捉えられることもある[8]。

　半大統領制のもとでは、執行権の担当者である大統領と首相が異なる政党から選出されることもある。例えばフランスでは、上記④のように内閣の存続には議会の信任が必要なため、大統領は議会の多数派勢力から首相を任命する結果、大統領が対立政党の首相を任命することも起こりうる。これはコアビタシオンと言われるが、その際には、大統領から首相に国政の指導力がシフトするという独特の現象が起こりうる。

注

1) 芦部信喜著／高橋和之補訂『憲法〔第6版〕』（岩波書店、2015）287頁
2) 小嶋和司「権力分立」同『憲法と政治機構』（木鐸社、1988）157頁以下
3) 髙橋和之「権力分立の分析視角」同『国民内閣制の理念と運用』（有斐閣、1993）309-336頁
4) 大石眞『立憲民主制』（信山社出版、1996）60頁
5) 手島孝＝中川剛『憲法と行政権』（法律文化社、1992）44頁
6) 野坂泰司「最近の合衆国における『憲法解釈』論争の一断面」現代憲法学研究会編『現代国家と憲法の原理』（有斐閣、1983）218頁以下
7) 前掲書4) 197頁
8) 前掲書4) 192頁

第13章 裁判制度

キーワード

司法(裁判官)の独立、裁判官の職権の独立、裁判官の身分保障、司法裁判権、行政裁判権、司法裁判所、行政裁判所、市民の司法参加、陪審制、参審制、裁判員制度

本章のポイント

1. 司法(裁判官)の独立は、権力分立の要の1つである。このため、裁判制度に関する憲法上の定めについては、とりわけ司法(裁判官)の独立と裁判官の身分保障が重要となる。
2. 裁判所の構成については、それぞれの国家における歴史や伝統が大きく影響する。このため、司法裁判権と行政裁判権とを区別するかどうか、連邦制のもとでどのように裁判所を構成するかなどによって、各国で違いが生じる。
3. 多くの国家で、何らかの形での裁判所の活動に市民を参加させる制度が採用されている。ここには陪審制・参審制など様々な形態があり、また日本の裁判員制度のように複合的な制度も存在する。

1 裁判所と裁判官の地位

A 裁判所の地位

　近代立憲主義が採用する権力分立原理のもとで、司法（裁判官）の独立は基本的な要請の1つである。裁判所や裁判官が政治による影響を受けずに、ただ法にのみ基づいて活動するという理念は、法の支配（法治国家原理）を実現するためにも必要不可欠なものであった。このため、裁判所が機構として独立性を保障され、それと同時に司法権が裁判所によって独占される必要がある。現在の各国の憲法は、こうした裁判所の地位について意識的に定めを置くことが多い。

　この点で興味深い定めを置くのが、スウェーデンである。スウェーデン憲法11章2条は、「いかなる公的機関または国会も、裁判所が特定の事件にどのような判決を下し、もしくは裁判所が特定の事件に法令をどう適用するかを決定することはできない」と定めており、司法権の独立の意味をかなり具体的に示している。また、続く3条では「私人間の法的紛争は、法律の定めによる場合を除いては、裁判所以外の機関が決定してはならない」ことを定め、裁判所による司法権の独占についても言及している。

　この他、フランス第五共和制憲法64条が「共和国大統領は、司法権の独立の保障者である」と定め、あるいはイタリア共和国憲法104条1項が「司法府は、他のいかなる権力からも独立した自立的な組織である」と定めるのは、裁判所の政治権力からの独立性を宣言したものである。また、裁判所による司法権の独占を示すものとしては、ドイツ基本法92条（「裁判権は、裁判官に委任されており、連邦憲法裁判所、この基本法に規定されている連邦裁判所およびラントの裁判所によって行使される」）や、スペイン憲法117条3項（「判決の宣告および執行を含め、あらゆる訴訟における司法権の行使は、法律の定める裁判所がもっぱらこれを行う」）を挙げることができる。

B 裁判官の地位

　憲法上、裁判官については、その職権の独立や身分保障に関する定めが置かれることが多い。

ドイツ基本法 97 条 1 項が「裁判官は独立であり、ただ法律にのみ従う」とするのは、日本国憲法 76 条 3 項（「すべて裁判官は、その良心に従ひ独立してその職権を行ひ、この憲法及び法律にのみ拘束される」）と同様に、裁判官の職権の独立を示したものである。このほか、スペイン憲法 117 条 1 項や大韓民国憲法 103 条にも、裁判官の職権の独立が規定されている。

　裁判官の身分保障については、多くの国で任期を定めない終身ないし定年制が採用されている。例えば、アメリカ合衆国憲法 3 条 1 節は「最高裁判所および下級裁判所の裁判官は、非行なき限り、その職を保」つことを定めるし、フランス第五共和制憲法 64 条 4 項は「裁判官は罷免されない」として、終身制を採用し、その身分を手厚く保障している（同様の規定として、イタリア共和国憲法 107 条 1 項など）。定年制を採用する国としては、イギリス（70 歳：1981 年上級裁判所法 11 条 2 項）、韓国（年齢は法律による：大韓民国憲法 105 条 4 項）、デンマーク（65 歳：デンマーク王国憲法 64 条）、ブラジル（70 歳：ブラジル連邦共和国憲法 93 条 6 号）などがある。ドイツは、憲法上は終身制が採用されるが、法律制定によって定年年齢を定め、その年齢に達したときに退職するものとすることが認められている（ドイツ基本法 97 条 2 項）。

　罷免のほか、停職や転職についても、各国憲法は厳格な制限を課す。罷免、停職その他の懲戒処分は、法定の理由により、法廷の手続に従った裁判官の裁判によるとするもの（ドイツ基本法 97 条 2 項）、国会の弾劾によるとするもの（日本国憲法 78 条、大韓民国憲法 106 条）、特別な機関の決定に基づくとするもの（フランス第五共和制憲法 65 条 6 項、イタリア共和国憲法 107 条）などがある。

2　裁判所の構成

　裁判所の構成は各国でかなり違いがある。これにはそれぞれの国における司法の歴史や伝統が密接にかかわっている。また、このとき裁判所が行使するとされる「司法権」の範囲をどのように理解するかも影響を及ぼす。一方で、「司法」の範囲を民事および刑事の裁判作用を指すものとして狭義

に解する国(フランス)もあれば、他方で行政事件に関する裁判作用をも含めて広義に解する国(イギリス、アメリカ)などもある。さらに、現在では違憲審査を「司法」の概念とどのように結び付けるかも裁判所の構成に影響を与えるものとなっている。以下では、主要国における裁判所の構成について概観する。

A　イギリス

　イギリスでは、歴史的経緯から、イングランドおよびウェールズ、スコットランド、北アイルランドの地域別に3系統の裁判所が存在している。

　かつては議会主権のもとで、上院(貴族院)を最終の上訴裁判所とする制度がとられており、貴族院上訴委員会(貴族院議長である大法官を長とし、11名の常任上訴貴族と複数の元・現司法高官貴族とで構成される)が実質的な最高裁判所として機能していた。しかし、大法官の権限が権力分立に抵触することなどから司法改革の議論が起こり、2005年憲法改革法が制定されることとなった。憲法改革法では、①大法官職の変更、②最高裁判所の設置、③司法任命委員会の創設などが行われ、イギリスの裁判制度は大きく変更された。

　2005年憲法改革法で設置された最高裁判所は、法律問題のみを取り扱い、民事事件はイングランド・ウェールズ、スコットランド、北アイルランドの事件について、刑事事件はスコットランドを除いた地域の事件について上訴管轄権をもつ。裁判官は12名で、首相の推薦に基づき女王によって任命される(2005年憲法改革法23条2項・26条以下)。

　イングランドおよびウェールズでは、最高裁判所の下に控訴院があり、民事・刑事の裁判に関する第二審管轄権を有する。第一審の管轄権を有する裁判所としては、民事事件・行政事件につき高等法院があり、刑事事件については刑事法院がある。さらに民事事件のうち訴額が少額の事件や家事事件について県裁判所(カウンティ・コート)が、軽微な刑事事件について治安判事裁判所が管轄権をもつ(図13-1)。

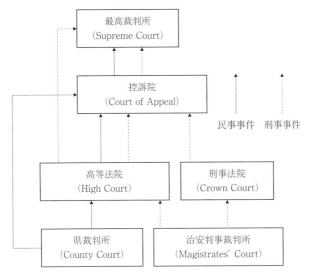

図13-1　イギリスの裁判所審級

B　アメリカ

　アメリカでは、連邦と州とでそれぞれ裁判所機構が独自に存在する二重構造となっている。州が州法で刑法や民法を制定していることから、法律問題のほとんどは州の裁判所で処理される。連邦の裁判所が管轄権をもつのは、連邦固有の問題か、複数の州にまたがる事件についてである。

　州の裁判所機構は、それぞれの州法で定められるため、完全に共通しているわけではない。しかし、多くの州で、州の最高裁判所、控訴裁判所等の中間上訴裁判所、第一審管轄権をもつ裁判所による三審制が採用される。

　アメリカ合衆国憲法3条1節は連邦の裁判所について定める。これに基づいて連邦最高裁判所が設置され、裁判所法により下級裁判所が設置されている。連邦最高裁判所は上訴裁判所かつ終審裁判所であり、大統領が上院の承認を得て任命する（合衆国憲法2条2節2項）9名の裁判官によって構成される。その下には、控訴裁判所と地方裁判所などが設置されている。

　控訴裁判所は巡回区控訴裁判所を含めて全国に13あり、控訴裁判所は主として地方裁判所からの上訴、巡回区控訴裁判所は主として請求裁判所からの上訴を管轄する。地方裁判所は、民事通常事件および刑事事件の第

一審管轄をもち、その一部門として、破産関連事件を扱う破産裁判所がある。国際通商裁判所は、関税および貿易に関する民事事件についての管轄をもつ。請求裁判所は、憲法、連邦法、契約に基づく請求、公務員の給与など合衆国を被告とする事件を管轄する（図13-2）。

図13-2　アメリカ合衆国の裁判所審級（連邦）

C　フランス

　フランスでは、伝統的に司法権と行政権との区別が厳格であり、このため司法裁判所と行政裁判所とが分離され、行政裁判権は執行権（行政権）に属するものとされてきた。第五共和制憲法のもとでもこの考え方が維持されており、司法裁判所系統と行政裁判所系統はそれぞれ独立している。
　司法裁判所系統における最上級審は破毀院である。破毀院は事実審ではなく、法律審として法解釈の統一性を確保することを任務としている。その下には、控訴審を担当する上級法院（控訴院・重罪院）がある。重罪院は上級法院に位置付けられるが、重罪に関する第一審管轄権をもつ。その他の第一審を担当する下級裁判所には、通常の第一審である大審裁判所と比較的軽微な事案を取り扱う小審裁判所があり、刑事事件については、それぞれの刑事部が軽罪裁判所と違警罪裁判所と呼ばれる。

行政裁判所系統における最上級審はコンセイユ・デタ（国務院）である。コンセイユ・デタは行政訴訟の審級の機能とともに、政府の法制局としての機能ももつ。その下には、行政控訴院、地方行政裁判所がある。これらの行政裁判所系統からの司法裁判所系統への上訴は認められない（図13-3）。

なお、第五共和制憲法によって創設された違憲審査機関である憲法院は、司法裁判所からも行政裁判所からも独立している（憲法院については、第14章を参照）。

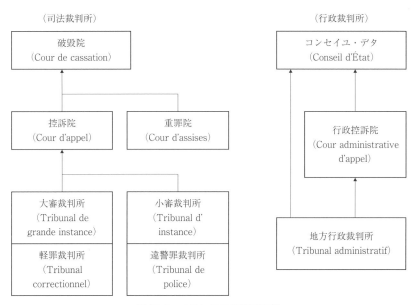

図13-3　フランスの裁判所審級

D　ドイツ

ドイツでは、かつてフランスと同様に司法裁判権と行政裁判権とが異なる権力に属するものと解され、二元的な裁判制度が採用されていた。しかし、ドイツ基本法は「裁判権は、裁判官に委任されており、連邦憲法裁判所、この基本法に規定されている連邦裁判所および州の裁判所によって行使される」（92条）と定めた。これによって、執行権に配分される行政裁判権は消滅し、裁判権は一元的に司法裁判所によって行使されることとなった。

ただし、ドイツでは裁判権が細分化されており、憲法上、連邦の裁判権として民事・刑事に関する通常裁判権の他に、行政裁判権、財政裁判権、労働裁判権、社会裁判権が定められている。そして、これらの権限を行使する裁判所として、それぞれ連邦通常裁判所、連邦行政裁判所、連邦財政裁判所、連邦労働裁判所、連邦社会裁判所が連邦裁判所として設置される（95条1項）。これらはすべてそれぞれの裁判管轄に関する最上級裁判所である。裁判官の数や構成はそれぞれの裁判所で異なる。

他方、連邦裁判所以外の裁判所はすべて州の裁判所として設置される。このため、第一審管轄権や控訴審管轄権をもつ裁判所は州裁判所となる（図13-4）。

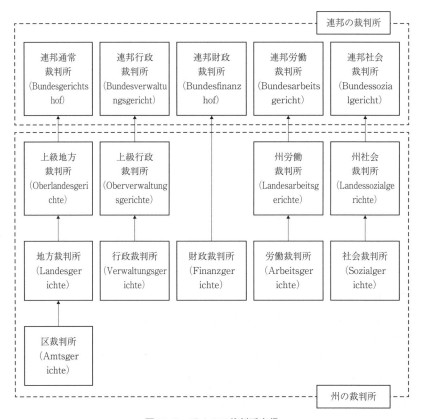

図13-4　ドイツの裁判所審級

また、ドイツでは憲法裁判権も裁判権の一部とされ、これを取り扱う連邦裁判所として連邦憲法裁判所が設置されている（連邦憲法裁判所については、第14章3節Aを参照）。

3　市民の司法参加

　欧米では、裁判制度のもとに陪審制や参審制といった市民の司法参加の機会を認める制度が置かれることが多い。これらは、職業裁判官のみが裁判を行うのではなく、審理の過程や判決に一般市民の関与を認める制度である。司法の閉鎖性を緩和し、市民の法感覚を裁判に活かすことを主たる目的としている。

　陪審制は、市民の中から選ばれた陪審員が合議体を構成し、職業裁判官と役割分担して事実認定の過程に参与する。アメリカでは合衆国憲法3条2節3項が「弾劾の場合を除き、すべての犯罪の審理は、陪審によって行われなければならない」と定め、さらに修正6条が「すべての刑事上の訴追について、被告人は、（中略）公平な陪審による迅速な公開の裁判を受け」ることを保障している。また、修正7条は、民事事件についても「訴額が20ドルを超えるときは、陪審による裁判を受ける権利が保障されなければならない」と定める。これらに基づき、事実審（第一審）で陪審制が採用される。刑事陪審の場合、一般市民から無作為抽出で選ばれた12名の陪審員が事実認定に基づいて有罪・無罪の評決を下す。有罪の場合には、裁判官が量刑判断に基づき刑の宣告をする。民事陪審では、陪審員が勝敗および損害賠償額について判断する。同様の制度は、イギリスにおける刑事法院での正式起訴犯罪にも採用されている。

　これに対して、参審制は市民の中から選ばれた参審員が職業裁判官と共同で審理し、合議によって結論を下す制度である。ドイツでは、刑事事件について参審制が採用されている。参審員は、職業裁判官と対等の立場で、同等の評決権をもって事実認定と量刑判断に参加する。区裁判所で参審裁判が予定されるのは、4年以下の自由刑が問題となっており、裁判所構成

法上、区裁判所の管轄権が存在する場合である。原則として、区裁判所裁判官1名と参審員2名が手続に参加する。地方裁判所では区裁判所の判決に対する控訴と殺人などの一定の重罪に関する裁判で参審裁判が予定されている。前者については、地方裁判所裁判官1名と参審員2名が手続に参加する。後者については、原則として、地方裁判所裁判官2名と参審員2名が手続に参加する。参審員は各自治体が作成する推薦名簿に基づき、裁判官、行政官、市民からなる参審員選任委員会によって選任される。参審員に選任されると、5年の任期の間に複数の手続に参加することになる。

なお、フランスでは重罪院の手続に職業裁判官3名と陪審員9名とが参加するが、フランスの陪審員は裁判官とともに審理を行うこととなっており、実質的には参審制である。この他イタリアでも、一定の重大犯罪について、職業裁判官2名と参審員6名が手続に参加する参審制が採用されている。

デンマークおよびノルウェーでは、刑事事件で陪審制と参審制が併用されている。両国ともに、地方裁判所での容疑否認事件について参審制を採用する。デンマークでは、高等裁判所を第一審とする重大事件について陪審制が採用され、地方裁判所判決に対する控訴事件が参審裁判で審理される。ノルウェーの場合、高等裁判所では重罪についての否認事件が陪審裁判で審理され、それ以外の事件のうち軽微な事件を除いたものは参審裁判で審理される。

日本の裁判員制度は、職業裁判官と裁判員とが対等の立場でともに評議を行い、有罪・無罪の決定および量刑を行うという点で、ドイツなどが採用する参審制に近いものと言える。しかし、裁判員を選挙人名簿に基づいて無作為抽出で事件ごとに選ぶという手法の点では、陪審制に近い。

第14章 違憲審査制

 **キーワード**

法の支配、立憲主義、憲法の最高法規性と付随的審査制、マーベリー対マディソン事件、司法権、憲法保障、人権保障、合一化傾向、最高裁判所、憲法裁判所、憲法院

本章のポイント

1. 違憲審査制とは、国家の法体系の頂点にある憲法（典）に下位の法令などが違反するか否かを判断するシステムである。違憲審査制は、立憲主義や憲法の最高法規性を維持し、人権を憲法に違反する国家行為から守り、法の支配を実現するものである。
2. 違憲審査制は、世界各国で導入されているが、その国の法文化や歴史によって異なる。大きく分けて、司法裁判所が具体的な訴訟に付随して行う制度（付随的審査制）と憲法裁判所などの特別な機関が法律の合憲性そのものを審査する制度（抽象的審査制）となる。
3. 本章では、本書で挙げられている国々の違憲審査制をそれぞれ類型別に概観し、そのシステムの普遍性や特殊性を比較する。

1 違憲審査制の意義と類型

A 違憲審査制の歴史と意義

　違憲審査制とは、国家の法体系の頂点にある憲法(典)に下位の法令などが違反するか否かを判断するシステムである。この違憲審査制の背景にある思想が立憲主義である。立憲主義とは、政府などの統治機構の権力行使を憲法により枠を定め、制限するものである。この思想は近代以降国民主権や民主制と結び付き、国民が持つ権力を統治機構に信託し、適切に権力を行使させるために憲法を制定する。したがって憲法は常に国家の頂点に君臨する法規範でなければならず、法律などの法規範は憲法に従って制定される。このように憲法は最高法規性を有する。そして、憲法の最高法規性を維持し、法の支配を実現するのが違憲審査制である。

　このような違憲審査制は、19世紀初めにアメリカの判例で確立された。契機となったのは、1803年のマーベリー対マディソン事件 (Marbury v. Madison, 5 U.S. 137) である。この事件では、2つの法が矛盾するとき、裁判官は優位にある法(憲法)を適用しなければならないなどとした。

　一方でヨーロッパ諸国においては、アメリカのように裁判所による違憲審査制が確立しなかった。それは市民革命 (1789年) 以後、市民の代表者で構成される議会こそが国家の最高機関であるとする議会中心主義が確立したためである。違憲審査制は議会の制定した法律を違憲無効とできるため、議会中心主義の欧州諸国では受け入れられなかった。しかし、20世紀にファシズム (例えば、ナチスドイツ) が台頭し、憲法を無視するような政策や人権侵害を経験した。この反省から、違憲審査制は第二次世界大戦後、ドイツをはじめ欧州諸国に広く導入されるようになった。

　イギリスはそもそも憲法(典)を持たず「不文憲法」であり、伝統的に裁判所が議会の作った法律を無効であると判断することはできないとされてきた。しかし、近年制度改革があり、イギリス最高裁判所は欧州人権条約に法律が違反しているか否かを審査することができるようになった。

B 違憲審査制の類型
[1] 付随的審査制

　付随的審査制は違憲審査を通常（司法）裁判所で行う。これは、裁判所に提起された訴訟の中で、憲法上の問題（例えば人権侵害など）がある場合、司法裁判所が具体的訴訟を解決する限りにおいて付随的にその問題を審査するシステムである。付随的審査制は個人の権利侵害を解決することに主眼を置くので、人権保障・権利保障を主な目的にしている。

　付随的審査制は、裁判所が具体的訴訟を解決する中で違憲審査権が行使されるので、具体的審査制とも呼ばれている。さらにこの類型は、具体的な訴訟の解決に必要な限りで違憲審査が行われるので、憲法判断については事件解決への過程が記述されている判決理由に示される。その判決の効力は当該事件に限り法令の適用を排除するもので、法令などの効力そのものを無効にするわけではない。

　付随的審査制は主にアメリカ、イギリス連邦諸国（イギリス本国は除く）、ラテンアメリカの一部の国、そして日本で採用されている。

[2] 抽象的審査制

　抽象的審査制は、付随的審査制とは異なり、通常（司法）裁判所ではなく憲法裁判所など独立した特別機関を設け、具体的な訴訟を前提とせずに憲法違反の疑いのある法令やその他の国家行為の違憲審査を行うことを言う。また、憲法裁判所が違憲審査を独占して行い、集中させていることから集中型審査制とも言われる。抽象的審査制は、法律そのものの合憲性や国家行為による人権侵害などを審査するためのものであり、憲法を頂点とする法体系の保障を目的とするので、憲法保障を目的としている。それゆえ、違憲とされた法律は憲法裁判所などの判決により無効となる。

　抽象的審査制は主にドイツやスペインといった欧州各国などで採用されている制度である。

||| コラム ||| 違憲審査制の合一化傾向について

　付随的審査制と抽象的審査制は、それぞれ別々の歴史的経緯を経て異な

る制度として確立してきたが、近年接近し、合一化傾向にあると言われている[1]。具体的に付随的審査制のアメリカでは憲法上の人権や権利が問題となっている行為や法令の合憲性を争う当事者の適格性を緩和したことで、個人の権利救済を超え、直接権利・人権侵害を受けなくても裁判を起こし、違憲審査を行うことができる。また抽象的審査制においても、例えばドイツなどでは憲法裁判所の権限に憲法異議（憲法訴願）という国民が個別的な権利侵害を直接申し立てることができる制度を導入し、個別的な権利救済の機能を設けた。人権保障は人権を守ることであるが、結局人権を保障する憲法を守ることにつながる。また、憲法保障は憲法秩序を維持することであり、それは結局憲法を守ることで人権保障につながる。そのため、両方の類型は内容・目的が異なるが、結局のところ立憲主義を維持することに変わりなく、結果的に合一化傾向になると言える。

2 付随的違憲審査制——アメリカ型

A アメリカ

　アメリカは、合衆国憲法上に違憲審査制に関する条文を持たない。合衆国憲法3条2節において合衆国裁判所の管轄（司法権）は合衆国憲法、法律、条約、コモン・ローなどに及ぶと規定されている。つまり、同憲法は司法権の範囲を明示しただけであり、違憲審査制については規定されていない。違憲審査制については前述のように連邦最高裁判所の判例によって確立した。それがマーベリー対マディソン事件である。同事件は、退任直前のアダムス大統領が判事に任命したマーベリーなど3名の辞令交付を、後任のジェファーソン大統領のもとで国務長官を務めたマディソンがこれを留保したものである。マーベリーは国務長官マディソンを被告として、職務執行命令を出すように訴え（裁判所法13条）を直接連邦最高裁判所に提起した。これに対して、連邦最高裁判所は、裁判所法13条が職務執行令状を出すか否かを第一審として連邦最高裁判所で裁判できると規定するが、合衆国憲

法3条2節2項は「最高裁判所が第一審としての裁判管轄権を有するのは、大使その他の外交使節や領事が関係する事件と州が当事者であるすべての事件」としか定めておらず、同法13条は合衆国憲法に合致しないとし、当該事件に適用することを拒否した。この判決の中で連邦最高裁判所のマーシャル裁判官は①司法権はこの憲法のもとで生ずるすべての事件に及び、②裁判官は、司法権の及ぶ事件に法を適用するため法を解釈し、③解釈する際2つの法が矛盾するときには、裁判官は優位にある法（憲法）を適用しなければならない、と判示した。ここに違憲審査は裁判所の権限であり、違憲審査制が付随的審査制として確立した。

　その後も判例によって、アメリカの付随的審査制はさらに発展していく。例えば、ブランダイス・ルールがこれである。1936年のアシュワンダー対TVA事件（Ashwander v. Tennessee Valley Authority Case 297 U.S. 288）において、ルイス・ブランダイス判事が補足意見の中で示した。この第4準則は裁判所は、具体的訴訟を解決することができる他の理由がある場合には憲法問題について判断しないとし、憲法判断回避のルールが確立した。

　また、連邦最高裁判所は訴訟提起の時点で訴えの利益があったにもかかわらず、判決までに訴えの利益がなくなった場合は、訴訟を却下する。それはたとえ違憲審査を必要とする事件であっても、訴えの利益がなくなったとき訴訟は却下されるとする。しかし、近年では前述のように訴訟を提起する当事者適格の緩和により、事実上利益侵害があれば訴訟を起こす適格があると認め、さらに訴えの利益がなくなっても訴訟を却下することなく、一定の事由がある場合は訴訟を係属させることができるようになった。これをムートネスの法理という。このムートネスの法理を採用した判例により、近年では司法権の範囲が拡大し、付随的審査制は憲法保障を目的とした抽象的審査制に近づいたとも言える。

B　日本

　日本国憲法第6章「司法権」の中にある81条は「最高裁判所は、一切の法律、命令、規則又は処分が憲法に適合するかしないかを決定する権限を有する終審裁判所である」と規定する。日本国憲法は第6章司法権の中に違憲審査権を裁判所に与えていると解する以上、違憲審査制は司法権の発

動要件である「具体的訴訟」を前提とする。その場合、アメリカと同様に具体的訴訟を解決するために必要な範囲内で違憲審査権を行使するシステムとなっている。

これを裏付けるように、わが国の違憲審査制の性格について最高裁は警察予備隊違憲訴訟（最大判昭和27・10・8民集6-9-783）において、「わが現行の制度の下においては、（中略）裁判所がかような具体的事件を離れて抽象的に法律命令等の合憲性を判断する権限を有するとの見解には、憲法上及び法令上何等の根拠も存しない」とし、抽象的審査制を否定している。

しかし、行政事件訴訟法で客観訴訟を導入したことにより、個人の権利救済とはあまり関連性なく法律に定められた者が訴訟を提起でき、その訴訟の中で違憲審査を行えるようにもなった。

3 抽象的違憲審査制——ドイツ型

A　ドイツ

ドイツでは、通常裁判所が違憲審査を行う付随的審査制とは違い、連邦憲法裁判所が違憲無効宣言を独占している。連邦憲法裁判所は他の裁判所と違い、もっぱら憲法の適用と解釈に関する問題について決定をする。とは言え、ドイツ基本法92条では「裁判権は、裁判官に委ねられる。裁判権は、連邦憲法裁判所、この基本法に定める連邦裁判所および諸ラントの裁判所によって行使される」と規定しているように、違憲審査権を行使する連邦憲法裁判所は裁判権の一部とされる。

連邦憲法裁判所は基本法93条と100条において権限について定めている。同法93条により配分される権限は、機関訴訟、連邦国家的争訟、抽象的規範統制、憲法異議（憲法訴願）とその他連邦法によって権限を与えられたもの、100条1項の具体的規範統制である。

まず抽象的審査制の特徴を表しているのが、抽象的規範統制（93条1項2号）である。これは、連邦憲法裁判所が具体的事件を前提とせずに、連邦政府、州政府、連邦議会議員の3分の1以上の提訴によって、法律等の合憲

性、州法の連邦法に対する適合性を審査することができ、直接連邦憲法裁判所に法律が基本法に一致しているかどうか提訴できる。

さらに具体的規範統制（基本法100条）があり、これは抽象的規範統制とは異なり、裁判所が訴訟で判決するにあたり、関係する法律が憲法（基本法）違反であると考える場合、その手続を中止し、連邦憲法裁判所に基本法に反する法律か否かの決定を求めなければならない。これは、係属中の具体的訴訟において裁判所が、当該法律は憲法違反の疑いがあると判断した場合、連邦憲法裁判所に疑義提示を行う。疑義提示がなされると、連邦憲法裁判所は具体的訴訟を解決するための先決問題として当該法律が憲法違反かどうか審理し、決定をする。疑義提示する場合には、①法律が基本法に違反するという確信、②具体的訴訟を解決するにあたって、法律の有効性の有無によって判決に影響を及ぼすこと（判決にとっての重要性）が必要とされる。当該裁判所は連邦憲法裁判所の決定が出るまで訴訟審理を中止しなければならない。

最後に憲法異議（憲法訴願）（93条1項第4a項）は、1969年1月29日の基本法改正で追加された。憲法異議（憲法訴願）は、市民が公権力により基本権など（基本法20条4項〔抵抗権〕、33条〔公民としての権利〕、38条〔選挙権など〕、101条〔裁判を受ける権利〕、103条と104条〔人身の自由〕）を侵害され、かつその侵害に対する訴訟法上の可能な限りの手段が尽くされた場合に、直接連邦憲法裁判所に訴えを提起できるものである。これは言わば人権保障・権利保障を目的とするものであり、違憲審査制の合一化傾向の1つとされる。

B　スペイン

スペインは、1978年に憲法を制定し、新たに憲法裁判所を設置した。憲法は第9編（159条から165条）において憲法裁判所について定めている。スペインの憲法裁判所は、そのモデルとしてドイツやイタリアを参考にしたと言われる。

憲法161条では、憲法裁判所の権限について定めている。161条1項a号では法律および法律の効力を有する規範に対する違憲の訴え、b号では公権力により憲法上の権利・自由の侵害を救済する憲法保護申立などである。また、163条では裁判所が具体的訴訟の中で当該法律が憲法に違反す

ると判断した場合、憲法裁判所へ移送する違憲質疑がある。
　161条1項a号の法律等に対する違憲の訴えおよび163条の違憲質疑が憲法に違反するかどうか審査する権限となる。違憲の訴えは、法律等が公示されてから3か月以内に法律の違憲性について憲法裁判所に提起できる。この権限は、まさに抽象的審査である。また、違憲質疑は、ドイツの具体的規範統制と同様に具体的訴訟に適用すべき法律等が憲法に違反する疑いが生じた場合、通常裁判所の裁判官もしくは裁判所の職権または当事者の申立てにより憲法裁判所に移送し、独立して違憲審査が行われる。
　スペイン憲法161条1項b号では憲法保護申立（アンパーロ訴訟）が認められている。スペインの場合は、国および自治州の機関が行う処分もしくは法律行為または事実行為により生じる個人の権利や自由（スペイン憲法第14条から第29条により保障される権利・自由と第30条の良心的兵役拒否）の侵害を救済することを目的とするものである（53条2項）。これもドイツなどの憲法異議（憲法訴願）と同様に人権保障・権利保障を目的するものである。

C　韓国

　韓国は、1987年の第9次憲法改正によってドイツ型の憲法裁判所を本格的に導入した。韓国の憲法裁判所については大韓民国憲法第6章（111条～113条）に規定されている。
　韓国憲法裁判所の権限については、111条において①法院の提請による法律の違憲性の審判、②政党の解散の審判、③憲法異議（憲法訴願）などを定めている。ただ、ドイツなどで見られる具体的訴訟を前提としない抽象的規範統制のような権限は、韓国憲法裁判所にはない。
　①は法律などの違憲の可否が法院に係属中である具体的訴訟の前提となる場合、その法院は提請を憲法裁判所にする。憲法裁判所は法院の提請に基づき独立して違憲審査を行う。この制度はドイツの具体的規範統制と同じ内容となっている。
　②は違憲政党の解散を審判することにある。韓国憲法8条4項で「政党の目的又は活動が、民主的基本秩序に違背するときは、政府は、憲法裁判所にその解散を提訴することができ、政党は、憲法裁判所の審判により解散される」と規定され、これを受けたものである。

③の憲法異議（憲法訴願）は、公権力によって憲法上保障された国民の権利が侵害された場合に、憲法裁判所は公権力の行使の違憲審査を求めるものである。この制度はドイツやスペインの憲法裁判所で見られるように、権利侵害に対する直接的な救済を目的としており、国民が憲法訴願を請求する主体である。まさに、この制度は人権保障・権利保障を目的とする。また、憲法裁判所法では、規範統制を目的とした違憲審査の憲法訴願を設けている。

D ロシア

旧ソ連時代は共産党支配の時代であり、人権（とりわけ政治的自由）といった観念は希薄であり、ほぼ無視されていたと言ってもいい。こうした反省から現在ではロシア憲法が憲法裁判所の設置について規定している。

ロシア憲法は「第7章裁判権および検察機関」の中で憲法裁判所について定められている（125条）。同憲法125条2項では憲法裁判所の権限について定められている。憲法裁判所は、ロシア連邦大統領、連邦会議、国家会議、連邦会議や国家会議それぞれ5分の1の議員、ロシア連邦政府、ロシア最高裁判所、ロシア連邦の構成主体の立法機関・執行機関の要求により、ロシア連邦憲法との適合性に関する事件を解決する。具体的には、①連邦法、大統領令等、および未発効の国際条約と連邦憲法との適合性、②構成主体の憲法、法令、条約、構成主体と連邦の間の条約と連邦憲法との適合性・機関争訟、③市民の権利侵害の訴願及び裁判所の要求に基づく法律の違憲性審査、④大統領、上院、下院、連邦政府、構成主体の立法機関の要求に基づく連邦憲法の解釈などである。①や②に関しては、これはドイツなどで見られる抽象的規範統制であり、具体的事件を前提とせずに違憲審査を行う。③もドイツで見られた憲法異議（憲法訴願）や具体的規範統制と同じものである。前者は、市民の権利侵害に対して直接憲法裁判所に申立てできるもので、人権保障・権利保障を目的としている。後者は、ドイツや韓国でも導入されている具体的規範統制である。具体的訴訟の中で法律の合憲性が問われる場合、裁判所の要求により、連邦法律の定めに従って具体的訴訟に適用される法律の違憲審査を独立して行う。

4 事前審査制——フランス型

　フランスでは、憲法院が違憲審査を行っている。憲法院は 1958 年第五共和制憲法において創設された機関である。憲法院では、大統領経験者がその退任後、自動的に憲法院の構成員に就任するというように政治色を帯びた機関とも言える。フランスは、前述のように 1789 年の市民革命以来、議会中心主義に基づいて統治するのが伝統となっていたため、裁判所に違憲審査権を付与するには至らなかった。しかし、憲法院は次第に人権保障を主眼とする判決をするようになり、現在では、憲法裁判所的機能を発揮するようになった。

　憲法院については同憲法第 7 章（56 条～63 条）に定められている。憲法院の権限の中で、特異な性格を有しているのが事前審査制である。憲法 61 条 2 項で「法律は、その審署前に、共和国大統領、首相、国民議会議長、元老院議長、または、60 人の国民議会議員もしくは 60 人の元老院議員によって、憲法院に付託されることができる」とされる。つまり、法律の違憲審査が可能となるのは、法律が議会で可決された後、大統領がその法律に審署する以前に限定され、審署された法律を事後的に審査することはできないとする制度であった。

　しかし、2008 年 7 月の憲法改正によって、事後的違憲審査制を憲法院が行えるようになった。これを「合憲性の優先問題（QPC）」といい、憲法 61 条の 1 で「裁判所で係争中の訴訟に際して、法律の規定によって憲法の保障する権利及び自由にが侵害されていることが主張されたときは、憲法院はコンセイユ・デタ又は破毀院からの移送によってこの問題を付託され、定められた期間内に裁定することができる」と規定する。

注）

1) 野中俊彦＝中村睦男＝高橋和之＝高見勝利『憲法Ⅱ〔第 5 版〕』（有斐閣、2012）273 頁〔野中俊彦〕

第15章 人権保障

キーワード

自然権、生来の権利、フランス人権宣言、前国家的権利／後国家的権利、不文の権利の保障、平等、国家からの自由／国家による自由、人権保障と裁判所、法的三極構造、第一世代の人権／第二世代の人権／第三世代の人権、欧州人権条約

本章のポイント

1. 立憲主義国家での人権保障は、フランス人権宣言で示されたような、人間が生まれながらにしてもつ権利（生来の権利）の保障を原点としている。
2. 現在の各国憲法での人権保障は、このような原点を踏まえつつ、それぞれの国家の伝統や文化に基づき、多様なシステムに分化している。そこでは、生来の権利（前国家的権利）ではない権利（後国家的権利）もまた人権保障の枠組みに取り込まれている。
3. 各国の人権保障のあり方やそこで実際に議論となっている問題を比較することは、日本がこれから経験する可能性のある問題を認識し、その解決の手がかりを得るためにも必要な作業である。

1 憲法と人権保障システム

A 憲法で人権保障をすることの意味

　現在の多くの立憲国家における人権保障は、人権（human rights）の根拠を自然権思想に基づく「生来の権利」に置く点で共通する。このような意味での人権は、①人が国家社会の中で人間らしい生き方をするための最低限の条件設定であると同時に、②国家の権力行使を限界付ける「防衛ライン」として機能する。憲法がこうした人権を保障するということは、人の人間らしい生き方を国家の最高法規によって承認し、立法などの民主的プロセスによっても覆せないものとすることを意味する。人権保障の憲法による実定化は、今や近代憲法の基本スタイルとして定着している。

　こうした憲法による人権保障の原型としては、フランス人権宣言（1789年）を挙げることができる。その16条は「権利の保障が確保されず、権力の分立が定められていないすべての社会は、憲法をもたない」として、権利保障を憲法の任務の1つとして掲げる。そして、人の自由と権利における平等（1条）、適法手続と身体の安全（7条）、意見の自由（10条）、表現の自由（11条）、所有の不可侵（17条）などの自然権的自由を具体的な権利として示していた。現代の立憲国家の多くの憲法における人権保障は、こうしたフランス人権宣言の考え方を踏襲したものである。

B 各国における人権保障の分化

　しかし、現在の各国憲法での人権保障はフランス人権宣言で示された原型から様々な形で分化している。近代立憲主義を採用する国家でも、まったく同じ人権がまったく同じように保障されているわけではなく、そこには各国の憲法秩序の中での独自の発展が見られるのである。

　こうした人権保障のあり方の分化が生じてきた背景には、当然のことながら、各国の文化的・社会的伝統や、憲法制定にあたって考慮された歴史的経緯・経験などがある。人権を人が生まれながらにもつ権利と見れば、人権保障は1つの国家を超えて全世界共通の課題であろうが、保障のあり方や解釈についてはそれぞれの国家の事情が反映されることもありうる。

よく知られた例を挙げれば、日本国憲法19条は「思想・良心の自由」を保障しているが、これは比較法的にはあまり例を見ない保障の仕方である。アメリカ合衆国憲法や、ドイツ基本法にはこれに該当する条文は見当たらない。これらの国では思想や良心は信仰の自由の問題、あるいは表現の自由の問題と理解されており、個別の条文によっては規定していないのである。日本国憲法が思想・良心の自由を独立の条文で規定したのは、戦前の日本において、全体主義的な国家体制が個人の思想内容や倫理的判断にまで介入したという事情があったからである。こうした個人を蔑ろにする国家行為を禁止するために、あえて内心の自由の保障を明示したのである。

　また、憲法上で社会権を保障するかどうかについても、各国で対応の違いがある。教育を受ける権利や労働基本権を定める憲法は多いが、とりわけ生存権のような権利保障については各国で大きな差がある。憲法で生存権保障に類する保障を行う国家としては、日本、フランス、韓国、デンマークなどを挙げることができる。これに対して、憲法に生存権規定をもたない国家としては、アメリカ、ドイツが挙げられる。ただし、アメリカではニュー・ディール期以降、法律による社会保障が拡大しているし、ドイツでも連邦憲法裁判所の判決により「最低限度の生活を求める基本権」が憲法上の権利として承認されている点で、憲法に明文規定があるかどうかはそれほど重大な問題ではなくなっているとも言える。

2　各国憲法における「人権」保障

A 「人権」概念

　現代の人権保障が自然権思想に基づく「生来の権利」を前提としていることは既に述べたが、だからといって憲法における人権保障が「生来の権利」だけを保障するものであるというわけではない。現代の各国の憲法は、多くの場合、「生来の権利」（信教の自由や表現の自由、職業の自由などの自由権や平等権）に加えて、国家の存在を前提とする諸権利（参政権、社会権、国家賠償請求権、裁判を受ける権利など）をも保障の対象としている。国家の有無にか

かわらず人が生まれながらにもつ権利（前国家的権利）が保障されることは、人間らしい生き方にとって重要であるが、現代社会では国家の存在を前提に、国家による積極的な活動によって保障される権利（後国家的権利）もまた人間らしい生き方を実現するために必要だからである（各権利の保障については**第14章**以下を参照）。

　こうした人権概念の中心にあるのは、「自由」と「平等」の保障である。これらは近代立憲主義を成立するための重要なキーワードでもあった。このうち、「自由」とは何かは、まず憲法上の明文規定による権利保障の中に示されることが多いが、それだけにとどまらずいわゆる「不文の権利」保障によっても示される。不文の権利をどこまで認めるかは、その国の憲法における「自由」の範囲の問題に直結する。また、「平等」については、それがいかなるレベルでの平等を志向するのかが憲法上重要な問題となっている。そこで以下では、各国における不文の権利の保障と平等をめぐる問題について概観することとする。

B　不文の権利の保障

　憲法における不文の権利の保障を考える上で重要なのは、その根拠をどこに置くかである。多くの国では、憲法上の権利の中でも抽象度の高い条文を用いて、その解釈において不文の権利を保障する。例えば、アメリカでは、デュー・プロセスを定める修正14条が大きな役割を担った。いわゆる「実体的デュー・プロセス論」（**第5章3節C**を参照）のもとで、かつては財産権や契約の自由が憲法上の権利として認められ、その後は①避妊や中絶などのリプロダクション、②家族の維持形成、③生命や身体の処分などに関するプライバシーの諸権利が承認されてきた。また、ドイツでは、基本法2条1項が定める「人格の自由な発展の権利」が不文の権利の根拠規定とされる。連邦憲法裁判所は、この権利の内容として一般的行為自由と一般的人格権とを承認し、多くの判例を通じてその具体的な権利の保障を展開している。日本で言うところの「自己情報コントロール権」にあたるドイツの「情報自己決定権」は、基本法1条1項と結び付いた2条1項で保障される一般的人格権の1つである。

　これに対して、不文の権利を憲法上承認することについて理論上の難問

を抱えていたのが、憲法上の人権保障条項をもたない国家（例えば、イギリスとフランス）である。イギリスの場合、1998 年人権法が制定されたことで、欧州人権条約上の権利保障が国内においても効力を生じ、これを手がかりとして不文の権利を保障する可能性が開かれた。例えば、トランスセクシャルの婚姻を実質的に認めたとされる 2003 年のベリンガー事件貴族院判決などはその例と言えよう。フランスでは、1971 年の結社の自由判決で認められたいわゆる「憲法ブロック」が不文の権利保障に重要な役割を果たした。1789 年人権宣言まで遡る人権保障の伝統の中に不文の権利を位置付けるというのが、フランス流のやり方である。こうした権利の例としては、プライバシー権や中絶の自由が挙げられる。

また、不文の権利を認めるにあたっては、その保障をどこまで拡大するかも重要である。プライバシーの保障や性的少数者の権利などについては、各国において憲法上の権利として認められる傾向にあるが、それを越えてどこまで権利保障を拡張するかは「自由」概念の理解によって異なる。ドイツでは、基本法 2 条 1 項を一般的行為自由を保障したものと見るため、憲法上の権利（自由）保障の範囲は極めて広くなる。これに対して、アメリカでは、「秩序だった自由の観念に含まれる」基本的な自由のみがデュー・プロセス条項で保護されるという考えが根強く、憲法上保障される自由は限定的なものとなる傾向にある。

C　平等

「平等」については、憲法上どこまでの平等が要求されるかが問題である。かつては人々を法的に同じ地位にあるものとして取り扱うことを意味する形式的平等の実現で憲法上の平等は足りるとされたが、社会国家原理の導入などにより、社会的な不平等の是正も含めた実質的平等を実現することが憲法上の平等に求められるとする理解も有力となっている。

例えば、アメリカでは人種差別問題に関して、かつては黒人と白人との間での分離政策が平等違反とされたが、その後は民族的マイノリティを優遇する措置（いわゆる「アファーマティブ・アクション」）の平等原則適合性が問題となるようになった。同様の問題は、性別による差別禁止をさらに一歩進めて、選挙や職業などの場面において男女の均等なアクセス（いわゆる「パ

リテ」)を実質的に要求するフランスの憲法体制にも見られる。

　これら以外の国家でも、実質的平等は多かれ少なかれ憲法上の問題として認識されつつある。このとき、実質的平等の要請は、社会構造の改変までをも憲法の課題とする点で、憲法の妥当領域を拡大する意味をもつ。そしてこのことは、次に見るように、人権と国家権力との関係性の変容にも影響を及ぼすことになるのである。

3　人権と国家権力

A　関係性の変容

　本来、憲法における人権保障の意味は、とりわけ国家権力による個人の生活領域への介入から個人を守るとともに、国家に対する個人の公的請求権を保障することにあった。それゆえ、人権は国家権力と個人との対立構造を前提として、個人がもつ「対国家的な権利」として発展してきた。こうした人権理解は、市民革命期に憲法で保障されるようになった自由権（「国家からの自由」）を中心とした防御権的思考に生き続けている。

　しかし他方で、20世紀以降の社会国家原理の憲法への導入によって、国家権力と個人との対立構造に変化が生じた。国家は社会国家原理によって社会における格差（貧富の差や社会的権力構造など）の是正にも努めることが要請され、その中で実質的平等や社会権などの「国家による自由」もまた人権保障の体系に組み込まれていったのである。そこでは、国家権力は個人の自由にとっての敵対者であるだけでなく、むしろそれとは反対に個人の自由にとっての擁護者としての役割を期待されるようになった。

　防御権的思考に基づけば、国家権力に課されるのは個人の自由領域への不干渉である。この意味で人権の本質も国家に対する不作為請求権であることになる。これに対して、社会国家原理に基づく新たな人権保障で要求されるのは、国家権力による積極的な関与であり、人権の本質には国家に対する作為請求権が加わることになる。こうして人権問題は、国家権力が個人の自由を侵害していないかという問題だけではなく、国家権力が個人

の自由を実効的に保護しているかをも問題としうるようになった。

B 2つの堕胎判決

ここでは、以上のような人権と国家権力との関係性の変容を、2つの堕胎罪に関する判決を例に見ておこう。

1つ目の判決は、アメリカ連邦最高裁が1973年に下したロー対ウェイド判決である。この事件では、テキサス州刑法の堕胎罪規定が女性の自己決定権を侵害し、合衆国憲法に違反しているかどうかが問われた。判決において連邦最高裁は、「〔修正14条によって保障される〕プライバシーの権利は、……妊娠中絶を行うか否かについての女性の決定を包含するに十分な広がりをもつ」と述べ、妊娠中絶に関する自己決定権を憲法上の権利として承認した。その上で、この権利が制限されるのは母体保護という利益が「やむやまれぬ」ものである場合に限られること、そしてそれが正当化されるのは妊娠期間を3期に分割した2期目以降であることを明らかにした。すなわち妊娠期間の1期目（受胎後約12週まで）での堕胎処罰は違憲となる。

この判決では、国家（州）権力と個人の自己決定権とが対立構造をとっており、刑法上の堕胎処罰が女性の自己決定権に対する規制として理解された。つまり、この判決で問題となったのは、①国家対個人の対立構造のもとでの国家の規律権限行使の限界であり、このため②プライバシー権（自己決定権）に介入する堕胎処罰が介入限界（規律権限行使の上限）を超えていないかどうかであった。これは、国家権力と個人との対立構造の中で、国家権力が個人の自由を侵害していないかを問うという図式に合致する。優越する公益なしに女性の自己決定権に介入することを違憲とする結論は、少なくとも防御権的思考のもとでは十分に首肯できるものであった。

ロー対ウェイド判決と対照的なもう1つの判決が、ドイツ連邦憲法裁判所が1974年に下した第一次堕胎判決である。この判決では、ロー対ウェイド判決の影響のもとで、受胎後12週以内であれば堕胎を処罰しないとした刑法改正の合憲性が問われた。とりわけ問題とされたのは、一定期間でも妊娠中絶を自由化することは、中絶される胎児の生命権を侵害することにならないのかであった。この判決において、連邦憲法裁判所は「〔生命権を定める〕基本法2条2項1文は、母胎内で生成中の生命も独立の法益

として保護する」とした上で、この規定から「あらゆる人間の生命を保護するという国家の義務」が生じるとした。この義務付けからすれば「〔生成中の〕生命を他者による違法な介入から守る」ことが要求されるという。このとき、胎児の生命保護と女性の自己決定権とが対立することになるが、両者の調整にあたっては胎児の生命保護に優越性が与えられるべきであり、「それゆえ中絶は原則として不法とみなすべき」こととされたのである。

この判決では、国家権力と個人（女性）との二者間構造にとどまらず、女性によって生命の危険にさらされる胎児の権利保障もまた問題とされている。連邦憲法裁判所はこうした三者の法的関係性（法的三極構造）の中で、国家権力には胎児の生命を保護する義務があるとしたのである。すなわち、堕胎処罰は女性の自己決定権を制約するが、それは対立する他の個人（胎児）の権利保護に必要な制約として正当化されたことになる。ここでは、国家権力の措置が三者間関係における個人の自由（胎児の生命権）を実効的に保護しているかという問題が前面に出ている。これは実質的な平等を志向するアプローチの一種でもあり、一面的な防御権構造を超える人権保障のあり方が示されている点で注目に値するだろう。

両判決を比較すると、そこには人権を伝統的な意味で対国家的な自由（防御権）を保障するものと理解する立場と、人権が対第三者の関係でも意味をもつとする新たな思考とのコントラストを読み取ることができる。このとき、胎児を生命権の主体として憲法上の保護のもとに置くかどうかという問題も含めて、人権問題の広がりが検討される必要があるだろう。

4 人権保障の射程と課題

A 人権保障と比較憲法学

歴史的に見ると、人権保障は、市民革命期に憲法で保障されるようになった信教の自由や表現の自由といった自由権（第一世代の人権）に始まり、その後、20世紀に保障されるようになった社会権（第二世代の人権）を経て、20世紀後半から現在にかけてプライバシーや環境にかかわる人権（第三世代の

人権) の保障へと次第に発展してきている。こうした人権保障の量・範囲の拡大は、現代社会における人間らしい生き方の条件設定の拡大に伴うものであると言ってよい。人権保障は常にその時代・社会での人間らしい生き方を追求するものであり、不断に保障のあり方を考えねばならない。

比較憲法学においても、各国における憲法上の人権保障とそれらが直面する問題を究明し続ける必要がある。現在の日本ではそれほど意識されていない人権問題が既に他国においては社会問題化し、議論が重ねられていることもある。こうした他国の状況は、これからの日本が経験する事態であるかもしれない。そのときの対応を考え、実効性の高い人権保障を目指すためにも、比較憲法学における人権保障の比較は重要である。

B　人権保障の新たな局面

各国での人権保障の射程をめぐる議論や直面する現代的課題を簡単に整理すれば、次のようになるだろう。

第一に、これまでの普遍的な人権概念に対して批判が高まっている。「人」や「国民」をひとくくりにした憲法上の人権保障に対して、現在ではとりわけ社会的・文化的マイノリティから異議が出されている。例えば、LGBTなどの性的マイノリティに対する人権保障をめぐる問題はアメリカやドイツで憲法訴訟となり、連邦最高裁のオベルゲフェル判決や連邦憲法裁判所の性的自認に関する一連の判決などの成果を引き出した。また、フランスで社会問題化し、ヨーロッパ全域に波及したイスラムスカーフをめぐる問題も、人権保障との関係が論じられている (コラム参照)。

第二に、第三世代の人権保障はさらに進展を見せている。プライバシーにかかわる権利保障の問題は、監視技術の高度化やデータベースの利用、ビッグデータの利活用といった現代的状況によりますます議論が盛んになっている。環境にかかわる権利保障の問題もまた、気候温暖化や頻発する自然災害、さらには原発事故問題などをきっかけに議論が進展している。さらに、現在ではテロリズムの脅威との関係で「安全」にかかわる権利保障の問題も取りざたされるようになっている。そこでは、テロリズムから市民の安全を守るために国家権力がどれだけの貢献をすることができるかが問われており、これを実効化するための論理として「安全を求める権利」

の憲法上の保障の有無が論じられている。

　第三に、人権保障の国際化が進展している。国連や EU で採択された国際人権条約は、条約締結国による批准を通じて国内法化され、国際的人権保障の枠組みが共有されるようになっている。この中でも比較的成功を収めているのが、欧州人権条約である。この条約は、生命権、プライバシー権、思想・良心の自由、信教の自由、集会・結社の自由、財産権、教育権、外国人の集団的追放の禁止などの権利を定め、その内容は議定書によってさらに拡充されている。欧州人権条約では、締約国によって人権を侵害された個人がヨーロッパ人権裁判所に提訴できることとなっており、同裁判所によって判例が蓄積されることでより実効性の高い条約となってきている。このように人権保障を一国の国内政治の問題とせずに、国際的に協働して取り組むべき問題とする意識が高まっており、人権の「普遍性」はグローバル化の方向で理解されるようになっているとも言える。

コラム　イスラムスカーフと人権保障

　フランスでは、1989 年に公立中学校の 3 人の女子生徒が教室でスカーフを取ることを拒否して退学処分を受けた事件が大きな関心を集めた。そこでは、イスラム女性の宗教的自由と公教育の宗教的中立性との対立関係が争点となった。これらはそれぞれ人権保障とライシテ（国家の非宗教性）の原則という憲法上の保障に基づく対立であり、重大な憲法問題でもあった。コンセイユ・デタは生徒の宗教的自由を重視する判断を示したが、その後、世論が公的な場所でのスカーフ禁止の方向に傾き、2004 年に「公立学校における宗教的表象の着用禁止法」が制定された。

　同様の問題はドイツでも訴訟に発展している。連邦憲法裁判所は、教師志願者がスカーフ着用を理由として採用拒否を受けた事件について、スカーフ着用に信仰の自由による保護が及ぶとしつつ、州法での一定の制限は許容されると判断した。このため、多くの州で教師のスカーフ着用を禁止する法律が制定された。

　しかし、こうした法規範が少数者であるイスラム教徒の宗教的自由を侵害していないかどうかは慎重に検討する必要がある。

第16章 精神的自由権

 **キーワード**

二重の基準、宗教的自由、宗教制度（公認教制・政教分離性）、名誉毀損（現実の悪意）、性表現規制、扇動的表現規制（明白かつ現在の危険）、知る権利、パブリック・フォーラム論

本章のポイント

1. 自由とは、国家の介入や干渉なく人が自分の問題を決定し行動することを言う。憲法が基本的人権を保障するのは、国民の自由を守るためである。
2. 自由に考え、それを他人に伝えるのが可能な社会では、人は自分の価値観に基づいて物事を理解し、意見を述べ、さらには創意工夫する。考えや意見が違う人とも、話し合いで互いに納得のいく合意を形成することもできる。そのような社会だからこそ、様々な問題を克服し、未来に向けて発展できる。
3. 民主的な社会では、新聞やテレビの報道から自分の政治的意見を作り出し、時の政権を肯定的・否定的に評価することが必要である。人々が自らの意見を政治に反映し、政治も人々の意向に基づいて行われてこそ、国民主権は実現できる。精神的自由権は国民主権の具体化にも不可欠である。

1 精神的自由権の意義

A 精神的自由権の発展

　自由とは、国家の介入や干渉なく人が自分の問題を決定し行動することを言う。憲法が基本的人権を保障するのは、国民の自由を守るためである。

　人々は、中世末期のヨーロッパでの宗教改革以降、制限を受けつつも自分の信じる宗教を追究する自由を獲得したことで、自由を意識するようになる。こうした意識は、個人主義と相まって財産権や契約の自由といった近代市民社会の基礎となった。市民が過重な課税を防ぐために求めた国王や政府に対する発言の自由は、政治的自由（表現の自由、集会結社の自由）へと発展する。

　精神的自由権は、人々の多様な考えの根源となるので、特に重要だとされる。自由に考え、それを他人に伝えるのが可能な社会では、人は自分の価値観に基づいて物事を理解し、意見を述べ、さらには創意工夫する。考えや意見が違う人とも、話し合いで互いに納得のいく合意を形成することもできる。そのような社会だからこそ、様々な問題を克服し、未来に向けて発展できる。憲法は、このような社会の土台を守るため精神的自由権を保障する。また民主的な社会では、新聞やテレビの報道から自分の政治的意見を作り出し、時の政権を肯定的・否定的に評価することが必要である。人々が自らの意見を政治に反映し、政治も人々の意向に基づいて行われてこそ、国民主権は実現できる。精神的自由権は国民主権の具体化にも不可欠である。

B 精神的自由権と国民の政治参加との関係

　そこで、精神的自由権と国民の政治参加との関係を紐解いてみよう。我々は社会の様々な出来事を直接の目撃者として見聞きすることもあるが、一般的にはそれを取材した報道機関の（新聞・雑誌・テレビ・インターネットを通した）報道によって知る。こうした様々な出来事を多様な方法で「知る」ことは「知る権利」の土台であって、情報の接受は意見形成の自由には不可欠なものであると言える。我々は接受した情報に対した様々な反応

（同意・否定・批判・怒り・悲しみ・喜び）を示し、その前後に情報の取捨選択もしている。そして、選別した情報に対する内心の反応に基づき自己の意見を形成していくのである。これはまさに思想良心の自由として保護されるところである。そして多くの場合、人は自らの意見を外に表明したいと思う（もちろん自らの内面にとどめる意見も多数あるだろう、特に過激かつ不穏当なものは）。外部に発せられる表現のすべてが、他人の耳目に触れることを予定しない。例えば日記のように、自分の備忘録として、あるいは精神的セラピーの一環として記されるものもあるだろう。そうではなく、他人に向けて意見を表明する行為は、広く表現行為として憲法上の保護が及ぶと理解される。

　その中でも、口頭・文章による表現は言論の自由として保障される。多くの人と集い、意見を表明して他者と意見交換し自らの意見を発展させることは集会の自由として保障される。これらの表現は芸術的表現や娯楽的表現をも含むが、より国民主権と結び付くのは政治的言論である。それは、新聞・雑誌・テレビやインターネットなどで自分の政治的見解を表明することであり、先に触れた社会的な出来事に対する政府の対応を批判することで示されることが多い。こうした政治的言論でもって、国民はまず政治に一歩参加するのである。そして、このように形成された政治的見解に基づいて、我々は選挙で投票し政治的選択を行うのである。また政党に加入したり立候補することによって、自分の意見に基づく政治の実現に努めるのである。かくして、精神的自由権の中でも意見形成の自由と表現の自由は重要である。

C　精神的自由権の保障

　このように精神的自由権は手厚く保護されるべきなので、これを制約する法律や政府行為の合憲性は厳しく問われなければならない。それゆえ、法律などの合憲性を判断する権限（違憲審査権）をもつ裁判所は、精神的自由権を規制する法律を厳格に審査する。この考えを二重の基準論という。この理論のもと、精神的自由権を制限する法律などが合憲となるには、犯罪防止などのやむにやまれぬ政府利益を実現する目的をもち、必要最小限度の手段による制約でなければならない（厳格審査基準）。

2 宗教の自由と宗教制度

A 各国の宗教制度

一般に欧米諸国は、憲法で信教の自由を保障する。しかし、その具体的な態様は各国の宗教制度に応じて異なる。

イギリスは、ヘンリー8世以降若干の揺り戻しはあったもののイギリス国教会を国教として、信教の自由を認めつつも国教会への国家支援を維持している。カトリックとルター派の混合社会という伝統から、ドイツは政府と協約（コンコルダート）を結んだ宗教の教義を公立学校で教えること、政府が教会のために教会税を徴収することなどが基本法（が援用するワイマール憲法）で規定されている。ただ今日では政府の宗教的中立性が要請されることから、公立学校の教師が教室で宗教性の強い衣服を着用することは許されない。フランスは政府とローマ教皇庁との対立を契機に 1905 年に政教分離法を制定し、また 1947 年憲法や 1954 年憲法がライシテ（国家の非宗教性）を国家原則として定める。そこでは、公立学校の教室のような公共空間から信仰は締め出されていく。アメリカは、建国以前から信仰保護のための政教分離という考え（「分離の壁」）が定着していたため、19 世紀前半にアメリカのすべての政府が政教分離を採用した後も、信教の自由が政教分離に優先するという理解が一般的であった。ゆえに、宗教を制限する目的をもつ法律は憲法違反となるが、偶発的に宗教活動を制約する法律は近年の判決でもって憲法に違反しないとされた。これに対して連邦議会は、そのような偶発的な制約を設ける法律にも厳格な審査基準でもってその憲法適合性を判断することを定める法律を制定した。

B 宗教制度と宗教の自由との関連

こうした各国の宗教制度と宗教の自由のあり方の違いは、今日女性のイスラム教徒が着用するヒジャブやニカーブなどの社会的許容性の差として現れる。フランスは公共空間での宗教シンボルの着用を禁止する法律を制定した一方で、他の欧米諸国ではそのような禁止法は存在しない（安全を理由に顔面を覆う服装の着用を禁止する国はある）。こうして見ると、フランスのラ

イシテは信教の自由に対して独特の価値観を伴うものであることがわかる。

社会の価値観と結び付いた宗教を社会同化の手段として実際に用いた国もあった。政教分離に立脚するアメリカでは、移民の教育の一環としてプロテスタント的価値観を公立学校で教え込み、それに従わないカトリック信者たちを事実上排斥したことがあった。移民の流入により社会が多民族的になるにつれて、伝統宗教とは異なる価値観をもつ信仰をどのように受け容れるのかは各国の課題となっている。さらには、新しい人権とその保障を重視する価値観の普及も伝統宗教の存在を脅かすものとなりうる。だが、そうした問題は、信教の自由を保障することで解決できるものではもはやなく、社会における宗教の役割や、新しい人権と信仰とのバランスを深刻に考えていくことで解決するほかないであろう。

コラム　進化論とアメリカ社会

　ダーウィンの提唱した進化論は、日本では広く人類の起源を説明する学説として理解されているが、キリスト教徒が比較的多く住むアメリカではこれを拒絶する人は少なくない。なぜなら、進化論の説明は旧約聖書の天地創造説（神が天地や動植物とは別に人間を創造したとする考え）と矛盾するからである。

　もちろん進化論を受け容れたキリスト教徒もいた。特に富裕層は、この考えを人間社会における成功を正当化する根拠として利用し、富裕層と貧困層とに分かれるのは適者生存という人間進化の過程なのであるとした。このように貧富の格差を正当化する理論としても活用されたことで、進化論にはネガティブなイメージが付着した。

　聖書の記述に反することを主な理由として、反進化論運動は1920年ごろから展開され、1923年には最初の進化論教育禁止法がオクラホマ州で成立した（1925年に廃止）。1920年代末までに、全国で20州ほどが進化論教育禁止法を制定した。そうした中で、全米が注目したのがスコープス判決（154 Tenn. 105〔1927〕）である。テネシー州も進化論教育禁止法を制定していたが、革新派はそのナンセンスさを証明するために、ある公立高校の生物教師にあえて進化論を教えさせ起訴されるようにした。裁判では進化論の

科学的内容と聖書の天地創造説の双方が主張され、全米が科学学説を否定するキリスト教徒の見解を冷ややかに見ていたという。判決自体は禁止法を容認して当該教師を有罪にしたが、この判決を契機にアメリカ社会は世俗化していったと言われる。

1930年以降アメリカ社会が世俗化するにつれ、進化論教育禁止法は各地で次々に廃止されていったが、1960年代までアーカンソー州やミシシッピ州など南部とバイブルベルトと呼ばれる中西部の諸州は存置していた。だが、ついに連邦最高裁が1968年に同法を政教分離違反と判決するに至り（エパーソン判決, 393 U.S. 98）、進化論は全米の公立学校で教育できるようになったと思われた。

しかしながら、キリスト教原理主義者たちは、様々な手段を講じて進化論を公立学校から排除しようとする。彼らは天地創造説を科学的に叙述する「創造科学」という理論を打ち立て、公立学校で進化論を教育する場合には必ず創造科学も教えなければならないとする法律をいくつかの州で成立させた。この「抱き合わせ」教育要請も、1987年に憲法違反と判決された（エドワーズ判決, 482 U.S. 578）。

だが、進化論教育禁止の動きは現代においても見られる。カンザス州教育委員会は、公立学校において進化論教育に不熱心になることを期待し、1999年に州の標準テストから進化論の題目を排除することを決定した。2018年アリゾナ州では、教科書から「進化論」に関する記述を削除する提案がなされている。

アメリカにおける進化論教育をめぐる問題は、いまだ尽きていないのである。

3 表現の自由

表現の自由も各国の憲法で保障されており、民主制との結び付きを強調する点でも一致している。さらに、この自由が他の権利との関係で相対化

されることも共通している。

A　各国における表現の自由

イギリスでは、コモン・ロー上の権利として表現の自由が認められてきたが、様々な制定法は表現の自由を制約しており、中でも性表現に対する強い規制がある。またコモン・ローも表現の自由を制約するのであって、近年廃止されたとはいえ、伝統的に扇動罪は犯罪とみなされていた。もっとも警察官や軍人の命令に従わないことを扇動する表現やテロ行為の準備を扇動する発言は取締の対象である。さらに人種や宗教を理由とするヘイトスピーチも処罰対象となる。

ドイツ基本法は、意見表明の自由を保障する。その保護する範囲は能動的な表現行為のみならず、表現の内容となる意見を形成するための行為も広く含まれると理解されている。ただし、アウシュビッツの否定といった歴史的に真実ではない内容の表現、ボイコットのような経済的圧迫にあたる表現、誹謗的な批判表現は保護の対象ではないとされる。またドイツは、基本法において明文で表現の自由に対する「法律の留保」を規定している点で他国より実際的と言えよう。なお、ナチスの復活を全面的に否定するために、「自由で民主的な基本秩序に敵対する」表現は規制の対象となりうる。

フランス人権宣言は表現の自由を保障し、1881年の法律もその趣旨を具体化するように言論出版の自由を保障する。フランスも、表現の自由保障の相対化は議会の役割であるとして、法律による規制を当然に容認する。

B　アメリカにおける表現の自由

各国で差異が見られるのは、このような相対化の程度であろう。すなわち民主制と直結する表現の自由を他の権利よりも重視するかどうかで違いが表れる。アメリカは、かつて「思想の自由市場論」が展開されたこともあり、攻撃的な表現には自衛的な表現で対抗させ、そこに法的保護を介在させようとしない。自分の見解を伝える行為は広く表現とみなされ、反戦の意図を示すために徴兵カードを焼却する行為も「象徴的言論」として憲法上の保護が及ぶと理解されている（オブレイン判決, 396 U.S. 367〔1968〕）。近

年では、政治献金も表現の自由に含まれるとする判決も下された（シティズンズユナイテッド判決，558 U.S. 310〔2010〕）。もっとも、性表現など保障対象外となる表現も想定されているので、「自由市場」に含まれる表現には限界があることに留意が必要である。特定個人あるいは団体を対象とする名誉毀損やケンカ言葉も規制される。

　アメリカでは表現を強く保障するため、それを制約する法律に対する憲法適合性の判断手法も厳格である。まず二重の基準論のもと、そのような規制法には違憲の推定が及び、厳格な基準によって審査される。法規制の対象が過度に広汎である場合は規制が無効になる法理や、規制範囲が不明確性であるために法律が無効となる法理などが判例上確立している。また規制の具体的様態に焦点をあてる方法も確立しており、表現の内容に着目する表現内容規制と、表現の時・場所・方法を制約する表現内容中立規制を区別し、裁判所は前者を厳格に、後者をやや緩和的に審査している。さらには、名誉毀損規制では「現実の悪意」法理（名誉毀損表現をした者が摘示する事実がウソであること、あるいはその者が真実であることの裏付け調査をしなかったことを、名誉を傷つけられた者〔被害者〕あるいは検察が立証しなければならないとする法理）、犯罪行為を促すような扇動的表現規制には「明白かつ現在の危険」法理（扇動的表現を規制するためには、(a)ある表現が近い将来にある実質的害悪を引き起こす蓋然性が明白であること、(b)その実質的害悪が極めて重大であり、その害悪の発生が時間的に切迫していること、(c)当該規制手段がその害悪の発生を避けるのに必要不可欠であること、という要件を満たしていなければならないとする法理）が適用されるなど、様々な表現規制に対応するテストが整備されている。

　表現する場所も審査密度を左右する要素となる。そこでは、パブリック・フォーラムの法理が用いられる。(a)道路や公園、広場など昔から集会に利用されてきた場所を伝統的パブリック・フォーラムと言い、そこでの表現・集会の自由は強く保障されなければならない。(b)市民会館や市民ホールなど政府が意見交換の場として指定した場所を指定的パブリック・フォーラムと言い、政府は表現・集会の主題・テーマについて選別できるが（労働問題の討議を認めるが、環境問題の討議は認めないなど）、見解規制（労働問題で使用者側からの討議を認める一方で、労働者側の討議を認めないなど）は許されない。(c)公の施設であっても、市役所の執務室など本来表現・集会の場とし

て用いられない場所を非パブリック・フォーラムと言い、政府はそこでの表現・集会活動を一切認めないとすることができるが、認める場合には見解による差別は許されない。

このようにアメリカでは表現を厚く保護しているので、特定の個人や集団ではなく、不特定多数に向けられるヘイトスピーチは規制されていない。これに対してヨーロッパ諸国やEUはヘイトスピーチを規制し、「忘れられる権利」(自らにかかわるネガティブな情報を、一定期間経過した後にインターネットから削除もしくは閲覧不能にするよう請求する権利)を重視しており、表現の自由についてアメリカとは別の理解を示していると言えよう。

4 集会・結社の自由

A 集会の自由

集会の自由は、前述のように国民の政治参加に直接関連する自由である。しかし、その自由は表現の自由ほどは認められていない。

アメリカ憲法は「国民が平穏に集会する権利」を保障する。そして集会の自由にも上記のパブリック・フォーラムの法理が適用されてきた。いずれのフォーラムでも、時間や場所・方法に関する集会規制は審査密度の高くない基準で審査される。集会のテーマや内容を理由とする規制について、伝統的パブリック・フォーラムでは厳格審査が用いられる。指定的パブリック・フォーラムでは、集会のテーマについての選別は許されるが、立場や内容、見解に基づく制限のときは原則として許されないため厳格審査が適用されることになる。

ドイツ基本法も平穏な集会の自由を保障する。憲法上屋外での集会には法律の留保が認められているが、屋内の集会については一般的に他者の権利を制約しない限り認められると理解されている。ドイツの裁判所は集会の自由が意見交換の自由と密接な関連性をもつことを重視しているので、保障の対象となる「集会」は世論形成のプロセスとしての討論の場あるいは集団行動であるとされ、クラシックのコンサートや演劇などエンターテ

インメントの集まりは保護の範囲に含まれないとされる。また集会の平穏さが求められるので、暴徒化するような集会は憲法上の保護の対象から外れると考えられている。なお「自由で民主的な基本秩序に敵対する」集会について、連邦憲法裁判所は直ちに基本権が喪失するとは理解せず、公共の安全を脅かす具体的な期限がなければ制限できないと判決した (BVerfGE 111, 147)。

イギリスも、公共の場における集会や集団行動は法律により規制されている。

B　結社の自由

結社の自由を憲法上明記している国は多くない。イギリスはこれを一般的権利として認め、アメリカも憲法上の明文規定はないが表現活動を目的とする集団に対しては憲法上の保護が及ぶとする。それ以外の団体の自由は、一般的権利として認められるだけである。

フランス革命期に結社を禁止する法律が制定されたことがあったが、1901 年に結社の自由を認める法律が成立し、第四共和制憲法は労働組合結成の権利を、第五共和制憲法は政党・政治団体の結成権を保障した。

ドイツ基本法は明文で結社の自由を規定する。ただし、その目的あるいは活動が刑法に反するもの、憲法適合的秩序や国際協調思想に反する団体の結成は禁止される。さらに自由で民主的な基本秩序を侵害し、またはドイツ連邦共和国の存立を脅かすことを目指す政党は違憲とみなされ、連邦憲法裁判所は極右政党と共産党を違憲の政党と認定する判決を下した (BVerfGE 2, 1 ; 5, 85)。

第17章 経済的自由権

キーワード

経済的自由権の歴史的展開、社会国家・福祉国家、所有権、ワイマール憲法、職業選択の自由、営業の自由、居住・移転の自由、二重の基準論、公共の福祉、目的二分論、財産権保障の国際比較

本章のポイント

1. 経済的自由について多くの国の憲法は、職業選択の自由や財産権の保障を定めるが、その歴史について学び、該当する条文に触れる。
2. 職業選択の自由（営業の自由）や財産権の保障の内容を理解する。このような経済的自由について公権力による規制が強く認められることを比較憲法学視点から検討する。また、居住・移転の自由についても学ぶ。
3. 精神的自由権の制約と経済的自由権の制約を比べた場合、その制約の程度が異なる点に留意しなければならない。特に、二重の基準論、公共の福祉による制約の正当性、目的二分論についてしっかり理解しよう。

1 経済的自由権の歴史的展開

A 経済的自由権の内容

　経済的自由権は、市民革命時には不可侵の権利として考えられていたが、現代においては、公共の福祉（Public Welfare）による制約を広範に受ける人権として理解されている。

　経済的自由について多くの国の憲法は、職業選択の自由や財産権の保障を定めるが、比較憲法史の視点から見れば、1789年のフランス人権宣言の規定（「所有権は、神聖かつ不可侵の権利である」）に遡る必要がある。その後、社会国家思想の進展に伴い、財産権は社会的な拘束を伴う権利として捉えられるようになった。1919年のワイマール憲法153条3項は、「所有権は義務を伴う。その行使は、同時に公共の福祉に役立つべきである」と定めた[1]。そして、同憲法153条1項の「所有権は、憲法により保障される。その内容およびその限界は、法律によって明らかにされる」という規定と併せ、所有権の絶対不可侵性を否定し、所有権を法制度上の枠付けを伴う権利として保障した[2]。

　なお、ここで、所有権（the right of ownership; proprietary rights）という場合、特定の物を直接かつ全面的に支配しうる権利（日本の民法206条）を念頭に置く。また、以下に、財産権（property right）について考察するが、それは、経済的利益を対象とする権利を意味し、非経済的利益を対象とする身分権など（例えば親権）と対比される。物権、債権、無体財産権などがある。

B 日本における経済的自由権

　さて、経済的自由権は、大別して職業選択の自由と財産権の保障に分類できるが、日本におけるその歴史的展開を概観してみたい。

　職業選択の自由は、大日本帝国憲法（明治憲法）には規定がなかった。日本国憲法では22条1項で「何人も、公共の福祉に反しない限り、居住、移転及び職業選択の自由を有する」と定められている。

　また、財産権の保障については、大日本帝国憲法（明治憲法）では、27条1項に「日本臣民ハ其ノ所有権ヲ侵サルルコトナシ」と定められ、同条2項

で「公益ノ為必要ナル処分ハ法律ノ定ムル所ニ依ル」とされた。ただし、補償に関する規定はなかった。それに対して日本国憲法は、29条で「(1)財産権は、これを侵してはならない。(2)財産権の内容は、公共の福祉に適合するように、法律でこれを定める。(3)私有財産は、正当な補償の下に、これを公共のために用いることができる」と定めている。

C 社会国家

ここで、社会国家について述べる。社会国家とは、すべての国民に人間に値する生存を確保することを使命とする国家をいう。ここでは国家の目的は、社会内部における不当な社会的差別をなくし、すべての国民に相当な生活水準を確保することにあり、このため国家は、社会的経済的領域にも積極的に介入することになる。

社会国家はまた、福祉国家とも言われる。福祉国家という場合、国民に生存権を保障し、平等に福祉を分配する国家をいう。歴史的には絶対主義国家も既に慈恵的な福祉国家観をもっていた。しかし、現代の福祉国家は、19世紀末頃から社会問題の解決が国家の手に委ねられるとともに現れた。したがってそれは、社会保障の確立された国家を指すものと言ってよい。

経済的自由権は、このような社会国家、福祉国家という考え方と結び付けて考察する必要があるだろう。

2 職業選択の自由

日本国憲法は、職業の自由、営業の自由を保障している。同時にこのような経済的自由について公権力による規制が強く認められることも明らかにしている。職業の選択について、誰でも自分の従事すべき職業を選択し、決定する自由を有する。日本国憲法22条は、「何人も、公共の福祉に反しない限り、居住、移転及び職業選択の自由を有する」と定めている。

それではここで、外国の憲法における職業選択の自由について概観してみよう。

A ドイツ

ワイマール憲法111条は、「すべてのドイツ人は、全ライヒ内において移住の自由を有する。各人は、ライヒの任意の場所に滞在し、かつ、定住し、土地を取得し、および各種の生産部門に従事する権利を有する。制限はライヒの法律によることを要する」と定め、居住移転の自由と同一の条文で職業選択の自由を規定していた。また、1949年に制定されたドイツ連邦共和国基本法は、12条1項で「すべてのドイツ人は、職業、職場および養成所を自由に選択する権利を有する。職業の遂行については、法律によって、または法律の根拠に基づいて、規律することができる」とし、職業の自由を規定している。

B その他の国

さらに、職業選択の自由を保障するものとして、スイス憲法27条、大韓民国憲法15条、世界人権宣言23条1項が挙げられる。また、国際人権規約A規約6条は、労働を自由に選択する権利を含む労働権の保障を定めている。

北欧諸国においても、フィンランド（雇用、職業ないし商活動によって生計を得る自由）、スウェーデン（職業遂行の権利）、アイスランド（みずから選択した職業に従事する自由）その他職業選択と公共の利益による制約に関する規定が見られる[3]。

3 財産権の内容と財産権に対する規制

財産権の保障について、前述の通り、日本国憲法は29条に規定がある。現代国家においては、資本主義経済のもたらす弊害を防ぐため、財産権は公共の福祉を理由に規制（Regulation）を受けることになる。

財産権の保障に対する例外として、私有財産を「正当な補償」のもとに公共のために用いることができる。例えば、公益事業のための公用収用などがこれに該当する。

次に、外国の憲法における財産権規定を見ていこう。

A　ドイツ

　個人の財産の所有についてワイマール憲法の内容を引き継いだドイツ連邦共和国基本法は、14条で次のように定める。「(1) 所有権および相続権は、保障する。その内容および限界は、法律で定める。(2) 所有権には義務が伴う。その行使は、同時に公共の福祉に役立つべきである。(3) 公用収用は、公共の福祉のためにのみ許される。公用収用は、法律により、または、補償の方法および程度を規律する法律の根拠に基づいてのみ、行うことが許される。その補償は、公共の利益および関係者の利益を正当に衡量して、定めるものとする。補償の額につき争いのあるときは、正規の裁判所で争う途が開かれている」。

B　その他の国

　また、スイスの憲法26条は、財産権の保障、公用収用による財産の制限に対する完全な補償を規定している。

　ところで、大韓民国憲法の財産権に関する規定(23条)は、日本国憲法29条とほぼ同様の規定となっており、その点で興味深い。以下がその条文である。「(1) すべての国民の財産権は、これを保障する。その内容および限界は、法律によって定める。(2) 財産権は、公共の福祉に適合するように、これを行使しなければならない。(3) 公共の必要による財産権の収容、使用または制限およびこれに対する補償は、法律によって行う。ただし、正当な補償を支給しなければならない」。

4　居住・移転の自由

　居住・移転の自由は、居住地を決定し、またそれを変更する自由を言う。封建時代には、居住・移転の自由は職業選択の自由とともに厳しく制限されていたが、土地から分離された自由な労働力の形成という意味において、

この居住・移転の自由は、資本主義社会存立の不可欠の前提条件として保障された。
　明治憲法 22 条も、法律の留保のもとで、居住・移転の自由を明文で保障した。日本国憲法は、居住・移転の自由を職業選択の自由と同じ条文（22条 1 項）で保障しているが、公共の福祉に反する場合、制約を受ける。
　また、日本国憲法 22 条は、「何人も、外国に移住し、又は国籍を離脱する自由を侵されない」と規定し、外国移住および国籍離脱の自由を認めている。ここに「移住」とは、永続的に外国に住所を移すことであるが、一時的な海外旅行もこれに含まれる。国籍離脱の自由について、国籍法は国籍を離脱するためには、外国の国籍を取得することを要件としており、無国籍になる自由は含まれない。
　多くの国の憲法や国際条約において居住・移転の自由についての規定が見られる。
　世界人権宣言は、13 条で「(1) すべて人は、各国の境界内において自由に移転及び居住する権利を有する。(2) すべて人は、自国その他いずれの国をも立ち去り、及び自国に帰る権利を有する」と定める。
　また、スペイン憲法 19 条は、「(1) スペイン人は、自由に住む場所を選び、国内を旅行する権利をもつ。(2) スペイン人は、スペインに自由に入ったり出たりする権利がある。法に定められた条件のもとで、この権利は制限されてはならない。政治や思想の動機を理由として制限してはならない」と定めている。
　イタリア共和国憲法 16 条は、「(1) すべての市民は、法律が一般的に保健または安全のために定める制限の外、国の領土のいかなる地方に自由に通行、滞在することができる。政治的理由による制限はいっさい定めることができない。(2) すべての市民は、法律による義務の外、共和国の領土を出国すること、再入国することは自由である」と定めている。

5　経済的自由に対する制約

　経済的自由は、現代においては、社会的に拘束を負ったものとして、法律による規制を広汎に受ける人権となっている[4]。精神的自由権と比べて経済的自由権が、より強度の規制を受けることは、世界各国の憲法理論に共通していると言ってよいだろう。

A　二重の基準論

　経済的自由に対する制約に関する裁判所の審査基準として「二重の基準論」が挙げられる。

　「二重の基準論」は、基本的人権のうち、精神的自由は経済的自由に比べ優越的な地位を占めるとして、法律の違憲審査に際してより厳格な基準によって審査されなければならないとする考え方を言う。この基準は、アメリカ合衆国の1938年のカロリーヌ事件連邦最高裁判決におけるストーン裁判官の法廷意見に端を発するとされる[5]。合衆国最高裁は、経済的自由に厳格な違憲審査基準を適用してきた従来の態度を改め、合理性の基準を適用した。

B　公共の福祉

　日本国憲法22条、29条において、「公共の福祉に反しない限り」という留保を付けて経済的自由権を保障しているのも、公権力による規制の程度が強いことを意味している。

　ここで、公共の福祉とは、個人の利益に対して、多数の個々の利益が調和したところに成立する全体の利益を指すと考えられる。幸福を目指す上での社会全体の利益と言ってもよいかもしれない。

　人間としての権利や自由が、恣意的な自由、権利を意味しない限り、公共の福祉の観念を否定することはできないだろう。1789年のフランス人権宣言で、「自由は他人を害しないすべてのことをなしうることに存する。各人の自然的権利の行使は、社会の他の構成員に同種の権利を確保せしめることの他には制限を有しない」と述べているのも、多数の個々の利益に

配慮した規定である。

　もちろん、「公共の福祉」という概念をあまり抽象的に論じていると、現実に、どのような行為が具体的にそれに反する行為なのかどうか不明確となる。この点について、ドイツ連邦共和国基本法2条1項は、「各人は、他人の権利を侵害せず、かつ、憲法的秩序あるいは習律に反しない限り、その人格の自由な発展についての権利を有する」と規定している。「(中略)しかし、わが憲法には、同様の規定はないが、『公共の福祉』の趣旨とするところは、それと同じところに帰結するものと思われる」[6]という指摘は、日本国憲法における「公共の福祉」の意味を考察するにあたり的を射たものと言えよう。

C　目的二分論

　目的二分論とは、経済的自由権に対する規制を、その規制目的により危険の除去・安全の保護といった消極目的を主眼とする規制（消極目的規制）と、社会政策的に弱者・少数者等を保護するなどの積極目的を主眼とする規制（積極目的規制）とに分ける理論である。消極目的規制には、比較的厳しい審査基準が妥当する。

　職業選択または営業の自由を制限する立法の合憲性について、最高裁は、消極的規制のための立法か、積極的規制のための立法かで2つの基準によって判断している。すなわち、前者の場合には、合憲性の判断の基準として、より厳格な基準（いわゆる厳格な合理性の基準）を適用し、後者の場合には、緩やかな審査基準（合理性の基準）を用いている。

　社会政策的な政策による規制の場合と、警察的安全的理由による規制の場合とを分けているのが公衆浴場距離制限合憲判決と薬事法距離制限違憲判決における最高裁判所の判断であると言えよう。

6 まとめ

　経済的自由は、精神的自由に比べて人権の序列上、劣位に置かれるという考え方は、憲法学説上通説の立場を占めているが、各人の人格の実現としての経済活動の自由や、人格の実現の基盤としての財産権については、精神的自由に劣らない高い保障が認められるべきだとも言えよう。

　今からちょうど100年前に制定されたワイマール憲法153条3項（「所有権は義務を伴う。その行使は、同時に公共の福祉に役立つべきである」）の規定は、経済的自由権の内容を端的に示しており、社会国家思想を体現する言葉として脈々と生き続けていると言えるだろう。

コラム　職業選択の自由と職業の自由

　憲法22条1項は、「何人も、公共の福祉に反しない限り、居住、移転及び職業選択の自由を有する」として、基本的人権として職業選択の自由を保障する。職業選択の自由は、自己の従事する職業を決定する自由を意味しており、これには、自己の選択した職業を遂行する自由（「営業の自由」）も含まれるものと考えられている。

　ここで、職業選択が自由であると言っても、誰もが自分が望む職に就くことができるわけではないことは当然で、その自由に対する制約が存在する点を確認しておきたい。許可、資格が必要な職業、営業に関する規制は職業選択の自由にとって大きな壁である。

　ところで、1つおもしろい事例を挙げて職業選択の自由について考えてみたい。日本では、アマチュア野球が盛んだが、プロ野球を目指す球児にとって特定の希望球団に行けるかどうかは「ドラフト会議」の結果次第であり、これは職業選択の自由に対する制約と言えるかもしれない。しかし、プロ野球人として活躍できる場を得ることのできる球児はごくわずかである。日本野球機構（NPB）やメジャーリーグ（MLB）という職業団体に入る自由は能力次第で認められているという考え方もあるのではないだろうか。この事例は、単なる契約上の問題にとどまらず、公法上の問題にもなりう

る論点を含んでいる。

　ちなみにドイツでは、職業、職場および養成所の選択の自由や職業遂行の自由について憲法（＝基本法）で定めている。基本法を解説する文献によれば、「労働や職業が人生の課題であり生活の基礎であるところでは、職業の自由は個人的生活形成の一部であり、これなくしては自由な人格の発展が考えられないであろう」と論じている[7]。

注）
1) 芦部信喜著／高橋和之補訂『憲法〔第6版〕』（岩波書店、2015）233頁
2) 辻村みよ子『憲法〔第6版〕』（日本評論社、2018）247頁
3) 君塚正臣編『比較憲法』（ミネルヴァ書房、2012）268頁
4) 芦部、前掲書1）224頁
5) 藤井正肴「二重の基準論の批判的検討及び再構成」社学研論集 Vol.7（2006）159-160頁
6) 廣田健次『全訂 日本国憲法要論』（南窓社、2015）94頁
7) ヘッセ，K.著／阿部照哉訳『西ドイツ憲法綱要』（日本評論社、1983）420頁

第18章 人身の自由

 **キーワード**

奴隷制、徴兵制、適正な法手続、罪刑法定主義、告知と聴聞、人身保護制度、弁護人依頼権、陪審裁判、自己負罪拒否の特権、二重の危険

本章のポイント

1. 専制政治が行われていた時代には、不当な逮捕、監禁、拷問が行われていたり、刑罰権が濫用され、不当に人身の自由が侵害されていた。そこで近代憲法には、何らかの形で人身の自由が保障されている。
2. 人身の自由については、国連憲章や条約、国際機関の決議などの国際法規においても規律対象として位置付けられている。
3. 日本国憲法は、31条から40条にかけて刑事手続上の権利を保障しているが、諸外国の憲法にも同じような内容の規定が見られる。
4. 国連の人権関係機関から勧告を受けている死刑廃止や長期間にわたる拘禁、犯罪被害者の人権など、解釈上、対立がある問題については、日本国憲法の改正を含めて検討しなければならないであろう。

1 人身の自由の意義と歴史

　たとえ憲法で自由や権利が保障されていたとしても、何の法的根拠もなく国家権力が恣意的に身体を拘束したならば意味をなさない。それゆえ、人身の自由は、あらゆる人権規定の中で最も基本的であり、各国憲法においても、何らかの形で保障されている。

　人身の自由の起源は、1215 年の「マグナ・カルタ」に遡ることができる。その 39 条には、同輩による裁判と、法によらなければ逮捕、監禁、差押えなどをされない旨が、40 条には司法の適正な運用が規定され、いわゆる人身の自由が保障された。その後、1628 年の「権利請願」において、マグナ・カルタで規定された人身の自由と適正な手続が確認され、1679 年の「人身保護法」は、より具体的に不法な人身拘束からの自由が規定されるとともに刑事手続における裁判の適正が規定された。1689 年の「権利章典」では、残虐かつ異常な刑罰の禁止や陪審員の正当な選出などが明文化された。このようにイギリスにおいて生成された人身の自由は、各国に影響を与えた。例えば、フランスの 1789 年の「人および市民の権利宣言（フランス人権宣言）」7 条には、「何人も、法律が定めた場合で、かつ、法律が定めた形式によらなければ、訴追され、逮捕され、または拘禁されない」と定められ、8 条に「何人も、犯行に先立って設定され、公布され、かつ、適法に適用された法律によらなければ処罰されない」と規定され、適正な手続の保障のみならず罪刑法定主義が明文化された。さらには、ヴァージニア権利章典の 10 条を経て、合衆国憲法修正 4 条に「国民が、不合理な捜索および押収または抑留から身体、家屋、書類および所持品の安全を保障される権利は、これを侵してはならない。いかなる令状も、（中略）相当な理由が示され、かつ、捜索する場所および抑留する人または押収する物品が個別に明示されていない限り、これを発給してはならない」と規定され、不合理な捜索・押収・抑留が禁止された。

　このようにして、自由権の 1 つとしての人身の自由が、次第に制度上、定着していったのである。

2　奴隷的拘束からの自由

　日本国憲法 18 条は、奴隷的拘束および意に反する苦役を禁止しているが、その起源は、合衆国憲法修正 13 条に遡ると説明される。

　アメリカにおいて奴隷制は、19 世紀の領土拡大に伴って広がっていったが、合衆国憲法は黙認していた[1]。しかし、1861 年に南北戦争が勃発すると、リンカン大統領は 1863 年に「奴隷解放宣言」を出し、その後 1865 年、合衆国憲法修正 13 条に「奴隷制および本人の意に反する苦役は、(中略) 存在してはならない」と規定され、ここに奴隷制は廃止された。

　奴隷制について、1926 年に奴隷取引の禁止や奴隷制の完全な撤廃などを定めた「奴隷条約」が採択され (日本は未批准)、1948 年に採択された世界人権宣言 4 条は、「何人も、奴隷にされ、又は苦役に服することはない。奴隷制及び奴隷売買は、いかなる形においても禁止する」と規定している。さらに、1966 年に採択された国際人権規約 B 規約 (市民的及び政治的権利に関する国際規約) 8 条には、「何人も、奴隷の状態に置かれない。あらゆる形態の奴隷制及び奴隷取引は、禁止する」とともに「何人も、隷属状態に置かれない」こと、「何人も、強制労働に服することを要求されない」ことが規定された。なお、同条は、「軍事的性質の役務及び、良心的兵役拒否が認められている国においては、良心的兵役拒否者が法律によって要求される国民的役務」や「緊急事態又は災害の場合に要求される役務」などが「強制労働」にはあたらないと規定していることから、日本国憲法下において徴兵制などの役務が「苦役」に該当するかが問題となる。合衆国憲法 1 条 8 節 15 項には、民兵の徴募の権限が連邦議会にあることが明記され (1795 年、連邦議会は大統領にその権限を委譲した[2])、南北戦争や第一次・第二次世界大戦時には徴兵制が敷かれていた。しかしながら、選抜徴兵法 (Selective Service Act of 1940) の制定により、良心的兵役拒否者は兵役が免除されるようになった。同様に、スペイン憲法は、30 条 1 項で防衛する権利および義務を市民に課し、同条 2 項で兵役の義務を定めるとともに良心的兵役拒否と兵役に代わる社会的役務を課すことができる旨を規定している。なお、ドイツ連邦共和国基本法 12a 条 2 項にも同趣旨の規定が見られる。

3 適正な手続の保障

　「適正な法手続」（due process of law）の概念の由来は、マグナ・カルタ 39 条に遡る。同条は、「自由人は、その同輩の合法的裁判によるか、または国法（lex terrae, law of the land）によるのでなければ、逮捕、監禁、差押、法外放置、もしくは追放を受け、またはその他の方法によって侵害されることはない」と定めていたが、ここに「国法」とは慣習法（コモン・ロー）を意味し、「適正な法手続」の観念を含むものと解されるようになった。そして、「適正な法手続」の概念はアメリカに継受された。合衆国憲法修正 5 条に「何人も、法の適正な手続によらずに、生命、自由または財産を奪われない」と規定され、いわゆるデュー・プロセスが保障されたが、あくまでも連邦政府への規制にとどまると解されていた。その後、南北戦争を経た 1868 年には「いかなる州も、法の適正な手続によらずに、何人からも、その生命、自由または財産を奪ってはならない」と規定する修正 14 条が成立し、デュー・プロセスは州政府をも規制するものと解され、次第に手続的デュー・プロセスの要求が確立されるとともに、刑事手続のみならず、民事手続や行政手続にも及ぶものと理解されるようになった。

　19 世紀末から 20 世紀初頭にかけて、州による社会経済立法の規制に対し、企業は修正 14 条のデュー・プロセス条項を根拠に実体的適正を求めるようになり、裁判所も次第に経済的実体的デュー・プロセス理論を承認して違憲判断を示すようになる（例えば、Lochner v. New York, 198 U. S. 45〔1905〕）。その後、1937 年のいわゆる「憲法革命」において、最高裁は、これまでの判決を覆し経済的自由に関する実体的デュー・プロセス理論を放棄した（例えば、West Coast Hotel Co. v. Parrish, 300 U. S. 379〔1937〕）。しかしながら、1973 年に最高裁は、妊娠中絶を行うかどうかを決定する女性の権利を憲法上のプライバシー権として承認したが、その論拠を修正 14 条のデュー・プロセス条項によって導き出される「自由」に求めた（Roe v. Wade, 410 U. S. 113〔1973〕）。今日、これを一般的には「実体的デュー・プロセス理論」と言う。

　ところで、日本国憲法 31 条やインド憲法 21 条、1987 年カナダ憲法 7 条には、何人も、法律の定める手続（「基本的正義の原則」）によらなければ、そ

の生命または身体の自由を奪われない旨が規定されている。これらの規定は、フランス人権宣言8条や世界人権宣言11条2項、国際人権規約B規約15条と同趣旨の規定であり、実体の適正も含むものと解せられる。

ところで、公正な告知と聴聞を受ける権利は、デュー・プロセスの源流となった自然的正義（natural justice）の1つの重要な要素とされ、イギリスの19世紀の判例で認められたものである。当初は、準司法手続に限られると解されていたが、今日では行政手続の全般にわたって適用（準用）されるものと解され、例えば行政手続法などの個々の法律の規定によって何らかの不利益処分を科すときには必ず告知と聴聞をすることが要求される。

4　被疑者・被告人の権利

A　人身保護令状

イギリスにおいて、もともとコモン・ロー上の原則であった人身保護制度（ヘイビアス・コーパス）は、1679年に人身保護法（Habeas Corpus Act 1679）として成文化され、1816年の人身保護法（Habeas Corpus Act 1816）によって刑事上の拘禁のみならず民事上の理由による在監などにも適用されることになった。その後、アメリカに継受された。

合衆国憲法1条9節2項は、「人身保護令状（writ of habeas corpus）の特権は、反乱または侵略に際し公共の安全上の必要とされる場合のほか、停止されてはならない」と規定し、個人が州政府によって違法な拘禁をされている場合に、救済を求める手段として認識され、この特権は、連邦政府によっても停止されることはないと解されている。なお、本条項は、わが国の人身保護法の制定に際しても影響を与えたと言われる[3]。また、日本国憲法34条は、抑留・拘禁理由の告知と、その要求があった場合には公開の法廷での開示が義務付けられる旨を規定しているが、この規定も人身保護令状の影響を受けた規定であると考えられる。さらに、1982年カナダ憲法9条から11条にも同趣旨の規定が存する。

B 自己負罪（自己帰罪）拒否の特権

　日本国憲法 38 条 1 項は、いわゆる自己負罪拒否特権を定めた規定であり、合衆国憲法修正 5 条に由来すると言われる。

　合衆国憲法修正 5 条は、「何人も、刑事事件において、自己に不利益な証人となることを強要されない」と規定しているが、もともとみずからが被告となる刑事裁判において証言を拒否することを認めた規定であると解されていたが、その保障内容を拡張して解釈され、捜査段階における被疑者の供述や証言に対しても適用されると解されている。最高裁は、「ミランダ対アリゾナ州事件」(Miranda v. Arizona, 384 U. S. 436〔1966〕) において、公判前の手続にも自己負罪拒否特権が認められる旨を判示したが、そこで問題となったことは「ミランダ警告」を与えなかったことである。ミランダ警告とは、捜査機関が被疑者に対して、①黙秘権があること、②供述内容が後の公判において不利な証拠となりうること、③取調べに弁護人の立ち会いを求める権利があること、④弁護士を雇う経済力がなければ、公選弁護人を付けてもらえることの告知を要求するとともに、被疑者がこれらの権利を行使した場合にはいつでも捜査機関は取調べを直ちに中断しなければならないことが含まれる。なお、被疑者の取調べに弁護人の立ち会いを求める権利や弁護人にアクセスする権利については、判例や刑事訴訟法によって認めている国が多いようである。

C 令状主義

　合衆国憲法修正 4 条は、不当な捜索や逮捕、押収を禁止し、逮捕される人物や押収される物件を特定しない「一般令状」(general warrant) を禁止している。したがって、不当な捜索や逮捕、押収により入手された証拠は、刑事訴追の証拠から排除されることになる (「違法収集証拠排除の法則」。例えば、Weeks v. United States, 232 U. S. 383〔1914〕)。なお、不当な捜索や逮捕、押収の禁止は、修正 5 条および修正 14 条の「適正な法手続」規定により連邦・州政府・地方自治体の公務員にも適用される。

　ちなみに、合衆国憲法修正 4 条に類似した規定として、日本国憲法 33 条、イタリア共和国憲法 13 条 2 項、大韓民国憲法 12 条 1 項および 3 項、1982 年カナダ憲法 8 条などが挙げられる。

令状によらない捜索や逮捕、押収が認められるかが争点となり緊急逮捕を合憲と結論付けた判決（最大判昭和30・12・14刑集9-13-2760）の中で、斎藤悠輔裁判官は、「憲法三三条中の『現行犯として逮捕される場合を除いては』とある規定並びに同三五条中の『第三十三条の場合を除いては』とある規定は、アメリカ憲法修正第四条と同じく、合理的な捜索、逮捕、押収等を令状を必要とする保障から除外する趣旨と解すべき」とする補足意見を述べたが、この指摘は条文の類似性とともに、令状によらない逮捕なども合理的であれば認められるとする解釈の類似性を指摘したものとも言えよう。なお、令状によらない捜索や逮捕・押収がどの範囲内で認められるかについては、裁判所の違憲審査の判断によるものと解せられる。

D 弁護人依頼権

世界人権宣言11条は、犯罪の訴追を受けた者すべてに、自己の弁護に必要なすべての保障が与えられる旨を規定し、いわゆる弁護人依頼権を認めている。また、ヨーロッパ人権条約6条3項bは、被疑者および被告人に対する防御権、とりわけ弁護人依頼権を保障し、同項cには資力に欠ける場合、国費等の援助によって無償で弁護人を依頼することができる旨が定められている。

日本国憲法は、34条前段で身体の拘束後に「直ちに弁護人に依頼する権利が与へられ」ること、37条3項で刑事被告人の弁護人依頼権および国選弁護人の制度を規定している。これらの規定の源流は、合衆国憲法修正6条にある。なお、合衆国憲法には、弁護士費用を支払う能力が無い刑事被告人に対して、公費でもってその費用を充てる旨の規定がなかったが、判例によって権利が確立された[4]。また、1982年カナダ憲法10条b項には、逮捕・勾留に際して、弁護人に依頼する権利とその権利を告知される権利が明記されている。これに対してロシア連邦憲法は、48条2項で逮捕・勾留などをされたときから弁護士の援助を受ける権利を保障するとともに、同条1項で法律援助が無料で行われる旨が規定されている。

E 犯罪被害者の人権

近年、犯罪被害者の人権を、法律上ではなく憲法上の権利として位置付

けるべきであるという主張が見られる⁵⁾。

　例えば、スイス連邦憲法124条は、連邦およびカントンは、犯罪行為によって身体的、精神的または性的に侵害を受けた人が救助を受けること、また、その犯罪行為のために経済的困難に陥った場合、適切な補償を与えることを国の義務として位置付けている。韓国憲法27条5項は、「刑事被害者は、法律が定めるところにより、当該事件の裁判において、陳述することができる」と定めるとともに、30条で「他人の犯罪行為により、生命又は身体に対する被害を受けた国民は、法律が定めるところにより、国から救助を受けることができる」と規定し、刑事手続ないし公判への参加を権利として保障している。

　犯罪被害者の補償や刑事裁判手続への参加という内容を考えてみたとき、その権利内容は請求権的な側面を有していることから、その権利を具体的な権利とするためには憲法上に規定されることが望ましいと言えよう。

F　残虐な刑罰の禁止（死刑制度）

　日本国憲法36条は、拷問及び残虐な刑罰を絶対的に禁止しているが、本条項は合衆国憲法修正8条に由来すると言われる。ちなみに、合衆国憲法は、過大な額の保釈金の要求、過重な罰金、残虐で異常な刑罰を禁止している。また、同じような規定は、1982年カナダ憲法12条にも見られる。なお、世界人権宣言5条は、「何人も、拷問又は残虐な、非人道的な若しくは屈辱的な取扱若しくは刑罰を受けることはない」と規定しているが、スイス連邦憲法10条3項の規定とほぼ一致している。

　そこで、残虐な刑罰に死刑が該当するかという問題がある。この点、日本国憲法および合衆国憲法は、その判断を裁判所に任せていると言える[6]。EU各国については、欧州人権条約第13議定書において、生命権保障と矛盾する死刑を廃止する旨が規定されていることからも明らかなように、死刑は廃止されている。ちなみに、ドイツ連邦共和国基本法は、司法について規定されている第9章の102条において、「死刑は廃止されているものとする」と明記されている。フランス第五共和制憲法も同様、第8章「司法権」の66条の1に「何人も、死刑に処せられてはならない」と規定されている。これに対してロシア連邦憲法は、第2章「人および市民の権利と

自由」の 20 条の 1 項で「各人は生命への権利を有する」とする一方、2 項で「死刑は、その廃止にいたるまで、生命をおびやかす重大な犯罪に対する例外的措置として」認めている。

G　陪審裁判

マグナ・カルタ 39 条には、何人も同輩による適法の審判によらなければ、逮捕、監禁、押収、追放などの侵害をされることはない旨が定められている。本条項の趣旨は、「同輩」つまり素人の裁判官が審判に参加することによって中央政府の恣意から人民の自由や権利などを守ることにあり、陪審制は主としてイギリスにおいて発展していった。

その後、アメリカにおいて、イギリス本国の植民地支配に対する手段として大陪審制度が強調された。そして、合衆国憲法 3 条 2 節 3 項には、すべての刑事裁判の審理は陪審によることなどが定められ、修正 6 条で、「被告人は、犯罪が行われた州およびあらかじめ法律によって定められた地区の公平な陪審による迅速な公開裁判を受け」る権利を保障し、修正 7 条は「コモン・ロー上の訴訟において、訴額が 20 ドルを超えるときは、陪審による裁判を受ける権利が保障されなければならない」と規定している。このように、陪審裁判は 3 箇条にわたって規定され、特に大陪審制度は、デュー・プロセス条項の一部として位置付けられることによって、極めて重要な権利であると認識されている。なお、アメリカと同様、1982 年のカナダ憲法 11 条 f 項にも陪審による裁判を受ける権利が規定されている。

H　二重の危険

日本国憲法 39 条には、何人も、「無罪とされた行為については、刑事上の責任を問はれない」こと、「同一の犯罪について、重ねて刑事上の責任を問はれない」ことが規定され、二重の危険（一事不再理を定めたと解する説もある）の禁止を定めている[7]。

同様の規定は、合衆国憲法修正 5 条にも見られ、「何人も、同一の犯罪について重ねて生命または身体の危険にさらされることはない」と規定している。同条の規定趣旨は、同一の犯罪について、被告人を二重の危険にさらすことを禁止することにあり、判決確定前であっても検察官の上訴は原

則として許されないと解されている[8]。ちなみに、州憲法に二重の危険禁止条項が規定されていない場合にも、修正14条の規定を介して州裁判所が審理する訴訟にも適用される[9]。

　他方、ドイツ連邦共和国基本法103条3項は、「何人も、同一の行為について、一般刑法の根拠に基づいて、重ねて処罰されることはない」と規定し、実体的確定力（既判力）によって公訴権が消滅するという意味の一事不再理の原則が明らかにされている。

　二重の危険と一事不再理が具体的に問題となるのは、下級審が下した無罪判決に対して検察官が上訴することや、検察官がより重い求刑をするために上訴する場合であるが、このような検察官の上訴については認められると解するのが一般的である。このように考えると、両者には大きな差異はないと言える。二重の危険の防止については、具体的には刑事訴訟法に定められるほか、裁判所の判例によって確立されている。

注）

1) 奴隷制を黙認していたとされる根拠として、例えば、合衆国憲法1条2節の「5分の3条項」や同条9節の「奴隷貿易条項」などが挙げられ、また、奴隷は、修正5条に規定するデュー・プロセス条項に規定されている財産と解する立場も有力であった。
2) 阿部竹松『アメリカ憲法〔第3版〕』（成文堂、2013）235頁参照。
3) 例えば人身保護法2条1項（「法律上正当な手続によらないで、身体の自由を拘束されている者は、（中略）その救済を請求することができる」）は、合衆国憲法と同趣旨の規定である。
4) 連邦刑事訴訟事件については Johnson v. Zerbst, 304 U. S. 458（1938）を、州裁判所の訴訟事件については Gideon v. Wainwright, 372 U. S. 335（1963）を参照。
5) 例えば、戸波江二「被害者の人権・試論（上）」『法律時報』71巻10号（日本評論社、1999）17-22頁参照。
6) 現行の絞首刑による死刑は、残虐刑に該当しないとした判例として、例えば最大判昭和23・3・12刑集2-3-191が挙げられる。アメリカ最高裁の判決には、死刑を残酷で異常な刑罰と判断したもの（Furman v. Georgia, 408 U. S. 238〔1972〕）と、死刑は違憲とはいえないと判断したもの（Gregg v. Georgia, 428 U. S. 153〔1976〕）とがある。
7) 例えば、最大判昭和25・9・27刑集4-9-1805を参照。
8) 例えば、United States v. Sanges, 144 U. S. 310（1892）を参照。
9) 例えば、Benton v. Maryland, 395 U. S. 784（1969）。

第19章 参政権・国務請求権

 キーワード

権利章典(1689年)、選挙権、選挙の基本原則(普通・平等・秘密・自由・直接)、国民投票、マグナ・カルタ、請願、主権無答責(国家無答責)、公務員、不法行為、賠償請求、補償請求

本章のポイント

1. 参政権は国民が政治に参加する権利であり、国務請求権は国民が国家の作為を求める権利である。参政権も国務請求権も、国民が国政に関与するための重要な権利である。
2. 選挙権には、普通選挙・平等選挙・秘密選挙・自由選挙・直接選挙などの基本原則があるが、現代の民主主義国家では、これらの基本原則は憲法に規定されている。
3. 請願権は、国民が為政者に要望を伝え、あるいは救済を求める手段として近代憲法に盛り込まれ、現代憲法にも規定が存在するが、その存在意義は薄れてきている。
4. 公権力の不法な行使により生じた損害に対しては国家賠償請求権が、適法な行使による利益侵害に対しては国家補償請求権が、各国憲法に規定されている。

1　参政権・国務請求権の意義

　国民は主権者であり国政を決定する権限をもつが、それを直接的に国家の政治機構に反映させることは不可能である。そのため、近代国家は、国民の国政参加の方法として、国民が自ら選出した代表者を通じて国政に参加する代表民主制をとることとした。こうして、国民の意思が代表を通じて表されるようにすることが、国民主権の原理を活かすことに通じ、民主政治の理念を実現することになった。このように、近代立憲主義の中核には、国民の権利および自由の保障とともに国民の政治参加が位置付けられたが、近代立憲主義の現代立憲主義への変容と国民主権理念の浸透に伴って、国民が能動的に国政に参加できることの意義がより意識されるようになった。この国民の政治参加の中心は参政権であるが、国政参加の意味を広く捉えた場合、個人が政治的な願望や公務のあり方に関する要望を関係機関に申し立てる（国務請求権の1つとしての）請願権も、国政参加の一環として考えられる。

　参政権とは、国民が、主権者として、直接にあるいは代表者の選出を通じて間接に、国および地方公共団体の政策形成過程に参加する権利である。国民が政治に参加する権利をもつことは、国民主権からの当然の帰結であり、参政権の中心は、国民が選挙や国民投票・住民投票に参加する権利である。すなわち、参政権は民主主義を支える不可欠な権利である。

　一方、国務請求権とは、自己のために国の作為を求める国民の権利を言い、国家の作為義務に対応するものである。国務請求権は、社会権同様、国家に何らかの作為を求める権利でありながら、社会権に分類されない権利である。すなわち、国務請求権は、国家に対する国民の給付請求権という点では社会権と共通する要素を有するが、権利の内容や性質には違いがあり、その思想的背景も異なっている。社会権が、修正資本主義および福祉国家理念に由来するのに対し、国務請求権は、従来からの自由権や平等権とともに認められており、直接的には法律上の権利保障を実効的なものにするための手続的権利と理解されてきた。この国務請求権は、参政権と合わせて「基本権を確保するための基本権」と理解されている。

2　選挙権

　国民が政治に効果的に参加するためには、選挙権が保障されていなければならない。現代の民主主義国家では、普通選挙・平等選挙・秘密選挙・自由選挙・直接選挙が一般に保障されている。

　普通選挙とは、納税額や所有する財産を選挙権の要件とする制限選挙と対置されるものであり、広義には、人種・言語・職業・身分・財産・納税・教育・宗教・政治的信条・性別などを選挙権の要件としない選挙を言い、狭義には、納税額・財産などといった財力の有無を選挙権取得の要件としない選挙のことを言う。かつて、普通選挙は、すべての成人に等しい選挙権を与えることまで要求するものではなく、特定の選挙人に複数の投票権を与える複数選挙や、選挙人をいくつかの等級に分けて等級ごとに代表者を選ぶ等級選挙を認めていた。これを否定したのが平等選挙であり、それにより有権者は平等な選挙権を持つことになった。

　平等選挙とは、有権者の選挙権に差異を設けず平等の価値を認め、各選挙人の投票の価値を均等に扱う選挙のことであり、「一人一票」という標語に表されている。

　秘密選挙とは、有権者の投票内容が第三者に開示される公開選挙に対して、有権者の投票内容の秘密が保護される選挙である。有権者がどの候補者または政党等に投票したかを第三者が知りえない方法で選挙が行われることであり、選挙の自由と公正を確保する上で不可欠の条件として、選挙の基本原則とされる。

　自由選挙とは、有権者に自らの意思に基づいて適当と認める候補者や政党等に投票する自由が保障される選挙を言う。自由選挙は、有権者の自由な意思を尊重するという趣旨から、投票しない自由をも認め、棄権に対しても罰金等の制裁を科さない制度である。

　直接選挙とは、有権者が直接代表者を選ぶ制度を言う。これに対して、有権者がまず選挙人を選び、選挙人が代表者を選ぶ選挙を間接選挙と言う。アメリカ合衆国の大統領選挙は、現在においてもその形式は大統領選挙人によって大統領が選出される間接選挙であるが、実質的には一般有権者に

よる直接選挙である。

A　イギリス

　イギリスでは、1689年の権利章典（Bill of Rights）において、「議会の議員の選挙は自由でなければならない」として、自由な選挙に対する権利が保障された。その後、1832年、1867年、1884年の3度にわたって行われた選挙法の改正により選挙権が漸次拡大していき、1918年には男性普通選挙が実現した。1928年には21歳以上の男女に普通選挙が認められ、1950年には居住要件の撤廃に伴い、普通選挙が完全に実現した。現在、18歳以上のイギリス市民、永住権を有する英連邦市民、アイルランド市民に下院議員の選挙権が認められている。秘密選挙と自由選挙に関しては、1998年人権法（Human Rights Act 1998）に編入された欧州人権条約（Convention for the Protection of Human Rights and Fundamental Freedoms）第1附属議定書（人権および基本的自由の保護のための条約についての議定書）3条の規定により保障されており、平等選挙についても、同条約14条により認められている。

B　アメリカ

　アメリカでは、連邦選挙を含む選挙権のあり方を決定するのに、州が大きな役割を果たしている。大統領選挙については、各州の大統領選挙人の選定方法の決定が、各州の議会に委ねられている（合衆国憲法2条1節2項）。連邦議会選挙についても、上院議員の選挙に関する一部の事項を除き、「選挙を行う日時、場所および方法」の決定につき、各州の議会が定めるものとされている（1条4節1項）。

　選挙権の拡大に関連する憲法条文としては、修正15条1項が人種による制限を除去し、修正19条1項で女性に対する選挙権を認めた。さらに、修正24条1項は選挙権にかかわる人頭税を禁止し、修正26条1項では投票年齢を引き下げている。

C　フランス

　フランスでは、1789年のフランス人権宣言（人間と市民の権利の宣言、Déclaration des Droits de l' Homme et du Citoyen）6条において立法に参加する権利

を保障している。現在の第五共和制憲法においては、3条1項において国民主権と代議制民主主義について述べ、同条3項で「選挙は……直接または間接選挙として行われる。選挙はつねに普通、平等、秘密選挙である」と選挙の基本原則についても明記している。他にも、大統領に関しては「直接普通選挙により選出」（6条1項）、国民議会の議員については「直接選挙により選出」（24条3項）、元老院は「間接選挙により選出」（同条4項）される。

D ドイツ

ドイツでは、連邦レベルの選挙権については、基本法38条において「ドイツ連邦議会の議員は、普通、直接、自由、平等、秘密の選挙により選出される」というように、選挙の基本原則が明示的に規定されている。また、州の選挙権についても「州、郡、および市町村においては、国民は、普通、直接、自由、平等、秘密の選挙に基づく代表機関を有しなければならない」（28条1項）として、連邦レベルの選挙の基本原則が、州にも適用されることを明示している。

E スペイン

スペインでは、スペイン憲法23条1項において国民の参政権が保障されている。そして、下院議員および上院議員の選挙に関しては、「普通、自由、平等、直接、および秘密選挙で、これを選出する」（68条1項・69条2項）と規定し、選挙の基本原則を明記する。さらに、地方公共団体の市町村議会議員の選挙に関しても、「普通、自由、平等、直接、および秘密選挙」（140条）により選出すると定められており、ここでも選挙の基本原則が明示されている。

F 韓国

韓国では、大韓民国憲法24条で「すべて国民は、法律の定めるところにより、選挙権を有する」と規定して、国民の参政権を保障している。国会議員に関しては、「国民の普通、平等、直接および秘密選挙により選出」される。同様に、大統領の選出も「国民の普通、平等、直接および秘密選挙

により選出」(67条1項)されることが明記されている。

G　ロシア

ロシアでは、ロシア連邦憲法32条1項において国民の参政権を保障する。大統領の選出に関しては、「普通、平等、直接の選挙権に基づき、秘密投票により……選出される」(81条1項)と明文で規定されている。これに対し、連邦議会の下院である国家会議の議員選出については、「連邦法律により定め」(96条2項)られることとなっており、憲法には国家会議議員選出にかかわる国民の選挙権について触れられていない。

3　請願権

請願とは、国または地方公共団体の機関に対して、その職務に関する事項について苦情や希望を述べる行為である。請願という語は、元来、絶対君主制の時代に、国王や君主などの為政者に対して被治者が願い出をすることを指して用いられた。

請願は、近代的な議会制度が十分に発達していなかった絶対君主制の時代においては、国民の政治参加が認められず、国民がその立場を政治に反映させる公的な制度が存在しないため、被治者の意見を為政者に伝え、民情や民意を国政に反映させるための1つの経路として機能していた。この時代には、請願権は国民が為政者に要望を伝え、あるいは救済を求めるためのほとんど唯一の手段として、重要な意味をもっていた。また議会制度が成長する過程においても、選挙権が制限されていたため、国民の要求をくみ上げるために請願権の役割は維持されていた。近代憲法は、そうした伝統を1つの権利として人権保障規定に取り込んだのであった。しかし、国民主権が確立し、表現の自由が保障され、普通選挙が確立されて国民の参政権が十分に保障された現代社会においては、請願権はもはや大きな意義は有しないと考えられている。

A　イギリス

　請願権が初めて成文化されたのは、1689 年の権利章典だと言われる。そこでは、「国王に請願することは臣民の権利であり、このような請願をしたことを理由とする収監または訴追は、違法である」と記されていた。

B　アメリカ

　アメリカは、マグナ・カルタ以来の伝統を引き継いで、合衆国憲法修正 1 条において「苦痛の救済を政府に請願する権利」として請願権を認めている。しかし、合衆国最高裁判所がこれまで、請願権が集会や結社の自由に包含されているかのように処理してきたことにも見られるように、他の自由や権利と比較して請願権にはあまり関心を示してはこなかった。

C　フランス

　フランスにおける請願は、国民議会および元老院の議事規則に基づいて行われる。請願者が各議院に請願を提出しようとする場合、議員の仲介は不要とされている。請願の審査は、国民議会においては憲法・立法・共和国一般行政委員会が、元老院では憲法・立法・普通選挙・議員規則・一般行政委員会が請願を担当しており、提出された請願はこれらの委員会に付託される。請願は審査の上、他の常任委員会への送付、大臣またはメディアトゥール（オンブズマン）への送付、本会議への上程といった取り扱いが行われる。審査結果および大臣の回答は、請願者に通知される。

D　ドイツ

　ドイツ連邦共和国基本法 17 条は、「何人も、個人で、又は他人と共同して、書面で、管轄機関及び国民代表機関に対して、請願又は苦情の申立てを行う権利を有する」と定める。さらに、1975 年に請願法制の改革が行われ、新たに 45c 条において請願委員会が設置された。

E　スペイン

　スペイン憲法 29 条 1 項は国民の請願権を保障しており、77 条 1 項は、議会の両議院が請願を受理することができることを規定している。

F　韓国

　大韓民国憲法26条は国民の請願権を保障する一方で、国家は請願に対して審査する義務を負うことを定める。

G　ロシア

　ロシア憲法33条は「国家機関及び地方自治機関」に対して、国民が請願する権利を保障している。

4　国家賠償・補償請求権

　国家賠償は、公権力の不法な行使に対する国民の賠償請求権と国家の賠償責任を認める制度であり、政府の違法な活動によって損害が発生したとき、その損害を金銭に見積もって補填するものである。元来、君主制国家においては「王は悪をなしえず（King can do no wrong.）」（君主無答責）という原則が一般的であり、国家権力は無謬で違法なことをなしえないとされていた。そのため、公務員による不法行為は公務員個人の責任であり、国家（君主）の責任は問われないとされた。このような発想は、近代国家においては、「国家の意思に反する行為は、国家の行為とは認められない」とする主権無答責の法理として国家の責任を免除する理論となった。すなわち、主権者である国民と国家は同一視され、主権者たる国民は法を犯しえないとして、国家の不法行為責任を否定する法理として提示されたのである。この主権無答責の法理と、公務員の不法行為は公務員個人の責任であり国家には帰属しえないという考え方が相まって、国家権力の行使によって個人に損害を与えても国家は損害賠償責任を負わないとする国家無答責の原則が形成された。19世紀の立憲主義各国では、一般に、この主権無答責（国家無答責）の原理が妥当していた。すなわち、違法な国家活動によって個人に損害が生じた場合であっても、公権力それ自体への賠償請求は認められず、その不法行為を行った公務員の個人責任のみが認められるにとどまっていた。

しかしながら、国家の活動領域が次第に拡大し、公権力と国民とのかかわりが増大するにつれ、私人間における不法行為責任と同様に考えて、国民の側に生じた損害を救済するべきであるとの認識が強まってきた。20世紀に入ってからは、ワイマール憲法131条のように国民および公共団体の責任を明文で認める例も出現し、公権力それ自体への賠償請求権が認められるようになった。そして第二次世界大戦後になると、各国において公務員の不法行為に対する賠償請求を認める例が一般的になった。

　この国家賠償とは異なり、国家補償とは、公権力の適法な行為によって個人の利益が侵害されたときに、その損害に対して金銭に置き換えて補填がなされるものである。例えば、国や公共団体が公共事業の用に供するために特定の財産を強制的に取得する公用収用のような私有財産に対する侵害や、刑事事件に関連して抑留・拘禁された被告人が無罪であった場合に、その抑留・拘禁期間の損失を補償する刑事補償が挙げられる。

A　イギリス

　イギリスでは伝統的に国家無答責の考え方が支配的であったため、20世紀中葉に至るまで、公務員個人が責任を負っていた。しかし、1947年に国王訴追法（Crown Proceedings Act）が制定されるに及んで、国家の賠償責任が認められるようになった。

　補償請求権については、1998年人権法5条5項により、違法な逮捕・拘禁により損害を受けた者に対する「実施可能な」補償が定められた。

B　アメリカ

　アメリカもイギリス同様、長らく国家無答責が主流であったが、1946年に連邦不法行為請求権法（Federal Tort Claims Act）が制定されて、国家賠償責任が認められるようになった。

　補償請求権に関しては、修正5条に「私有財産は、正当な補償がなければ、公共の用途のために徴収されない」と規定し、公用収用に際しての国家による補償責任を明らかにしている。

C　フランス

　諸外国の中でも、フランスは比較的早くから国家賠償に関する法制度を発展させてきた。特に、1873年の行政裁判所の判例（ブランコ事件）以後、19世紀末には管理行為についての国家責任が認められ、20世紀初頭には、判例により権力行政についても国家責任が認められるようになった。フランスでは、国家賠償責任に関する一般的な法規定は存在せず、コンセイユ・デタの判例の蓄積によって形成されてきた。

D　ドイツ

　基本法34条は公務に関する損害賠償について規定しており、国家の賠償責任を明らかにしている。補償請求に関しては、公用収用に伴う補償を基本法14条3項が規定しており、刑事補償については刑事補償法の定めるところによる。

E　スペイン

　スペイン憲法121条は、「誤審による損害、および司法運営の際の過誤により生じた損害」に対する国家賠償を規定している。公用収用に関連する補償については、憲法33条3項において保障がなされている。

F　韓国

　大韓民国憲法29条で国家および公共団体の賠償責任を定めており、28条では、不起訴処分または無罪判決を受けた被疑者・被告人に対する刑事補償を認めている。

G　ロシア

　ロシア連邦憲法53条は国家賠償を明記しており、公用収用に伴う補償については、35条3項において、「等価の補償がなされる場合にのみ、国家のためにこれを収用することができる」と規定している。

第 20 章 社会権

キーワード

社会権的権利、生存権的権利、社会保障、社会国家、福祉国家、労働組合、労働基本権、教育を受ける権利、子どもの学習権

本章のポイント

1. 社会権（もしくは「社会権的権利」「生存権的権利」）は、資本主義の発展に伴う失業、貧困、労働条件の悪化などの社会問題に対し、その解決を国家に求めるために 20 世紀に入ってから登場した権利である。
2. 日本国憲法には、生存権（25 条）、教育を受ける権利（26 条）、勤労の権利（27 条）、労働基本権（28 条）といった社会権が挙げられるが、社会権の保障のあり方は各国において異なる。
3. 生存権を「権利」として明文化している国は少ない。また、「権利」とされていても、国家財政等の理由から、直接の根拠として給付請求を認めることが難しく、義務規定にとどまる場合もある。

1 社会権の意義と歴史

A 社会権の成り立ち

「社会権」もしくは「社会権的権利」は18世紀後半における近代立憲主義から、20世紀初めにおいて現代立憲主義に変容した過程で観念付けられたために、「20世紀的人権」と称されている。

近代憲法は、国家権力を制限することで(権力分立)、個人の自由を保障することが目的であった。しかし、20世紀になると資本主義の発展に伴い、貧富の格差の拡大、失業、労働環境の劣悪化、疾病等の社会問題が生ずるようになった。このような社会問題を解決するため、各種経済的自由の制約だけではなく、積極的に国家による作為が求められるようになった(社会国家・福祉国家)。

典型には、1919年ワイマール憲法(ドイツ・ライヒ憲法)151条にいう「人たるに値する生存」という文言が挙げられる(生存「権」として保障されていない)。なお、当時のロシア革命をはじめとする労働者階級からの運動を忌避するために労働者の権利を重視し、最低基準を作る等、国家の介入と社会法の整備も必要になった。この意味で言うと、最初に「社会権」として挙げられる「労働及び社会保障」に関する規定が憲法に明記されたのは、1917年メキシコ憲法である(123条)。

なお、社会権の具体的な実現は、国家財政に限界があるため、「機会の平等」と「適正配分という平等(結果の平等)」との調和が各国の制度として求められることになる。

B 各国憲法における社会権のあり方

日本国憲法には、生存権(25条)、教育を受ける権利(26条)、勤労の権利及び義務(27条)、労働基本権(28条)が規定されている。

なお、欧州近代立憲主義の影響を受け、1889年に制定された大日本帝国憲法には社会的権利規定が設けられておらず、立法による具体的な保障がなされていた。

[1] イギリス

イギリスにおいて、社会権的権利は、人権としてではなく社会経済政策の問題と観念され、各種立法を通じて実施されている。なお、1998年人権法により、欧州人権条約上の権利等が保障されるようになった。

[2] アメリカ

アメリカ合衆国憲法では、基本的人権について修正1条以下で保障されているが、いわゆる社会権を明文化した規定は存在しない。しかし、修正14条の適正手続条項等によって保障される「自由」や「財産」との関連で理論構成される場合がある。

[3] フランス

1958年第五共和制憲法には、1条で「民主的且つ社会的な共和国である」とするのみで社会権を規定していない。しかし、前文において「1946年[第四共和制]憲法前文で確認され補充された1789年[フランス人権]宣言が定める人権および国民主権の原理、さらに2004年環境憲章が定める権利と義務を遵奉することを、厳粛に宣言」している。この1946年第四共和制憲法前文に社会権規定がある。また、1996年には社会保障財政法律（憲法的法律96-138号）が創設され、34条6項が新設、39条2項が修正され、47条の1が追加され、憲法院が社会保障制度に関与する範囲が広がった。

[4] ドイツ

ワイマール憲法では、社会権規定が明文化されていた（プログラム規定）。しかし、ドイツ連邦共和国基本法には、6条（子の教育の権利）や12条3項（強制労働の禁止）等が規定されているのみである。また、社会国家条項（20条1項）では社会国家の理念を表明するにとどめており、社会的・経済的・文化的諸権利の実現は国家に委ねられている。国家が整備する権利と解されている社会権は、単に謳うだけでは意味がなく、「働ける、仕事のできる政府等の機関」を整備する方が、着実に社会権を保障するために重要だとされたからである。

[5] その他諸外国における社会権規定

(1) スペイン

スペイン憲法では、社会的国家理念(1条1項)のもと、公権力による福祉の実現のための任務が定められている(9条2項)。社会権的権利等は、第2章「(基本的)権利および(公的)自由」、および、第3章「経済政策および社会政策の指導原則」(裁判規範性は否定されており、基本的権利と解されていないが、違憲性判断基準として重要な役割があるとされる)に規定されている。さらに、スペインが批准した条約等による保障も請求する資格がある(10条2項)。

(2) 韓国

1987年韓国憲法には社会的基本権規定(31-34条)、また、経済政策として国家経済保護規定(119-127条)等がある。

(3) ロシア

ソ連は、アンシャンレジームからの脱却という近代理論を採用するのではなく、ロシア革命により階級対立が「止揚」されているということを前提に、労働者の権利(勤労者の基本権)として共同性・社会性を、「真の」「現実の」権利として強調した。しかし、国家配分が機能しなくなり、1991年社会主義体制の崩壊、ソ連の解体とともに、1993年ロシア憲法が制定された。1993年憲法において社会国家理念(7条)のもと、各種社会権が規定されているものの、市場経済の移行に伴う経済的格差の拡大等により、具体的な社会保障の実現には課題が残る。

(4) 北欧諸国

社会保障の充実している国として挙げられる北欧諸国であるが、デンマークの1958年憲法における各種社会権的権利規定は請求権として解されていない(75条・76条・78条)。スウェーデンでは生存権に関する規定はないが、労働組合による争議権および雇用主の権利(17条)、職業遂行の権利(20条)、教育を受ける権利(21条)の規定が明示されている。ノルウェーでも社会権規定は存在しない。

これらの国家は憲法上の規定を根拠に社会保障が充実してきているわけではなく、少子高齢化等の影響により、立法等による国民の民主的意思決定を通じて形成されたものであると考えられている。

2　生存権的権利

A　各国憲法における生存権的権利のあり方
[1]　イギリス

　憲法上の人権としては挙げられていない。しかし、1942年のベバリッジ (Beveridge) 報告において、基本的な社会生活を充足させるための「社会保険」の拡充と、緊急事態に対処するための「国家扶助」を掲げ、均一負担と均一給付の平等主義、最低限の国家生活の保障、全国民を補償の対象とすることなどが謳われた。これらが、第二次世界大戦後の「福祉国家」建設における「ゆりかごから墓場まで」の社会保障政策等の基礎となり、今日では法律やコモン・ロー等により保障されている。

[2]　アメリカ

　アメリカ合衆国憲法には生存権を保障した条文は存在しないが、各種社会保障制度により実質的な保障がなされている。社会保険と扶助の制度としてニューディール期の1935年社会保障法が典型として挙げられる。以降、憲法に基づく政府の生存権保障義務を修正14条に見出している。なお、連邦最高裁は、福祉受給権そのものを基本的権利とは認めていないが (526 U.S.489〔1999〕)、社会保障は単なる特権 (privilege) という手続を欠く状況で生まれたものであるが、利益ないし権利を受ける資格 (entitlement) として手続的保障が憲法上要請されるとした例もある (397 U.S.254〔1970〕)。

[3]　フランス

　1958年憲法前文で援用されている1946年憲法前文には、国家に「個人および家族に対して、それらの発展に必要な条件を確保する」こと、「健康の保護、物質的な安全、休息および余暇を保障する」ことが規定されている。また、「年齢、肉体的または精神的状態、経済的状態のために労働できない人はすべて、生存にふさわしい手段を公的団体から受給する権利を有する」と規定している。

[4] ドイツ

ドイツ連邦共和国基本法は生存権に関する規定を有していない。もっとも、欧州連合基本権憲章を批准している。また、連邦憲法裁判所では、社会国家条項（20条1項）と結び付いた人間の尊厳保護義務（1条1項）を根拠に「国家は人間［の尊厳］に値する生存のための最低限度の生活の保障（menschenwürdiges Existenzminimum）」をしなければならないとする。ただし、この条項から直ちに個人の具体的請求権は認められず、立法に委ねられると解されている（なお、「人たるに値する最低限度の生活の保障を求める基本権」に基づく給付請求権を導き出した判例もある（BVerfGE 125, 175〔2010〕）。

[5] その他諸外国における生存権的権利

(1) スペイン

「健康権および公衆衛生の保護」（43条）、「障がい者の保護」（49条）、「老齢者の保護」（50条）が経済・社会政策の指導原則として規定されている。

(2) 韓国

34条に生存権、社会保障等に関する規定がある。その他にも、保健権（36条3項）、消費者保護（124条）等が規定されている。また、1987年改正における憲法裁判所設置に伴う基本権の解釈も1つの基準となると考えられる。

(3) ロシア

法律等による「社会保障の権利」（39条）、「健康の権利」（41条）が保障されている。

B 日本国憲法における生存権的権利

日本国憲法に規定されている生存権（25条）は、プログラム規定もしくは抽象的権利と捉え、具体的権利性を導くことはできないと考えられている（最大判昭和42・5・24民集21-5-1043）。

3 労働に関する権利

A 各国憲法における労働に関する権利のあり方
[1] イギリス
「労働組合を結成し、加入する権利」が認められている（2006年平等法9条、1998年人権法1条、欧州人権条約11条1項参照）。また、争議権についても「基本的人権」と解されている（I.R.L.R 636〔1995〕）。また、公務員の争議権についても禁止する法律がなく、違法ではないと解されている。

[2] アメリカ
憲法上定められておらず、労働問題に関しては原則州法で規律している。なお、州際通商条項に基づく連邦議会による労働時間や最低賃金の設定は合憲であると解されている（312 U.S. 100〔1941〕）。また、労働基本権等の問題は私人間の問題として原則憲法問題にならないと解されていたが、ニューディール期の1935年全国労働関係法（ワグナー法）等の労働法制が整備され、修正14条の平等原則や適正手続条項により、差別禁止という形で論じられるようになった例もある。また、1964年公民権法第7編（雇用差別禁止法）等では、使用者の不当労働行為を禁止し、被用者の権利を保護する制度と手続が整備された。

[3] フランス
1946年憲法前文において労働権が憲法上保障されるようになり、1958年憲法でも援用されている。なお、1963年7月31日法と関連法律制定以降、争議行為の予告義務、一定の形態の争議行為の禁止、官公労働者の一定の争議行為の禁止が法定されている。

[4] ドイツ
ドイツ連邦共和国基本法では、結社の自由の1つとして団結権が規定されている（9条3項）。この規定から団体の活動の権利として、労働協約締結の権利、団体交渉権、争議権が含まれると解されている。これらの諸権利

は法律による具体化が必要であり、国家には立法が義務付けられる。また、12条2項には強制労働の禁止が規定されている。

[5] その他諸外国における労働に関する権利
(1) スペイン

「所得配分の公平及び完全雇用政策」(40条)、「在外スペイン人労働者の保護」(42条)が指導原則として規定されている。

(2) 韓国

「勤労の権利」「勤労の義務」および「勤労条件の基準」等が32条で詳細に規定されている。その他、33条では団結権、団体交渉権、団体行動権が認められている一方で、公務員については法律の留保規定がある。

(3) ロシア

「労働の自由」(職業選択の自由も含む)、強制労働の禁止、法律の定めるところによる最低賃金以上の給与を受け取る権利、失業から保護される権利が規定されている(37条1-3項)。また、労働争議の権利(37条4項)および、休息の権利も保障されている。

B 日本国憲法における労働に関する権利

日本国憲法には「職業選択の自由」(22条)から導き出される「営業の自由」だけではなく、「勤労の権利」(27条)や勤労者の団結権・団体交渉権・団体行動権(争議権)といういわゆる「労働三権」を保障している(28条)。

4 教育を受ける権利

A 各国憲法における教育を受ける権利のあり方
[1] イギリス

「教育に対する権利」が保障されている(1998年人権法1条、欧州人権条約第1附属議定書2条参照)。すなわち、「教育および教授に関するとみなされる機能の行使において、国家は、親自身の宗教的・哲学的信念に適合する教育

や教授を確保する親の権利を尊重しなければならない」とする。また、1944年教育法や1988年教育改革法等の法律により、教育水準や生徒の学習機会の保障、親権者（親等）の権利と責任、教師の教育の自由などが、公教育制度に関して保障されている。

[2] アメリカ

「教育を受ける権利」を保障した条文はなく、教育に関する事項は原則州の専権事項とされている（修正10条）。また、連邦最高裁も基本的権利と解していない（411 U.S. 1 〔1973〕）。ただし、教育の機会均等については平等保護条項から判断した例もある（457 U.S. 202 〔1982〕）。

[3] フランス

1958年憲法で援用された1946年憲法前文では国家による「教育、職業養成（訓練）および教養（文化）についての機会均等」を保障し、公教育の無償および宗教的中立性を責務としている。また、憲法院において、教育の自由が憲法的価値を有することを認めている（Décision n° 93-329 DC 〔1994〕）。

[4] ドイツ

2条1項から、「子どもの学習権」を権利として捉えられている。親の教育権については6条および7条から導き出されると解されている。また、国家の権限として、7条において学校制度について規定している。

[5] その他諸外国における教育を受ける権利

(1) スペイン

27条で「教育を受ける権利」「教育の自由」が規定されている。

(2) 韓国

31条に教育を受ける権利および教育の義務に関する規定を設けている。

(3) ロシア

教育の権利については43条に、文化創造・教育の自由については44条に規定されている。教育権については、親による初等普通教育、また、国家による連邦国家教育標準の設定を規定している。

B　日本国憲法における教育を受ける権利

　日本国憲法 26 条の「教育を受ける権利」には、「国民が教育を受ける権利を侵害されない」という自由権的側面と、「国家に対して教育制度の整備や教育施設の改善・設置などを要求し得る」という社会権的側面があると解されている。また、子どもが「その学習要求を満たすための教育を自分にしてくれるよう大人に要求する権利」として「子どもの学習権」をも保障されると解されている（最大判昭和 51・5・21 刑集 30-5-615）。

コラム　社会国家と福祉国家

　社会国家（Sozialstaat［独］）の観念は、18 世紀後半における労働条件の劣悪化等の社会問題に対して国家の積極的な施策により、社会的公正（公平、平等、正義）を実現し、「人間に値する生存」を保障することを国家に要請するものである。一方、福祉国家（welfare state［英］）の観念は、貧民の救済を端緒としていると考えられる。例えば、イギリスにおける 1601 年エリザベス救貧法では、働くことができない者等に対し、生活の援助や就労させる等の保護を義務付けた。このことから「福祉」は、「慈善（恩恵）」の精神のもと、国家ないし富裕層が保護するという意味で捉えられよう。なおドイツでは、絶対君主により統治されるという意味で、「福祉国家（Wohlfahrtsstaat）」の語を用いている。ただし、イギリスでも、社会主義思想の流入により、ドイツのビスマルクによる社会保障制度を参照して、救貧事業の伝統からの転換が行われている（1911 年国民保険法等）。

　本章では、これらの概念を含め、国家に生活ないし生存に関する是正措置を求める権利として社会権や社会保障制度を考える。

コラム　家族保護条項について

　現代憲法の特徴の 1 つに、社会権として国家が国民に対し積極的な保障をするという面がある。ドイツでは「家族」についても国家による「特別の保護」を受ける。日本国憲法では婚姻の自由が規定されているのみである（24 条）。

第21章 憲法保障

 **キーワード**

憲法の最高法規性、硬性憲法、憲法改正手続、違憲審査制、憲法尊重擁護義務、権力分立制、非常事態、緊急事態、革命、クーデタ、国家緊急権、緊急措置権、戒厳、緊急命令、緊急財政処分、非常大権、抵抗権、改正禁止規定、憲法改正の限界

本章のポイント

1. 憲法保障の意義と制度について理解し、憲法改正規定と国家緊急権が憲法保障の制度とされる理由を理解すること。
2. 憲法に改正規定が置かれている意味を理解し、諸国の憲法の改正手続を日本国憲法の改正手続（96条）との比較を念頭に置きながらその硬性度を考え、憲法が硬性憲法である理由を理解すること。
3. 日本国憲法に国家緊急権規定がないため超憲法的なものと考えられているが、諸外国の憲法には一般に緊急命令、戒厳等の緊急権規定が置かれていることを理解し、非常事態の存在を予定し、非常事態においても立憲主義の枠組みを維持し、機能する憲法であり続けることが意図されていることを理解すること。

1 憲法保障の意義と制度

A 憲法保障の意義と制度

憲法保障とは、国の最高法規である憲法が法律等の下位規範や違憲的な権力行使によって脅かされ、歪められることを事前に防止し事後に是正すること、およびそのための制度を言う。日本国憲法では、①憲法の最高法規性（98条）、②憲法尊重擁護義務（99条）、③権力分立制（41条・65条・76条）、④憲法改正手続（96条）、および⑤違憲審査制（81条）がある。憲法が定める憲法保障制度の他に、超憲法的な憲法保障制度として、抵抗権と国家緊急権がある。抵抗権は自然法上の権利であり、国家緊急権も国家の自然権である。抵抗権は、アメリカ独立宣言（1776年）やフランス人権宣言（2条、1789年）に見られる。今日では「すべてのドイツ人は、この憲法秩序を除去しようと企てる何人に対しても、他の救済手段が存在しないときは、抵抗権を有する」（ドイツ憲法・20条4項）と規定する例もあるが、一般には憲法に規定されない。一方、国家緊急権は、世界の諸国の憲法典に規定されている例が多数見られる。

B 立憲化された国家緊急権

憲法典に実定化された緊急権が発動の対象とする事態は、戦争、内乱、大規模な自然災害などの通常の統治機構では有効に対処できない非常事態であり、その性質に応じて、緊急命令、戒厳、緊急財政処分などの制度がある。平時を前提とした通常の統治機構の運用では有効な対処が困難な非常事態（緊急事態）の発生を想定し、一時的に通常の権力分立や一定の人権を制限しながら、迅速に非常事態の収拾を図るものである。

緊急権が発動される場合は、憲法内部の違憲的な権力行使による憲法秩序の侵害に対してだけでなく、憲法の効力の前提たる国家の存立を脅かす国外からの武力行使、憲法秩序そのものを実力によって破壊するクーデタや革命、および通常の統治機構の運営を麻痺させる大規模な自然災害などの場合がある。緊急権は憲法の効力の前提たる国家の存立や憲法秩序そのものを維持することを目的とする制度である。

2 憲法改正規定

　憲法改正規定が憲法保障の制度とされるのは、日本国憲法96条2項のように国会が法律と同様の手続で憲法を改正できないように改正手続を厳しくすることで、国会による安易な憲法改正を抑止し、憲法の最高法規性を確保する仕組みなのである。このように通常の法律の改正よりも厳格な憲法改正手続を定めている憲法を硬性憲法という。また、国によっては改正禁止規定を置いて憲法改正の限界を明示し、基本的な条項の保護を図っている例もある。

A　アメリカ合衆国憲法

　アメリカ合衆国の憲法では改正を修正と呼び、改正された条項が制定時の憲法本文のあとに修正第○条として付加されている。現在その条項は27条まである。合衆国憲法の改正規定（5条）によると、改正の発議は連邦議会が行い、両議会議員の3分の2以上が必要と認めるとき、または全州の3分の2の議会の要求があるときに修正発議のための憲法会議を招集しなければならない。いずれの場合も、修正は全州の4分の3の議会で、または全州の4分の3の憲法会議で承認されたときに成立する。いずれの承認方法を採るかは連邦議会が決定する。

B　フランス共和国憲法

　憲法改正の発議は、①首相の提案に基づく大統領、および②国会議員に競合して属する（89条1項）。憲法改正の承認は、両院の可決の後、国民投票で承認されて確定的となる（同条2項）。ただし、政府提出の改正案については、大統領が両院合同会議として招集される国会に付託するときは、国民投票に付されない（同条3項）。この場合、改正案の承認には有効投票の5分の3の多数が必要である（同）。また、①領土の一体性が侵害されているときは、いかなる改正手続も禁止され（同条4項）、②共和政体は改正の対象とすることができない（同条5項）として、改正禁止規定を置いている。

C ドイツ連邦共和国基本法

　基本法の改正規定（79条）によると、基本法はその文言を明文で改正または補充する法律によってのみ改正することができる（1項）。このような法律は、連邦議会議員の3分の2および連邦参議院の3分の2の賛成を必要とする（2項）。連邦制による州の編成、立法における州の原則的協力、または1条および20条に定められている諸原則、すなわち、人間の尊厳・不可侵不可譲の人権・基本権の拘束力（1条）、民主的社会的連邦国家・国民主権・権力分立・抵抗権（20条）に抵触するような基本法の改正は許されない（3項）。

D スペイン憲法

　憲法改正の発議権は、内閣、下院および上院に認められている（87条1項）。ただし、戦時または116条で定める事態（警戒事態・緊急事態・戒厳）のいずれかが継続中のときは、憲法改正の発議はできない（169条）。

[1] 通常の改正

　通常の憲法改正については、憲法改正案は両議院議員のそれぞれ5分の3以上の多数による承認が必要で、両議院の間で合意が得られないときは、下院議員および上院議員で構成する合同委員会を設置して、成案を両院に提出する（167条1項）。承認が得られない場合でも、成案が上院議員の絶対多数で可決されたときは、下院は3分の2以上の賛成により、改正の議決ができる（同条2項）。ただし、憲法改正が国会で可決された場合、可決後15日以内に両議院のいずれかの議員の10分の1以上の要求があるときは、国民投票に付する（同7条3項）。

[2] 憲法の全面改正および特別の改正の手続

　憲法の全面改正、または序編、第1編第2章第1節（基本的権利および公的自由）もしくは第2編（国王）に関する部分改正が発議されたときは、両議院の議員のそれぞれ3分の2以上の多数の議決により、この原則を承認し、直ちに国会を解散する（168条1項）。新たに選出された両議院は、前項の決議を承認し、新憲法草案の審議を開始しなければならず、新憲法草案は、

両議院議員のそれぞれ3分の2以上の多数の議決により承認されなければならない（同条2項）。憲法改正が国会により可決されたときは、承認を得るため国民投票に付される（同条3項）。

E　大韓民国憲法

憲法改正は、国会議員の過半数または大統領の発議で提案される（128条1項）。憲法改正案は、大統領により20日以上の期間、公告される（129条）。国会は、公告された日から60日以内に議決しなければならず、議決には在籍議員の3分の2以上の賛成が必要である（130条1項）。国会の議決後30日以内に国民投票に付し、有権者の過半数の投票においてその過半数の賛成で憲法改正案が承認される（同条2項）。

F　ロシア連邦憲法

憲法改正提案権は、ロシア連邦大統領、連邦会議、国家会議、ロシア連邦政府、ロシア連邦の構成主体の立法（代表制）機関、または連邦会議構成員または国家会議議員が5分の1以上を数える集団にある（134条）。

[1] 第1章・第2章・第9章の改正

ロシア連邦憲法の第1章（憲法体制の原理）、第2章（人および市民の権利と自由）および第9章（憲法の修正と改正）の規定は、連邦議会で改正ができない（135条1項）。ただし、それらの規定の改正提案が、連邦会議構成員および国家会議構成員の各総議員の5分の3によって支持された場合には、憲法制定議会が招集される（同条2項）。憲法制定議会は、ロシア連邦憲法の変更がないことを確認もしくはその構成員の3分の2の投票で採択し、または全人民投票に付されるロシア連邦新憲法草案を起草する（同条3項）。全人民投票では、選挙人の過半数が参加し、その過半数が賛成した場合に、採択されたとみなされる（同）。

[2] 憲法の第3章ないし第8章および65条の改正

ロシア連邦憲法第3章ないし第8章（第3章連邦体制、第4章ロシア連邦大統領、第5章連邦会議、第6章ロシア連邦政府、第7章裁判権力、第8章地方自治）の改

正は、連邦憲法法律の採択のために定められた手続で採択され、ロシア連邦の構成主体の3分の2以上の立法権力機関による承認の後に効力を発する（136条）。また、ロシア連邦の構成を定める65条の改正は、連邦憲法法律に基づいて行われる（137条1項）。

3 国家緊急権

憲法上の国家緊急権には、緊急命令、戒厳、緊急財政処分などの制度がある。明治憲法は緊急勅令（8条）、戒厳（14条）、緊急財政処分（70条）、および戦時または国家事変の場合における天皇の非常大権（31条）の規定があったが、日本国憲法にはこのような規定はない。

A フランス共和国憲法
[1] 緊急措置権

「共和国の制度、国の独立、領土の保全または国際的取極めの執行が、重大かつ直接に脅かされ、かつ、憲法上の公権力の正常な運営が阻害される場合」（16条1項）、大統領は、首相、両院議長ならびに憲法院に公式に諮問した後、「状況により必要とされる措置」をとることができる（同）。大統領は、教書によりその措置を国民に通知する（同2項）。緊急措置は、憲法上の公権力に最少の期間内にその任務を遂行する手段を確保させる意思に基づかねばならず、憲法院はこの事項につき諮問される（同3項）。緊急事態の間、国会は当然に集会し（同4項）、国民議会は緊急措置権の行使期間中解散されない（同5項）。

緊急措置権行使の30日経過後に、国民議会議長、元老院議長、60名の国民議会議員もしくは60名の元老院議員は、第1項の要件の充足を審査するため憲法院に付託することができ、憲法院は最短期間内に公開の意見を表明する。憲法院は、緊急措置権行使の60日後、およびその期間経過後はいつでも職権により当然に審査を行い裁定できる（同6項）。

[2] 戒厳

戒厳令は閣議により布告され（36条1項）、12日を超える延長は国会の承認が必要である（同2項）。

B　スペイン憲法
[1] 緊急命令

内閣は、特別かつ緊急の必要がある場合、代行命令の形式をとる暫定法（緊急命令）を発することができる（86条1項）。代行命令は直ちに下院に提出してその審議および評決に付し（同）、下院は所定の期間内にその命令の承認または廃止を明確に表明しなければならない（同2項）。

[2] 警戒事態・緊急事態・戒厳

いずれも内閣が宣言し、各事態に応じて行使される権限とその限界は組織法で定める（116条1項）。警戒事態の期間は最大限15日間で、期間の延長には下院の承認が必要である（同2項）。緊急事態は宣言に先立ち下院の承認を必要とし、期間は30日を超えてはならないが、30日間の延長が可能（同3項）。戒厳は内閣だけが提案でき、下院の絶対多数の賛成が必要で、下院が戒厳の及ぶ地域、期間、および条件を定める（同4項）。いずれかの事態が宣言されている間は下院の解散はできず、両議院が閉会中のときは自動的に召集され、両議院の機能は、憲法上の他の国家機関の機能と同様、いずれかの事態が宣言されている間は停止することができない。下院の解散、または任期満了後いずれかの事態を宣言する必要が生じたときは、常設委員会が、下院の権限を行使する（同5項）。また、緊急事態ないし戒厳の布告がなされたとき、憲法上の一定の人権（法定手続の保障、住居の不可侵、通信の秘密、居住・移転の自由、出入国の自由、表現の自由など）を停止できる（55条）。

C　ドイツ連邦共和国基本法

基本法第10a章に「防衛緊急事態」として詳細な規定が置かれている。防衛事態とは、連邦領域が武力で攻撃され、または攻撃が直接に切迫している事態で、その確認は連邦議会が連邦参議院の同意を得て行う。確認の

申立ては連邦政府が行うが、確認には連邦議会議員の過半数かつ投票の3分の2の多数が必要で（115a条1項）、確認は連邦大統領により公布される（同3項）。確認が公布され、かつ連邦領域が武力で攻撃されたとき、連邦大統領は連邦議会の同意を得て防衛事態の宣言を発することができる（115a条3項・5項）。防衛事態の公布とともに、軍隊に対する命令権・指揮権は連邦首相に移行する（115b条）。また、連邦の立法権限が拡張し、連邦は連邦参議院の同意のもとに防衛状態に対処するために州の立法権限に属する分野で競合的立法権を行使する（115c条1項）。防衛事態の間に事情が必要とする限り、連邦法律により防衛事態対処のために、公用収用・自由剥奪・財政について、平時とは異なる一定の措置をとることができる（115c条2項）。防衛事態は、その確認の前提となった条件が存在しなくなったときは遅滞なくその宣言を終了しなければならないが、連邦議会はいつでも連邦参議院の同意を得て、連邦大統領が公布する議決によって防衛状態の終了を宣言することができ、連邦参議院は連邦議会に議決を要求することができる（115l条）。

D 大韓民国憲法

[1] 緊急命令

大統領は、国家の安危にかかわる重大な交戦状態に際し、国家を保衛するために緊急の措置が必要で、かつ国会の集会が不可能なときに限り、法律の効力を有する命令を発することができる（76条2項）。大統領は遅滞なく国会に報告し、その承認を得なければならない（同3項）。国会の承認が得られなかったときは、その命令は、そのときから効力を喪失する。この場合、その命令によって改正または廃止された法律は、その命令が承認を得られなかったときから当然に効力を回復する（同4項）。大統領は、3項および4項の事由を遅滞なく公布しなければならない（同5項）。

[2] 緊急財政処分・命令

大統領は、内憂、外患、天災、地変または重大な財政上および経済上の危機に際し、国家の安全保障または公共の安寧秩序を維持するために緊急の措置が必要で、かつ国会の集会を待つ余裕がないときに限り、最小限必

要な財政上・経済上の処分をなし、これに関し法律の効力を有する命令を発することができる（同1項）。大統領は遅滞なく国会に報告し、その承認を得なければならない（同3項）。国会の承認が得られなかったときは、その処分は、そのときから効力を喪失する。

[3] 戒厳

　大統領は、戦時・事変またはこれ準ずる国家非常事態に際し、兵力をもって軍事上の必要に応じ、または公共の安寧秩序を維持する必要があるときは、戒厳を宣布することができる（77条1項）。戒厳には非常戒厳と警備戒厳がある（同2項）。非常戒厳が宣告されたときは、令状制度、言論・出版・集会・結社の自由、および政府・法院の権限に関して特別の措置を講じ（同3項）、国民の権利・自由と行政権・司法権の権限の制限が可能となる。大統領が戒厳を宣告したときは、遅滞なく国会に通告しなければならず（同4項）、国会が在籍議員の過半数の賛成で戒厳の解除を要求したときは、大統領は戒厳を解除しなければならない（同5項）。

E　ロシア連邦憲法

[1] 戦時状態

　ロシア連邦に対する侵略またはその直接の危険がある場合、大統領は、ロシア連邦の全土またはその一部の地域に戦時状態を布告して戦時体制をとり、遅滞なくそれを連邦議会と国家会議へ通知する（87条1項・2項）。戦時体制は連邦憲法法律で定める（同2項）。

[2] 非常事態権

　大統領は、連邦憲法法律に定められた事態において、ロシア連邦全土または一部地域に非常事態を導入し、遅滞なくそれを連邦会議と国家会議に通知する（88条）。非常事態下では、市民の安全の保障と憲法体制の擁護のため、範囲と有効期間を示して、権利と自由を個別的に制限できる（56条1項）。ただし、生命の権利（20条）、個人の尊厳（21条）、私生活の不可侵（23条1項）、私生活における情報プライバシー権（24条）、良心・信仰の自由（28条）、経済活動の自由（34条1項）、住宅の権利（40条1項）、および裁判を受

ける権利等の刑事手続に関する諸権利と国家賠償権（46条ないし54条）は制限されてはならない（同3項）。

> **コラム　ワイマール憲法48条2項**
>
> 　緊急措置権の濫用の例として引き合いに出されるのがワイマール憲法48条2項の大統領の非常措置権（緊急命令権）である。この規定によって1919年のワイマール共和国成立後の数年間は危機を乗り切ったが、1929年以降の危機的状況下では、この規定がワイマール共和国を崩壊へと導いた。規定そのものの欠陥だけでなく、解釈・運用にも原因があった。
>
> ・ワイマール憲法48条2項
>
> 　「ドイツ国家において、公共の安全と秩序が著し攪乱されるか、または脅かされた場合、ライヒ大統領は、公共の安全と秩序を回復するために必要な措置をとり、必要があれば武器を用いて干渉できる。この目的のために、ライヒ大統領は第114条（個人の自由の不可侵権）、第115条（住居不可侵権）、第117条（通信の秘密）、第118条（表現の自由）、第123条（集会の自由）、第124条（結社の自由）、および第153条（財産権の保障）に定められた基本的人権の全部または一部を、一時的に停止できる。」
>
> 　同条には第3項から第5項にこの権限を制約する規定も置かれていたが有効に機能しなかった（田中浩「大統領の独裁とワイマール共和国の崩壊──憲法第48条2項（緊急命令権・非常権限）をめぐる」シュミット, C.『大統領の独裁』〔未来社、1974〕所収）。

第22章 比較の中の日本国憲法

 **キーワード**

外見的立憲主義、違憲審査制、政党内閣、議院内閣制、統帥権、文民統制、法律の留保、自然権思想、現代立憲主義、侵略戦争の放棄、自衛権、コスタリカ憲法、象徴天皇制

本章のポイント

1. 明治憲法は権利保障と権力分立を定めていたが、天皇の統帥権に問題を抱えていた。日本国憲法は、違憲審査制を導入して人権保障を徹底し、その文民条項と自衛隊法を通じて自衛隊に対する民主的統制を確保している。

2. 日本国憲法は、人権規定と統治機構の両面で、現代立憲主義憲法としての普遍性を備えている一方で、9条の非戦規定には、解釈によっては、世界に類を見ない特異性が見出される。

3. 戦後の日本人は、改憲ではなく、合目的的な憲法解釈や立法を通じて憲法問題に対処してきた。このような運用を劇的に変え、現状の追認や軽微な修正にとどまらない抜本的な改憲を実現できる見通しは立っていない。

1 明治憲法と日本国憲法

A 明治憲法の制定過程

　権利の保障と権力の制限を定めた基本法という意味で、日本人が自らの手で最初に創出した憲法は、大日本帝国憲法（明治憲法）である。

　欧州での憲法調査から帰国した伊藤博文は、1886（明治19）年から、井上毅、伊東巳代治、金子堅太郎らとともに憲法草案の起草に取りかかり、書き上がった草案は、1888（明治21）年4月27日に天皇に捧呈された。草案はその後、枢密院での9か月間の審議を経て、1889（明治22）年2月11日に大日本帝国憲法の名で公布された。

　これに対し、日本国憲法は次のような点で特異な過程を経て成立した。

　①日本政府は当初、明治憲法の改正に消極的であったが、連合国軍最高司令官マッカーサーからの強い示唆を受け、改正に着手した。②憲法改正問題調査委員会（通称「松本委員会」）の改正案を一蹴した連合国軍総司令部（GHQ）から英語で作成した新憲法草案を渡され、それをもとに日本政府案を作成・発表するよう迫られた日本側は、英語の条文を日本語に翻訳するところから始めて、GHQと逐一折衝しながら草案を書き進めた。③GHQが新憲法の原案を用意し、日本側の起草作業にも終始介入していた事実は、当時の日本国民には一切知らされなかった。さらにGHQは、出版物に対する厳しい検閲を通じて、国民の言論活動を徹底的に監視した。検閲の禁止を謳う日本国憲法は、検閲の介助を受けて誕生したのである。

　日本政府の草案は、帝国議会での審議・修正、枢密院の諮詢を経て、1946（昭和21）年11月3日に日本国憲法の名で公布され、翌47（昭和22）年5月3日に施行された。

B 明治憲法の基本原理

　明治憲法には、「主権」の語も、その所在を示す規定も存在しないが、「天皇ハ……統治権ヲ総攬シ……」（4条）という規定が見られることから、天皇主権の憲法と言われ、その点が、国民主権を定める日本国憲法との最大の相違とみられている。また、後述するように、権力分立や権利保障が徹

底していないことを理由に、君主主義原理が強く浸透した外見的立憲主義の憲法であるとの評価も定着している。

C　明治憲法の統治機構

　明治憲法は、権力分立を定めているが、諸権力の淵源（えんげん）は、最終的には、統治権を総攬（＝全体として掌握）する天皇に求められるものであった。

[1] 立法

　「天皇ハ帝国議会ノ協賛ヲ以テ立法権ヲ行フ」（5条）とあるように、立法権は天皇に属するが、衆議院と貴族院から成る帝国議会の協賛（＝議決）を通じて、ある程度の民意反映が確保される仕組みになっていた。

　これに対し、日本国憲法は、いずれも民選議院である衆議院と参議院から成る国会を「国の唯一の立法機関」（41条）と定め、立法に際して他の国家機関の関与を排除する旨を明らかにしている。

[2] 司法

　「司法権ハ天皇ノ名ニ於テ法律ニ依リ裁判所之ヲ行フ」（57条）とあるように、司法権の行使には天皇は関与せず、司法権の独立が確保されていた。

　日本国憲法は、司法権の独立を徹底し、裁判所のみを司法権の主体とした上で、付随的違憲審査制、最高裁判所裁判官の国民審査、特別裁判所設置の禁止など、英米法的な要素を加味した司法制度を構築している。

[3] 行政

　天皇の行政権行使に関しては、国務大臣が個別に天皇を輔弼（ほひつ）し責任を負う旨が規定されていた（55条1項）。内閣制度への言及はなく、内閣官制という勅令が、内閣総理大臣を「各大臣ノ首班」すなわち同輩中の首席（＝他の国務大臣と同格）と位置付けるのみであった。なお、明治憲法は議院内閣制を明文では定めていなかったが、それは政党内閣（衆議院選挙で多数議席を占めた政党の党首を総理大臣とする内閣）という形でたびたび実現した。

　これに対し、日本国憲法は、行政権の主体が内閣であること（65条）を明らかにした上で、国会の指名に基づいて天皇により任命された内閣総理大

臣を首長とする内閣が国会に対して連帯して責任を負う議院内閣制を、憲法上の制度として確立している。

[4] 統帥権

明治憲法の最大の問題点は、天皇の統帥権（11条「天皇ハ陸海軍ヲ統帥ス」、12条「天皇ハ陸海軍ノ編制及常備兵額ヲ定ム」）であった。軍部はロンドン海軍軍縮条約（1930年）を締結した浜口雄幸内閣の行為を「統帥権の干犯」であると激しく非難したため、以後、政府が軍事に関与することが著しく困難となり、それが軍部の暴走と軍国主義化を助長することとなった。

日本国憲法は統帥権に関する規定をもっていないが、極東委員会・GHQの強い要請により、「内閣総理大臣その他の国務大臣は、文民でなければならない」（66条2項）とする規定が挿入された。これは再軍備を見越して文民統制（軍に対する民主的統制）を企図したものであり、自衛隊法7条は、「内閣総理大臣は、内閣を代表して自衛隊の最高の指揮監督権を有する」と定め、実質的な軍事組織である自衛隊に対する文民統制を実現している。

D 明治憲法の権利保障

明治憲法第2章「臣民権利義務」には、公務就任権（19条）、居住・移転の自由（22条）、法定手続の保障（23条）、裁判を受ける権利（24条）、住居の不可侵（25条）、信書の秘密の不可侵（26条）、所有権（27条）、信教の自由（28条）、言論・出版・集会・結社の自由（29条）、請願権（30条）が定められていたが、それらの多くに「法律ノ範囲内ニ於テ」あるいは「法律ニ定メタル場合ヲ除ク外」といった法律の留保が付いていたため、法律によっていかようにも制限することができる不十分な権利保障であったとみられている。治安維持法のような人権抑圧立法によって、集会・結社の自由などが強い制約を受けたのも事実であった。しかし、法律の留保それ自体は法治国家の基本的要請であって、臣民の権利を制限する場合でも、天皇の意思のみでそれを行うことはできないことを意味している。兵役義務（20条）や納税義務（21条）における法律の留保も、法律によらなければ義務を課すことができないという、権力制限的意図の表れである。

これに対し、日本国憲法は、自然権思想に立脚し、国家以前の権利とし

ての基本的人権を保障しているとされる。しかし、日本国憲法のもとでも、ほとんどの権利はその性質上無制約なものではなく、表現の自由や集会の自由のような重要な人権ですら、法律や条例を通じた制約に服している。その意味で、明治憲法に見られた法律の留保は、それ自体に誤りや欠陥があったわけではない。日本国憲法が明治憲法よりも優れている点は、裁判所が違憲の国家行為を排除することのできる違憲審査制により、憲法の精神が法律によって骨抜きにされるのを防ごうとしていることにある。

2　日本国憲法の普遍性

A　歴史的文書からの引用

　日本国憲法の前文には、世界の歴史的文書からの引用が随所に見られる。すなわち、①「日本国民は、……われらとわれらの子孫のために、……わが国全土にわたつて自由のもたらす恵沢を確保し、……この憲法を確定する」という文脈は、アメリカ合衆国憲法（1787年）前文と同じである。②「その〔＝国政の〕権威は国民に由来し、その権力は国民の代表者がこれを行使し、その福利は国民がこれを享受する」という表現は、リンカン大統領のゲティスバーグ演説（1863年）の有名な一節「人民の、人民による、人民のための政治」を想起させる。③「……専制と隷従、圧迫と偏狭を地上から永遠に除去しようと努めてゐる国際社会」という認識は、連合国（米英ソ）首脳によるテヘラン会談（1943年）において発せられた宣言に表現されていたものと同じである。④「われらは、全世界の国民が、ひとしく恐怖と欠乏から免かれ、平和のうちに生存する権利を有することを確認する」は、1941年の英米共同宣言（大西洋憲章）の一節を念頭に置いたものとみられる。

　憲法の正文には、アメリカ合衆国憲法の影響が顕著である。すなわち、統治機構においては、国会議員の不逮捕特権（50条）・免責特権（51条）、裁判官の身分保障（78条）など、人権においては、奴隷的拘束・苦役からの自由（18条）、公用収用（29条3項）、法定手続の保障（31条）、残虐刑の禁止（36

条)、自己負罪拒否特権（38条1項）などに、合衆国憲法に類似した表現が見られる。もっともこれらは、合衆国憲法の模倣という以前に、およそ近代的・立憲的意味の憲法に共通の基本原理と言うべきものである。

B 現代立憲主義憲法としての日本国憲法

上記のような数多くの引用は、日本国憲法が、自由で民主主義的な諸国に共通の価値観に立脚した普遍性を有していることを物語るものである。

さらに、日本国憲法の普遍性は、権力の制限を眼目とする古典的・近代初期的な立憲主義を基礎としつつも、同時に、権力の活用を通じた公共の福祉の実現を目指す現代的な立憲主義を指向している点にも見出されよう。その端的な表れが、生存権（25条）をはじめとする社会権の規定である。社会権の実現には、公権力の積極的な作為が求められ、法律に基づく行政の手腕がその成否を左右するところ、日本国憲法は、内閣総理大臣を内閣の「首長」（66条1項）と位置付け、国務大臣任免の専権（68条）を与えて、内閣総理大臣のリーダーシップのもとに内閣が「国務を総理する」（73条1号）（＝国政全般を統括・処理する）ような行政国家の枠組みを構築している。

3 日本国憲法の特殊性

A 前文に描かれた特異な国際社会認識

日本国憲法の前文には、制定時の事情に起因する特殊性が表れている。

まず第1段には、先の戦争の惨禍が「政府の行為によつて」もたらされたとの認識に立ち、戦争を引き起こさない政府を樹立するために、「恒久の平和を念願」する国民の「厳粛な信託」に基づく代表民主制を「人類普遍の原理」として採用する旨が謳われている。しかし、第2段は、「平和を愛する諸国民」で構成され、「専制と隷従、圧迫と偏狭を地上から永遠に除去しようと努めてゐる国際社会」というものが既に存在することを前提に、その中で「名誉ある地位を占めたい」という消極的な希望を述べるにとどまる。「平和を愛する諸国民の公正と信義に信頼して、われらの安全と生

存を保持」するという考えは、斬新な非武装・平和主義の思想と言えるが、同時にそれは、武装解除され、占領軍に護られていた当時の日本のありのままの姿を映すものでもあった。

このように前文に国際平和へ向けての「崇高な理想」が謳われたのは、天皇の戦争責任追及を回避し、天皇制を維持するために、日本は二度と世界の軍事的脅威にならないという強い決意を、憲法の文言を通じて国際社会に示さなければならなかったからである。

B 憲法9条

憲法に非戦の規定を置くことは、フランス1791年憲法を先駆けとして、諸国に多数の事例が見られる。20世紀になると、不戦条約（1928年）が侵略戦争の放棄を国際的な約束として宣言し（1条）、国際連合憲章（1945年）も全加盟国に「武力による威嚇又は武力の行使」を慎むよう命じる（2条4号）一方で、個別的・集団的自衛権は各国に「固有の権利」として留保され（51条）、現在に至っている。国際社会では、自国を守るための戦争（自衛戦争）までもが違法な戦争として禁止されているわけではないので、自衛戦争をも放棄する旨を明文で定める憲法はない。また、GHQによる憲法草案作成の指針となったマッカーサー・ノートに言う「自己の安全を保持する手段としての戦争をも放棄する」という考え方が、既にGHQの中で、憲法規定としては非現実的だとみられていたことや、帝国議会衆議院の審議の過程で、将来の再軍備を企図したと思われる9条の修正（いわゆる芦田修正）が行われたことに対して、GHQや極東委員会がこれを否定せず、むしろ軍の存在を前提とする文民条項の挿入を求めてきたことなどから、9条1項は自衛戦争までは放棄していないと解するのが一般的である。

その一方で、9条2項前段が戦力の不保持を定めていることから、1項は自衛戦争を含むすべての戦争の放棄を定めたものであるとの見解も根強く存在している。制定経緯を度外視した文理解釈によるならば、そのような読み方も可能であり、それが憲法の真意であるとすれば、日本国憲法は、他に類を見ない、常識を超えた憲法ということになろう。

一方、世界には、日本国憲法よりも踏み込んだ平和主義を掲げる憲法が存在する。コスタリカ憲法（1949年）は、12条1項で「常備軍は禁止され

る」と定めており、実際にもこの国は常備軍を保有していない。しかしその一方で、同条3項によれば、国防のためであれば軍隊を組織することができ、その場合に軍隊は文民統制に服する。また、軍人が政治的行為をしたり、軍事クーデタ宣言を発することは禁じられる。さらにこの条項は、安全保障の枠組みとして米州機構を念頭に置いており、米州相互援助条約3条1項は、「米州の一国に対するいかなる国による武力攻撃も、米州のすべての国に対する攻撃とみなされる」として、集団的自衛権の行使を明文化している。ゆえに、非武装のコスタリカが武力攻撃を受けたときは、アメリカをはじめ米州機構加盟諸国がその攻撃を米州のすべての国に対する攻撃とみなし、集団的自衛権を行使して対処することになる。

コスタリカの常備軍解体は、内戦に勝利して政権を掌握したホセ・フィゲーレス・フェレールが、自政権に対するクーデタ発生の防止と国防費削減による財政再建を期して行ったものである。常備軍なしに自国の安全を保持するためには、他国との共同防衛システムにおける集団的自衛権の抑止力が不可欠であり、非武装国家であるからこそ、個別的・集団的自衛権を否定することはありえないことであった。その意味でも、自衛隊で"武装"している日本の憲法が自衛権の行使を自国に禁じているという解釈は、それが正しいとすれば、やはり特殊と言わざるを得ないであろう。

C 象徴天皇制

日本国憲法に定める諸制度のうち、世界に類を見ないという点で注目すべきは、立憲君主制の特異形態としての象徴天皇制であろう。

特異性の第一は、紀元前660年にまで遡るとされる皇統の連続性と、明治憲法1条が「万世一系」と表現した男系男子による皇位継承である。現在の日本の皇室は、将来皇統の途絶が危惧される状況にあるため、2005（平成17）年には、皇室典範に関する有識者会議が「女性天皇・女系天皇への途を開くことが不可欠である」とする報告書を提出した。憲法が皇位継承の原則として明示しているのは「世襲」（2条）のみであるため、女性天皇・女系天皇を可能にするには皇室典範の改正のみで足りる。しかしその一方で、男系男子による継承が古来の憲法慣習であり、法律でこれを変更することはできないとの主張も根強い。

第二に、現代の君主制国家において、君主の権能は内閣の助言・承認を通じて名目的・儀礼的なものとなっているのが通例であるが、日本国憲法の場合、それがさらに徹底され、「天皇は、この憲法の定める国事に関する行為のみを行ひ、国政に関する権能を有しない」(4条1項)として、天皇が国政権能自体をもたない旨が明記されている。

　天皇の国事行為には、他国の君主も同様に行っている行為が多い。しかし、例えば「君臨するが統治しない」と言われるイギリス国王は、通常は、内閣の助言に従ってそのような行為を行っているが、それはあくまでも国王の国政権能であるため、国王が意欲すれば、自らの意思でこれを実質的に行使することができ、そのことが国王の「君臨」作用を裏付けている。これに対し、天皇の国事行為は、憲法所定の「行為」に過ぎず、天皇自らの意思・判断が介在する余地はない。その意味で、国政権能を有しない天皇は「君臨も統治もしない」君主であると言えよう。

4　日本国憲法の将来

　日本国憲法は、施行後70年以上にわたり、ただの一度も改正を経験していない。それは憲法の完全無欠性の証左というよりは、あらゆる憲法問題を合目的的な憲法解釈や立法で切り抜けてきた特異な憲法運用の結果と言うべきであろう。

　統治機構をめぐる憲法論議において、改憲派は、個別的・集団的自衛権や国家緊急権の明文化、内閣総理大臣の権限・リーダーシップの強化など、政府権力を拡大強化する方向での改正の必要性を主張してきた。一方、護憲派は、権力制限を強調した「立憲主義」を掲げつつ、集団的自衛権違憲論などを展開して、政府権力の拡大に強く反対し、近年では、内閣の衆議院解散権を制限する改憲の必要性を説く護憲派の論者も現れている。

　護憲派は、人権保障の拡充には好意的だが、「新しい人権」は13条の幸福追求権から導き出し、判例を通じて確立することができるとみて、改憲には否定的である。一方、改憲派は、「新しい人権」の明文化を積極的に主

張する。プライバシー権や肖像権などは、既に判例上確立しているものを追認するだけであり、知る権利や環境権など社会権的側面を有するものの実現には公権力の作用拡大を必要とするので、いずれを明文化しても、改憲派の政治的価値観を大きく損なうものではないからである。

集団的自衛権の限定的行使容認は、憲法改正によらず、政府解釈の変更（2014〔平成26〕年）と平和安全法制の整備（2015〔平成27〕年）を通じて行われた。近い将来、現実に改憲発議と国民投票が行われる蓋然性が最も高いのは、自衛隊を合憲化する"加憲"案であろう。しかし、そのような既成事実を追認するだけの改正ですら、平成の時代が終わろうとする今もなお実現していないことは、上記のような特殊戦後日本的憲法運用の根強さを如実に物語るものであるというほかない。

コラム 「夏島草案」の風景

神奈川県横浜市金沢区の海に、かつて夏島という小さな島が浮かんでおり、そこには伊藤博文の別荘が建っていた。

1886（明治19）年から憲法草案の起草を始めた伊藤博文、井上毅、伊東巳代治、金子堅太郎の4人は、当初、風光明媚な洲崎（神奈川県横浜市金沢区の海岸沿い）の「東屋」という旅館に泊まり込んで作業を続けていたが、ある日、草案を入れたカバンが盗まれる事件が起きた。幸い盗まれたのは金だけで、草案は近くの田んぼに捨てられているのを発見されたが、それを機に、安全のため、起草作業は海を渡った夏島の伊藤の別荘で行われることになった。このような経緯から、明治憲法の草案はしばしば「夏島草案」と呼ばれる。

1918（大正7）年の埋め立てにより陸続きとなった夏島の周辺は海軍航空隊基地となり、現在は、日産自動車や住友重機械工業などの工場地となっているが、島の名残りをとどめる小山の北側には明治憲法起草地記念碑が建つ広場がある。また、近隣の野島公園には、1898（明治31）年に建てられた「旧伊藤博文金沢別邸」が保存されており、そこで明治憲法が起草されたわけではないものの、往時の雰囲気に想いを馳せることができる。

参考文献

第 1 章
阿部照哉編『比較憲法入門』（有斐閣、1994）
大西邦敏『憲法と民主政治』（成文堂、1971）
小林昭三『比較憲法学・序説』（成文堂、1999）
塩津徹『比較憲法学〔第 2 版〕』（成文堂、2011）
辻村みよ子『比較憲法〔第 3 版〕』岩波テキストブックス（岩波書店、2018）
西修『憲法体系の類型的研究』（成文堂、1997）

第 2 章
塩津徹『比較憲法学〔第 2 版〕』（成文堂、2011）
鈴木安蔵『日本憲法学史研究』（勁草書房、1975）
樋口陽一『比較憲法〔全訂第 3 版〕』現代法律学全集（青林書院、1992）

第 3 章
芦部信喜著／高橋和之補訂『憲法〔第 6 版〕』（岩波書店、2015）
榎原猛『憲法――体系と争点』（法律文化社、1986）
小林昭三『新憲法論・序説』（成文堂、1996）
小林昭三『比較憲法学・序説』（成文堂、1999）
齋藤康輝＝高畑英一郎編『憲法〔第 2 版〕』Next 教科書シリーズ（弘文堂、2017）
阪本昌成「立憲主義の源流――合理主義的啓蒙思想か、スコットランド啓蒙思想か」筑波ロー・ジャーナル 9 号（筑波ロー・ジャーナル編集委員会、2011）
佐藤功『日本国憲法概説〔全訂第 3 版〕』（学陽書房、1985）
衆議院憲法審査会事務局「立憲主義、憲法改正の限界、違憲立法審査の在り方」に関する資料」（衆議院、2016）
名雪健二『日本国憲法』（有信堂高文社、2002）
廣田健次『全訂 日本国憲法要論』（南窓社、2015）

第 4 章
栄田卓弘『十九世紀イギリス史〔第 5 版〕』（早稲田大学出版部、1986）
加藤紘捷『概説イギリス憲法〔第 2 版〕――由来・展開そして EU 法との相克』（勁草書房、2015）
初宿正典＝辻村みよ子編『新解説世界憲法集〔第 4 版〕』（三省堂、2017）
ダイシー，A.V. 著／伊藤正己＝田島裕共訳『憲法序説』（学陽書房、1983）
中村英勝『イギリス議会史』（有斐閣、1977）
ボグダナー，V. 著／小室輝久＝笹川隆太郎＝ハルバーシュタット，R. 共訳『英国の立憲

君主政』（木鐸社、2003）

第 5 章
大林啓吾 = 見平典編『憲法用語の源泉をよむ』（三省堂、2016）
松井茂記『アメリカ憲法入門〔第 8 版〕』（有斐閣、2018）

第 6 章
阿部照哉 = 畑博行編『世界の憲法集〔第 4 版〕』（有信堂高文社、2009）
初宿正典 = 辻村みよ子『新解説世界憲法集〔第 4 版〕』（三省堂、2017）
高橋和之編『［新版］世界憲法集〔第 2 版〕』（岩波書店、2012）
辻村みよ子 = 糠塚康江『フランス憲法入門』（三省堂、2012）
デュヴェルジェ，M. 著 / 時本義昭訳『フランス憲法史』（みすず書房、1995）

第 7 章
髙田敏 = 初宿正典編訳『ドイツ憲法集〔第 7 版〕』（信山社出版、2016）
名雪健二『ドイツ憲法入門』（八千代出版、2008）
村上淳一 = 守矢健一 / ハンス・ペーター・マルチュケ『ドイツ法入門〔改訂第 9 版〕』（有斐閣、2018）

第 8 章
初宿正典編『レクチャー比較憲法』（法律文化社、2014）
日本スペイン法研究会 = サラゴサ大学法学部 = Nichiza 日本法研究班編『現代スペイン法入門』（嵯峨野書院、2010）
畑博行 = 小森田秋夫編『世界の憲法集〔第 5 版〕』（有信堂高文社、2018）

第 9 章
金哲洙『韓国憲法の 50 年——分断の現案と統一への展望』（敬文堂、1998）
駒村圭吾 = 待鳥聡史編『「憲法改正」の比較政治学』（弘文堂、2016）
初宿正典 = 辻村みよ子編『新解説世界憲法集〔第 4 版〕』（三省堂、2017）
樋口陽一 = 吉田善明編『解説世界憲法集〔第 4 版〕』（三省堂、2001）
閔炳老「韓国の憲法事情」『諸外国の憲法事情』（国立国会図書館調査及び立法考査局、2003）

第 10 章
阿部照哉 = 畑博行編『世界の憲法集〔第 4 版〕』（有信堂高文社、2009）
小田博『ロシア法』（東京大学出版会、2015）
小森田秋夫編『現代ロシア法』（東京大学出版会、2003）
塩津徹『比較憲法学〔第 2 版〕』（成文堂、2011）

渋谷謙次郎『法を通してみたロシア国家』（ウェッジ、2015）
初宿正典＝辻村みよ子編『新解説世界憲法集〔第4版〕』（三省堂、2017）
辻村みよ子『比較憲法〔第3版〕』岩波テキストブックス（岩波書店、2018）
畑博行＝小森田秋夫編『世界の憲法集〔第5版〕』（有信堂高文社、2018）

第11章
塩津徹『比較憲法学〔第2版〕』（成文堂、2011）
初宿正典編『レクチャー比較憲法』（法律文化社、2014）
辻村みよ子『比較憲法〔第3版〕』岩波テキストブックス（岩波書店、2018）
藤原保信『自由主義の再検討』（岩波書店、1993）
レイプハルト，A. 著／粕谷祐子＝菊池啓一訳『民主主義対民主主義〔原著第2版〕』（勁草書房、2014）

第12章
モンテスキュー著／野田良之ほか訳『法の精神　上』（岩波書店、1989）
清宮四郎『権力分立制の研究』（有斐閣、1950）
阪本昌成『権力分立――立憲国の条件』（有信堂高文社、2016）

第13章
浅香吉幹『現代アメリカの司法』（東京大学出版会、1999）
田中英夫『英米の司法――裁判所・法律家』（東京大学出版会、2001）
中村義孝『概説フランスの裁判制度』（阿吽社、2013）
幡新大実『イギリスの司法制度』（東信堂、2009）
村上淳一＝守矢健一／ハンス・ペーター・マルチュケ『ドイツ法入門〔改訂第9版〕』（有斐閣、2018）

第14章
韓国憲法裁判所編／徐元宇訳『韓国憲法裁判所10年史』（信山社出版、2000）
初宿正典＝辻村みよ子編『新解説世界憲法集〔第4版〕』（三省堂、2017）
曽我部真裕＝田近肇『憲法裁判所の比較研究――フランス・イタリア・スペイン・ベルギーの憲法裁判』（信山社出版、2016）
高橋和之『体系憲法訴訟』（岩波書店、2017）

第15章
君塚正臣編『比較憲法』（ミネルヴァ書房、2012）
近藤敦『人権法』（日本評論社、2016）
辻村みよ子『比較憲法〔第3版〕』岩波テキストブックス（岩波書店、2018）

第 16 章

君塚正臣編『比較憲法』（ミネルヴァ書房、2012）
初宿正典編『レクチャー比較憲法』（法律文化社、2014）
辻村みよ子『比較憲法〔第 3 版〕』岩波テキストブックス（岩波書店、2018）
辻村みよ子＝糠塚康江『フランス憲法入門』（三省堂、2012）
ファロン，R. H., Jr. 著／平地秀哉ほか訳『アメリカ憲法への招待――The Dynamic Constitution』（三省堂、2010）
ヘッセ，K. 著／初宿正典ほか訳『ドイツ憲法の基本的特質』（成文堂、2006）

第 17 章

君塚正臣編『比較憲法』（ミネルヴァ書房、2012）
小林昭三『比較憲法学・序説』（成文堂、1999）
齋藤康輝＝高畑英一郎編『憲法〔第 2 版〕』Next 教科書シリーズ（弘文堂、2017）
初宿正典＝辻村みよ子編『新解説世界憲法集〔第 4 版〕』（三省堂、2017）
辻村みよ子『比較憲法〔第 3 版〕』岩波テキストブックス（岩波書店、2018）
辻村みよ子『憲法〔第 6 版〕』（日本評論社、2018）
廣田健次編『日本国憲法』（有信堂高文社、1996）
廣田健次『全訂 日本国憲法要論』（南窓社、2015）
藤井正希「二重の基準論の批判的検討及び再構成」社学研論集 Vol. 7（2006）
ヘッセ，K. 著／阿部照哉訳『西ドイツ憲法綱要』（日本評論社、1983）

第 18 章

阿部竹松『アメリカ憲法〔第 3 版〕』（成文堂、2013）
君塚正臣編『比較憲法』（ミネルヴァ書房、2012）
佐藤由梨「イギリス刑事手続における『二重の危険の原則』」『同志社法学』68 巻 5 号、2016）
渋谷秀樹『憲法〔第 3 版〕』（有斐閣、2017）
初宿正典＝辻村みよ子編『新解説世界憲法集〔第 4 版〕』（三省堂、2017）
高木八尺＝末延三次＝宮沢俊義編『人権宣言集』（岩波書店、1957）
高橋和之編『［新版］世界憲法集〔第 2 版〕』（岩波書店、2012）
畑博行＝小森田秋夫編『世界の憲法集〔第 5 版〕』（有信堂高文社、2018）
毛利透＝小泉良幸＝淺野博宣＝松本哲治『憲法 II 人権〔第 2 版〕』（有斐閣、2017）

第 19 章

阿部照哉編『比較憲法入門』（有斐閣、1994）
伊藤正巳『憲法〔第 3 版〕』（弘文堂、1995）
君塚正臣編『比較憲法』（ミネルヴァ書房、2012）
塩津徹『比較憲法学〔第 2 版〕』（成文堂、2011）
初宿正典編『レクチャー比較憲法』（法律文化社、2014）

初宿正典 = 辻村みよ子編『新解説世界憲法集〔第4版〕』（三省堂、2017）
高木八尺 = 末延三次 = 宮沢俊義編『人権宣言集』（岩波書店、1957）
高橋和之編『〔新版〕世界憲法集〔第2版〕』（岩波書店、2012）
辻村みよ子『比較憲法〔第3版〕』岩波テキストブックス（岩波書店、2018）
畑博行 = 小森田秋夫編『世界の憲法集〔第5版〕』（有信堂高文社、2018）
樋口陽一『比較憲法〔全訂第3版〕』現代法律学全集（青林書院、1992）

第20章

内野正幸『社会権の歴史的展開——労働権を中心にして』（信山社出版、1992）
君塚正臣編『比較憲法』（ミネルヴァ書房、2012）
憲法訴訟研究会 = 芦部信喜編『アメリカ憲法判例』（有斐閣、1998）
初宿正典 = 辻村みよ子編『新解説世界憲法集〔第4版〕』（三省堂、2017）
辻村みよ子『比較憲法〔第3版〕』岩波テキストブックス（岩波書店、2018）
中村睦男『社会権法理の形成』（有斐閣、1973）
畑博行 = 小森田秋夫編『世界の憲法集〔第5版〕』（有信堂高文社、2018）
フランス憲法判例研究会 = 辻村みよ子ほか編『フランスの憲法判例』（信山社出版、2002）

第21章

芦部信喜著/高橋和之補訂『憲法〔第6版〕』（岩波書店、2015）
初宿正典 = 辻村みよ子『新解説世界憲法集〔第4版〕』（三省堂、2017）
畑博行 = 小森田秋夫編『世界の憲法集〔第5版〕』（有信堂高文社、2018）

第22章

大石眞『日本憲法史〔第2版〕』（有斐閣、2005）
小林昭三『戦後の憲法史（第1分冊）』（成文堂、1971）
西修『日本国憲法成立過程の研究』（成文堂、2004）
西修『現代世界の憲法動向』（成文堂、2011）

索引

※[英][米][仏][独][西][韓][露] は、それぞれイギリス憲法、アメリカ憲法、フランス憲法、ドイツ憲法、スペイン憲法、韓国憲法、ロシア憲法に関連する項目を指す。

数字

3月革命［独］……………62
3月前期［独］……………62
4月革命［韓］……………83
5・16軍事クーデタ［韓］
　………………………84
6・29民主化宣言［韓］…85
20世紀的人権……………192
1791年憲法［仏］………52
1946年憲法［仏］……59,199
1946年憲法前文［仏］
　………………………195,197
1958年憲法［仏］……197,199
1958年憲法前文［仏］…195
1998年人権法［英］
　………………………40,145,184
2005年憲法改革法［英］
　…………………………124

あ行

アファーマティブ・アクション
　…………………………49
アメリカ独立宣言………202
意見形成の自由…………153
違憲質疑…………………138
違憲審査権………………153
違憲審査制
　………15,17,132,202,213
違憲政党の解散…………138
違憲の訴え…………137,138
李承晩（イ・スンマン）
　………………………82,83
一事不再理の原則………180
一般教書…………………45
伊藤博文…………………13
違法収集証拠排除の法則

　…………………………176
EU…………………………103
ヴァイマル憲法（ワイマール憲法）
　……64,154,162,
　189,192,193,210
ヴィシー政権……………52
ウェストコーストホテル判決
　…………………………50
ウェストミンスター型民主主義（多数決型民主主義）
　…………………………106
営業の自由………………163
エスマン
　Esmein, A. ……………103
エドワーズ判決…………156
エパーソン判決…………156
エリザベス救貧法………200
エルフェス判決…………70
欧州人権条約……………150
欧州連合基本権憲章……196
欧米先進諸国……………6
オブレイン判決…………157
オベルゲフェル判決…50,149
オルドナンス…………53,56

か行

海外公共団体……………58
会期………………………56
戒厳…202,204,206,207,209
外見的立憲主義………16,213
戒厳令……………………207
解散…………116,117,118,119
改正禁止規定……………203
開発途上国（途上国）
　…………………1,7,9,10
革命………………………202
影の内閣［英］……………39

カタルーニャ独立問題……80
カディス憲法………………72
環境憲章［仏］…54,59,60
間接民主制………………108
議院内閣制［日］………214
議院内閣制［英］………33
議院内閣制［西］………75
議会外政党［仏］………103
議会君主制［西］………74
議会主権［英］………31,35
議会内政党［仏］………103
疑義提示…………………137
貴族院［英］…………38,105
機能的（動態的）比較……6
基本権［独］……………69
基本権の第三者効力［独］
　…………………………70
基本的人権の尊重………22
逆差別……………………49
客観訴訟…………………136
教育を受ける権利………198
行政国家化………………25
行政裁判権［仏］………126
行政裁判権［独］………127
行政裁判所［仏］……58,126
行政立法［仏］…………56
協調型民主主義（コンセンサス型民主主義）……106
共和制［米］……………44
共和制［仏］……………52
居住・移転の自由………165
緊急財政処分……202,206,208
緊急事態………202,204,207
緊急措置権［仏］………55
緊急措置権［西］………76
緊急命令………202,206,207,208
キング牧師………………49
近代憲法……………5,6,7

近代立憲主義…………………12
欽定憲法………………………13
具体的規範統制［独］
　　　　………………………69,137
具体的審査制………………133
クーデタ……………………202
区別…………………………112
軍事裁判所［露］……………97
君主制［仏］…………………52
君主制原理［独］……117,118
警戒事態……………………207
経済的自由権………………162
警察予備隊違憲訴訟…17,136
契約の自由……………………50
結社の自由…………………160
結社の自由判決［仏］……145
厳格審査基準………………153
厳格な権力分立………111,114
厳格な審査基準［米］………50
権限分配…………111,114,117
現実の悪意…………………158
建設的不信任決議［独］……68
建設的不信任制［西］………76
現代憲法………………………5
現代立憲主義………………216
憲法異議（憲法訴願）［独］
　　　　………………………69,134,137
憲法異議（憲法訴願）［韓］
　　　　……………………………139
憲法院［仏］……57,127,140
憲法解釈………………………5
憲法改正……………………19
憲法改正手続………………202
憲法改正の限界……………203
憲法科学………………………5
憲法起草委員会［韓］………82
憲法規範………………………5
憲法9条……………………217
憲法現象………………………5
憲法裁判所［西］……77,137
憲法裁判所［韓］
　　　　…………………84,88,138
憲法裁判所［露］……98,139
憲法修正［米］……43,44,47
憲法条文の国際比較………28

憲法制定勅語…………………12
憲法尊重擁護義務…………202
憲法適合性審査の権限［米］
　　　　……………………………46
憲法的習律［英］………34,35
憲法の最高法規性……202,203
憲法判断回避のルール……135
憲法ブロック………………145
憲法保護申立（アンパーロ訴
　訟）［西］……………137,138
憲法保障……………………133,202
権利章典………………………54
権利章典［英］…32,184,187
権利章典［米］…………43,45
権力分立……7,22,26,44,202
言論出版の自由………………49
コアビタシオン………………53
合一化傾向……………134,137
公共の福祉
　　　…28,162,164,166,167,168
合憲性審査権［仏］…………57
硬性憲法………………201,203
公的自由［西］………………78
高等法院［仏］………………58
公民権法［米］………………49
公務員…………………188,189
合理化された議会制［仏］
　　　　……………………………53
国王訴追法［英］…………189
国王大権［英］………………37
黒人解放運動［米］…………49
国体……………………………13
告知と聴聞…………………175
国法学…………………………13
国民解職……………………108
国民議会解散権［仏］………55
国民主権……7,22,102,152,182
国民投票……………………108
国民投票［英］……………110
国民投票［仏］………………52
国民投票付託権［仏］………55
国民発案………………108,109
国務請求権…………………182
後国家的権利………………144
個人の尊重と平等……………28

コスタリカ憲法……………217
国会による大統領弾劾訴追権
　［韓］…………………………86
国家院［露］…………………94
国家からの自由……………146
国家機関……………………113
国家機関に分配……………117
国家緊急権……………201,202
国家作用…………111,113,116
国家作用を区分……………117
国家による自由……………146
国家の基本権保護義務［独］
　　　　……………………………70
国家の諸作用………………113
国家賠償……………………188
国家賠償責任………………190
国家補償……………………189
国教樹立禁止条項［米］……48
子どもの学習権……………199
護民官［西］…………………79
コモン・ロー
　　　…34,40,157,174,175,195
コンセイユ・デタ（国務院）
　　　　…………58,127,150,190
コンセンサス型民主主義（協
　調型民主主義）……………106

さ行

最高裁判所…………………124
最高法規………………………23
最高法規性…………………132
財産権………………………164
財産権の保障…………162,165
裁判員制度…………………130
裁判官の職権の独立………123
裁判官の身分保障…………123
裁判所審級［英］…………125
裁判所審級［米］…………126
裁判所審級［仏］…………127
裁判所審級［独］…………128
佐々木惣一……………………16
参審制………………………129
参政権………………………182
三段階審査……………………18

自衛権……………………217
自衛戦争…………………217
死刑制度…………………178
自己決定権…………………50
事後的違憲審査制………140
自己負罪拒否特権………176
四捨五入改憲［韓］………83
自然権……………………142
自然権思想………………214
事前審査制………………140
思想の自由市場論………157
思想・良心の自由………143
自治州［西］………………77
自治州国家［西］…………77
執行権（行政権）の強化
　………………………25, 26
実体的デュー・プロセス理論
　…………………………174
シティズンズユナイテッド判
　決………………………158
指定的パブリック・フォーラ
　ム………………………158
司法官職高等評議会［仏］
　……………………………58
司法権の独立［仏］………58
司法裁判権………………127
司法裁判所［仏］……58, 126
司法裁判所［独］…………127
司法審査［英］……………39
司法審査権［米］…………46
司法審査制［米］…………44
司法総評議会［西］………76
司法（裁判官）の独立……122
市民の司法参加…………129
社会権…………69, 143, 192
社会権的権利……………192
社会国家………163, 192, 200
社会政策・経済政策の指導原
　則［西］……………………79
社会保険…………………195
社会保障…………………194
社会保障法………………195
自由委任［仏］……………56
集会の自由………………159
宗教制度…………………154

宗教の自由………………154
州裁判所［米］……………46
修正14条［米］………50, 144
自由選挙……………106, 183
集中型審査制……………133
自由で民主的な基本秩序［独］
　……………………157, 160
自由の基礎法………………22
住民総会…………………109
主権………………………102
主権無答責の法理………188
純粋代表制………………102
少数代表制………………107
小選挙区…………………106
小選挙区制………………106
象徴的言論………………157
象徴天皇制………………218
職業選択の自由
　………………162, 163, 165, 169
庶民院［英］………………38
所有権………………162, 165
知る権利…………………152
人格の自由な発展の権利［独］
　……………………………70
進化論……………………155
信教の自由………………154
人権規定［米］……………47
神権君主制…………………16
人権保障……………7, 133
人工妊娠中絶………………50
人身の自由………………172
人身保護制度（ヘイビアス・
　コーパス）［英］………175
信任………………118, 120
人民主権…………………102
侵略戦争の放棄…………217
スコープス判決…………155
鈴木安蔵……………14, 17
ステイトアクションの法理
　……………………………47
スーパープレジデンシー…96
スミス判決…………………48
請願………………186, 187
請願権………182, 186, 187
政教分離［米］…47, 154, 155

政教分離原則［米］………48
制限規範……………………23
制憲憲法［韓］……………82
政治献金…………………158
精神的自由権……………152
生存権……………………143
生存権的権利……………195
静態的比較………………2, 6
政党内閣…………………213
性表現に対する強い規制
　…………………………157
生命権……………………147
選挙区……………………106
選挙権………………183, 184
選挙の基本原則……183, 185
全権委任法［独］……………64
前国家的権利……………144
先進民主主義諸国……………1
扇動罪……………………157
扇動的表現規制…………158
ソヴィエト憲法……………92

た行

第一次堕胎判決［独］
　……………………70, 147
第一世代の人権…………148
第五共和制憲法［仏］
　……………52, 160, 185, 193
第三共和制憲法［仏］……52
第三世界……………………5
第三世代の人権…………148
大選挙区制………………106
大統領［米］………………45
大統領直接選挙［韓］……86
大統領命令［米］…………46
第二共和制憲法［西］……73
第二世代の人権…………148
大日本帝国憲法（明治憲法）
　……………………12, 63, 212
代表制……………………107
代表なくして課税なし［米］
　……………………………42
代表民主制………………182
第四共和制憲法［仏］

................52,160
第四共和制憲法前文［仏］
................54,60,193
第六共和国憲法［韓］
................82,85
多数決型民主主義（ウェストミンスター型民主主義）
................106
多数代表制................107
闘う民主制［独］................65
脱共産主義［露］................93
弾劾訴追権［韓］................87
単記式................107
仲裁裁判所［露］................97
抽象的規範統制［独］
................69,136
抽象的審査制................133
徴兵制................173
直接制................103
直接選挙................106,183
直接選挙［仏］................53
直接民主制................108
抵抗権................202
帝制［仏］................52
適正な法手続................174
デュヴェルジェ
  Duverger, M.................52
デュー・プロセス……50,144
伝統的パブリック・フォーラム................158
天皇機関説................16
天賦人権思想［露］……93,99
ドイツ同盟................62
ドイツ連邦共和国基本法
 64,154,159,160,
  165,187,193,196
当事者の適格性................134
統帥権................214
同性婚［米］……48,49,50
独立宣言［米］................42
ド・ゴール................52
奴隷解放宣言［米］……48
奴隷制［米］................43,193

な行

内容中立規制［米］………49
夏島草案................220
軟性憲法［英］………31
南北戦争［米］………43
二院制［米］………44
二重国籍［西］………78
二重の危険………179
二重の基準………18
二重の基準論…… 153,158,167
二大政党制………106
日本国憲法………14,212
日本国憲法における教育を受ける権利………200
日本統治［韓］……… 82,86
ニューカレドニア………59
人間の尊厳［独］………65
ヌメア協定………59

は行

賠償請求………189
賠償請求権………188
陪審裁判………179
陪審制………129
バイヨンヌ憲法………72
破毀院（破棄院）［仏］
  ………58,126
朴正煕（パク・チョンヒ）84
抜粋改憲［韓］………83
パブリック・フォーラムの法理………158,159
犯罪被害者の人権………177
半大統領制［仏］……53,54
半代表制………103
半直接制………103
判例法………34
比較憲法学………12
非常事態………202
非常事態［露］
  ………94,96,99,209
非常大権［日］………206
ビスマルク憲法………63
非対称の連邦制［露］……94

人および市民の権利宣言（フランス人権宣言）
  …3,52,54,59,142,157,202
人たるに値する生存……192
非パブリック・フォーラム
 159
秘密選挙……… 106,183
表現内容規制［米］…49,158
表現内容中立規制［米］
 158
表現の自由……… 153,156
表現の自由［米］…49,157
平等選挙……… 106,183
ピルグリム・ファーザーズ
 42
比例原則審査［独］…18,70
比例代表制……… 106,107
福祉国家… 163,192,195,200
不信任……116,117,118,119
付随的審査………17
付随的審査制……… 133,135
不逮捕特権［仏］………56
普通選挙……… 106,183
不文憲法国………110
不法行為……… 188,189
プライバシー………50
プライバシーの権利……147
ブラウン判決………49
フランクフルト憲法………62
ブランコ事件………190
フランコ独裁………73
フランス革命………52
フランス人権宣言（人および市民の権利宣言）
  …3,52,54,59,142,157,202
ブランダイス・ルール
 17,135
ブレグジット………110
プレッシー判決………48
プロイセン………13
プロイセン憲法………63
文化戦争………50
文民統制………214
分離………112
分離すれども平等［米］…48

分離の壁……………………154
米軍政期［韓］………82,86
ヘイトスピーチ…50,157,159
ベバリッジ報告……………195
ベリンガー事件……………145
弁護人依頼権………………177
編入理論［米］………43,47
防衛事態……………207,208
法の三極構造［独］…70,148
法の支配……………7,22,132
法の支配［英］……………36
『法の精神』（モンテスキュー）
　………………………111,112
法律の前の平等［仏］……59
法律の留保……157,159,214
保護領域［独］……………70
補償請求……………………190
補償請求権…………………189
ボストン茶会事件…………42
ボダン　Bodin, J.…………102
穂積八束……………………16

■ま行■

マグナ・カルタ…32,172,187
マサチューセッツ州憲法……3
マーストリヒト条約………74
マッカーサー草案…………14
マーベリー対マディソン事件
　………………………132,134
マーベリー判決……………46
ミッテラン…………………53
美濃部達吉…………………16
宮沢俊義……………………17
ミランダ警告………………176
民主主義……………7,22,37
ムートネスの法理…………135
明治憲法（大日本帝国憲法）
　………………………12,63,212
明白かつ現在の危険………158
メイフラワー号の盟約……42
名簿式………………………107
名誉毀損……………………158
命令的委任［仏］…………56

免責特権［仏］……………56
目的効果基準………………18
目的二分論…………………168
モンテスキュー
　Montesquieu, Ch.………112

■や行■

薬局判決［独］……………70
やむにやまれぬ政府利益
　………………………………153
兪鎮午（ユ・ジノ）……82,90
ゆりかごから墓場まで……195
緩やかな権力分立……111,114
抑制と均衡
　………………111,112,113,118
ヨーロッパ人権裁判所……150
ヨーロッパ人権条約……39,40

■ら行■

ライシテ（国家の非宗教性）
　………………………150,154
ラビング判決………………50
立憲学派……………………16
立憲君主制［英］………32,36
立憲君主制［独］………13,63
立憲主義………22,26,27,132
リュート判決………………70
令状主義……………………176
レイプハルト
　Lijphart, A.………………106
歴史的比較…………………2
歴史的方法…………………6
歴史の中の憲法……………28
連記式………………………107
連邦院［露］………………94
連邦管区［露］……………94
連邦議会［米］……………44
連邦議会［独］……………66
連邦行政裁判所［独］
　………………………68,128
連邦憲法［米］……………43
連邦憲法裁判所［独］

　………………69,129,136,147,148
連邦憲法裁判所［露］……98
連邦憲法法律［露］
　………………………97,98,100
連邦構成主体［露］
　………………………93,98,100
連邦最高裁判所［米］
　………………………43,48,50,125
連邦財政裁判所［独］
　………………………………68,128
連邦裁判所［米］…………46
連邦参議院［独］…………67
連邦社会裁判所［独］
　………………………………68,128
連邦制［米］………………47
連邦制［独］………………66
連邦制国家…………………105
連邦政府［米］……………43
連邦政府［独］……………67
連邦大統領［独］…………68
連邦通常裁判所［独］
　………………………………68,128
連邦不法行為請求権法［米］
　………………………………189
連邦法律［露］……………95
連邦労働裁判所［独］
　………………………………68,128
労働及び社会保障…………192
労働基本権…………………197
労働組合……………………197
労働三権……………………198
ロシア帝国国家基本法……92
ロー対ウェイド判決………147
ロックナー期………………50
ロックナー判決……………50
ロー判決……………………50

■わ行■

ワイマール憲法（ヴァイマル
　憲法）………64,154,162,
　　　　　189,192,193,210
忘れられる権利……………159
ワンドロップ・ルール……48

編者・執筆分担

東　裕（ひがし　ゆたか）　　　　　　　　　　第1章、第6章、第21章
日本大学法学部　教授

玉蟲由樹（たまむし　ゆうき）　　　　　　第2章、第7章、第13章、第15章
日本大学法学部　教授

執筆者（五十音順）・執筆分担

池田　実（いけだ　みのる）　　　　　　　　　　　　　第8章、第22章
日本大学法学部　教授

小堀裕子（こぼり　ゆうこ）　　　　　　　　　　　　　　　　第20章
日本大学経済学部　講師

齋藤康輝（さいとう　こうき）　　　　　　　　　　　　第3章、第17章
日本大学法学部　教授

杉山幸一（すぎやま　こういち）　　　　　　　　　　　　　　第14章
日本大学危機管理学部　准教授

高畑英一郎（たかはた　えいいちろう）　　　　　　　　第5章、第16章
日本大学法学部　教授

田上雄大（たのうえ　ゆうた）　　　　　　　　　　　　　　　第10章
日本大学法学部　非常勤講師

団上智也（だんがみ　ともや）　　　　　　　　　　　　　　　第19章
日本文化大学法学部　専任講師

林　紀行（はやし　のりゆき）　　　　　　　　　　　　　　　第11章
環太平洋大学経営学部　准教授

樋口謙一郎（ひぐち　けんいちろう）　　　　　　　　　　　　第9章
椙山女学園大学文化情報学部　教授

執筆者（五十音順）・執筆分担（続き）

村松伸治（むらまつ　しんぢ）……………………………………………第18章
日本文化大学法学部　教授

弥久保宏（やくぼ　ひろし）………………………………………………第4章
駒沢女子大学人間総合学群人間文化学類　教授

渡邊　互（わたなべ　わたる）……………………………………………第12章
名城大学法学部　教授

Next 教科書シリーズ　比較憲法

2019（平成31）年4月15日　初版1刷発行

編　者　東　裕・玉蟲　由樹
発行者　鯉渕　友南
発行所　株式会社 弘文堂　101-0062　東京都千代田区神田駿河台1の7
　　　　　　　　　　　　TEL 03(3294)4801　　振替 00120-6-53909
　　　　　　　　　　　　　　http://www.koubundou.co.jp

装　丁　水木喜美男
印　刷　三美印刷
製　本　井上製本所

©2019 Yutaka Higashi, et al. Printed in Japan

[JCOPY]〈(社)出版者著作権管理機構　委託出版物〉
本書の無断複写は著作権法上での例外を除き禁じられています。複写される場合は、そのつど事前に、(社)出版者著作権管理機構（電話 03-5244-5088、FAX 03-5244-5089、e-mail: info@jcopy.or.jp) の許諾を得てください。
また本書を代行業者等の第三者に依頼してスキャンやデジタル化することは、たとえ個人や家庭内の利用であっても一切認められておりません。

ISBN978-4-335-00241-0

Next 教科書シリーズ

■ 好評既刊

授業の予習や独習に適した初学者向けの大学テキスト

(刊行順)

書名	編者	定価	ISBN
『心理学』[第3版]	和田万紀＝編	定価(本体2100円＋税)	ISBN978-4-335-00230-4
『政治学』[第2版]	吉野　篤＝編	定価(本体2000円＋税)	ISBN978-4-335-00231-1
『行政学』[第2版]	外山公美＝編	定価(本体2600円＋税)	ISBN978-4-335-00222-9
『国際法』[第3版]	渡部茂己・喜多義人＝編	定価(本体2200円＋税)	ISBN978-4-335-00232-8
『現代商取引法』	藤田勝利・工藤聡一＝編	定価(本体2800円＋税)	ISBN978-4-335-00193-2
『刑事訴訟法』[第2版]	関　正晴＝編	定価(本体2500円＋税)	ISBN978-4-335-00236-6
『行政法』[第3版]	池村正道＝編	定価(本体2800円＋税)	ISBN978-4-335-00229-8
『民事訴訟法』[第2版]	小田　司＝編	定価(本体2200円＋税)	ISBN978-4-335-00223-6
『日本経済論』	稲葉陽二・乾友彦・伊ヶ崎大理＝編	定価(本体2200円＋税)	ISBN978-4-335-00200-7
『地方自治論』[第2版]	福島康仁＝編	定価(本体2000円＋税)	ISBN978-4-335-00234-2
『憲法』[第2版]	齋藤康輝・高畑英一郎＝編	定価(本体2100円＋税)	ISBN978-4-335-00225-0
『教育政策・行政』	安藤忠・壽福隆人＝編	定価(本体2200円＋税)	ISBN978-4-335-00201-4
『国際関係論』[第3版]	佐渡友哲・信夫隆司・柑本英雄＝編	定価(本体2200円＋税)	ISBN978-4-335-00233-5
『労働法』[第2版]	新谷眞人＝編	定価(本体2000円＋税)	ISBN978-4-335-00237-3
『刑事法入門』	船山泰範＝編	定価(本体2000円＋税)	ISBN978-4-335-00210-6
『西洋政治史』	杉本　稔＝編	定価(本体2000円＋税)	ISBN978-4-335-00202-1
『社会保障』	神尾真知子・古橋エツ子＝編	定価(本体2000円＋税)	ISBN978-4-335-00208-3
『民事執行法・民事保全法』	小田　司＝編	定価(本体2500円＋税)	ISBN978-4-335-00207-6
『教育心理学』	和田万紀＝編	定価(本体2000円＋税)	ISBN978-4-335-00212-0
『教育相談』	津川律子・山口義枝・北村世都＝編	定価(本体2200円＋税)	ISBN978-4-335-00214-4

Next 教科書シリーズ

好評既刊

(刊行順)

『法学』[第2版]　髙橋雅夫＝編
定価(本体2200円＋税)　ISBN978-4-335-00226-7

『経済学入門』[第2版]　楠谷　清・川又　祐＝編
定価(本体2000円＋税)　ISBN978-4-335-00238-0

『日本古典文学』　近藤健史＝編
定価(本体2200円＋税)　ISBN978-4-335-00209-0

『ソーシャルワーク』　金子絵里乃・後藤広史＝編
定価(本体2200円＋税)　ISBN978-4-335-00218-2

『現代教職論』　羽田積男・関川悦雄＝編
定価(本体2100円＋税)　ISBN978-4-335-00220-5

『発達と学習』　内藤佳津雄・北村世都・市川優一郎＝編
定価(本体2000円＋税)　ISBN978-4-335-00221-2

『哲学』　石浜弘道＝編
定価(本体1800円＋税)　ISBN978-4-335-00219-9

『道徳教育の理論と方法』　羽田積男・関川悦雄＝編
定価(本体2000円＋税)　ISBN978-4-335-00228-1

『刑法各論』　沼野輝彦・設楽裕文＝編
定価(本体2400円＋税)　ISBN978-4-335-00227-4

『刑法総論』　設楽裕文・南部　篤＝編
定価(本体2400円＋税)　ISBN978-4-335-00235-9

『特別活動・総合的学習の理論と指導法』　関川悦雄・今泉朝雄＝編
定価(本体2000円＋税)　ISBN978-4-335-00239-7

『教育の方法・技術論』　渡部　淳＝編
定価(本体2000円＋税)　ISBN978-4-335-00240-3

『比較憲法』　東　裕・玉蟲由樹＝編
定価(本体2200円＋税)　ISBN978-4-335-00241-0